ラス・カサスへの道

500年後の〈新世界〉を歩く

上野清士【著】

新泉社

El camino a Fray Bartolomé de Las Casas

Ueno Kiyoshi

2008, Ediciones Shinsensha, Tokio, Japón

「インディアスの原住民がいま、われわれに対し挑んでいる苛酷な戦いのもつ正義と正当性、また、われわれが彼らを発見して以来今日まで常にわれわれに対して挑んできた戦いのもつ正義と正当性、かかる正義と正当性のために、願わくはこの身を捧げたいものと、私は神にむかって祈念したてまつる次第である。」（ラス・カサス『インディアス史』第三巻第五八章、長南実訳）

目次

Ⅲ 「回心」の地

Ⅳ 大陸への道程

Ⅴ 中米地峡に蒔いた種子

❖装幀――髙橋優子（Atelier Nadja）

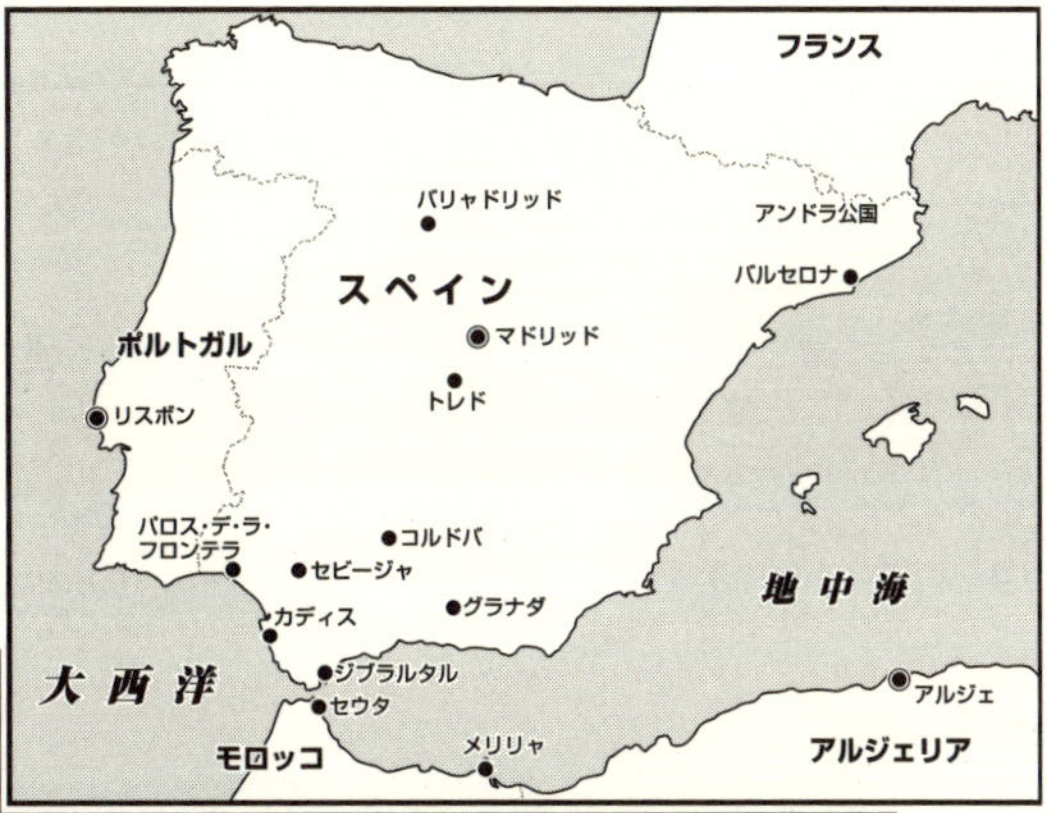

フランス
バリャドリッド
アンドラ公国
スペイン
バルセロナ
マドリッド
ポルトガル
トレド
リスボン
パロス・デ・ラ・
フロンテラ
コルドバ
セビージャ
グラナダ
地中海
カディス
大西洋
ジブラルタル
セウタ
アルジェ
メリリャ
モロッコ
アルジェリア

ロス・アンヘルス
米国
マイアミ
メキシコ
キューバ
ドミニカ共和国
メキシコ・シティ
ベリーズ
ハイチ
グアテマラ
ホンジュラス
エル・サルバドル
ニカラグア
カラカス
コスタ・リカ
パナマ
ベネズエラ
ガイアナ
ボゴタ
スリナム
コロンビア
仏領ギアナ
赤道
キト
エクアドル
ガラパゴス諸島
ペルー
ブラジル
カヤオ
リマ
マチュ・ピチュ
クスコ
ボリビア
ブラジリア
ラ・パス
スクレ
太平洋
リオ・デ・ジャネイロ
パラグアイ
サン・パウロ
アスンシオン
チリ
アルゼンチン
ウルグアイ
サンティアゴ
モンテビデオ
大西洋
ブエノス・アイレス

大西洋
バハマ諸島
マイアミ
キーウェスト
サン・サルバドル島
シエンフェゴス
サンタ・クララ
サンクティ・スピリトゥス
キューバ
トリニダー
グアンタナモ
シエラ・マエストラ
サンティアゴ・デ・クーバ
ハイチ
ドミニカ共和国
キングストン
ジャマイカ
ポルトープランス
サント・ドミンゴ
サン・ファアン
ビエケス島
プエルト・リコ(米)
アンティグア・バーブーダ
小アンティール諸島
ドミニカ国
マルティニーク(仏)
セント・ルシア
セント・ビンセント
カリブ海
コロン
ポルト・ベーロ
ノンブレ・デ・ディオス
サン・ブラス諸島
カルタヘナ
パナマ・シティ
クバグア島
カラカス
クマナ
トリニダード・トバコ
オリノコ川
ダリエン国立公園
ベネズエラ
コロンビア
ガイアナ
ボゴタ

米国
タンパ
フロリダ半島
メキシコ湾
マタンサス
ハバナ
メキシコ
ユカタン半島
メキシコ・シティ
ベラクルス
チョルーラ
クエルナバカ
ベリーズ
サン・クリストバル・デ・ラス・カサス
ベルモパン
アカプルコ
オアハカ
プエルト・コルテス
トルヒーヨ
グアテマラ
グアテマラ・シティ
ホンジュラス
サン・サルバドル
テグシガルパ
アカフトラ
チャラテナンゴ
ニカラグア
エル・サルバドル
マナグア湖
レオン
マナグア
ニカラグア湖
サン・カルロス
グラナダ
ソレンチナーメ群島
サルチー
サン・フォセ
コスタ・リカ
パナマ
太平洋
ベリーズ
メキシコ
グアテマラ
リビングストン
プエルト・バリオス
イサバル湖
ウエウエテナンゴ
コバン
サンタ・クルス・デル・キチェ
ラビナル
チチカステナンゴ
ケツァルテナンゴ
アティトラン湖
ミシュコ・ビエホ遺跡
チマルテナンゴ
イシムチェ遺跡
グアテマラ・シティ
アンティグア
ホンジュラス
エル・サルバドル
太平洋

〔ラス・カサス略年譜〕

1484年　8月24日(?), スペイン南部セビージャで生まれる.
1493年　9月, 父ペドロがクリストバル・コロンの第2回航海の船団に参加.
1499年　父ペドロ一時帰国. 翌年6月, ふたたびエスパニョーラ島へ.
1502年　4月15日, エスパニョーラ島サント・ドミンゴに入植者として上陸.
1507年　2月, ローマで司祭職を得る.
1512年　ディエゴ・ベラスケス軍の従軍司祭としてキューバ島征服行に参加.
1514年　8月15日, 植民者を糾弾する初めてのミサをキューバで行なう(第1回目の「回心」).
1516年　最初の「インディオ保護官」に任命される.
1521年　みずから策定した南米大陸北岸部クマナでの「平和的植民計画」に取り組むが, 挫折.
1522年　9月, ドミニコ会に入り, 翌年9月, 修道士となる(第2回目の「回心」).
以後, サント・ドミンゴで修道院生活をつづける.
1534年　12月, 南米ペルーに向けてサント・ドミンゴを出発し, 翌年1月, パナマに到着.
1535年　2月, パナマを出帆するが, 凪に阻まれ, ペルー行きを断念してニカラグアに漂着.
以後5年間, グアテマラを中心に中米地峡で「平和的改宗」の実践活動に取り組む.
1542年　『インディアスの破壊についての簡潔な報告』執筆.
1544年　3月, メキシコのチアパス司教位確定. 司教区着任は翌年3月.
1547年　3月, メキシコから母国に向けて最後の大西洋横断航海に出帆(生涯で通算5往復).
1550年　翌年にかけてセプールベダと論戦(「バリャドリッド論戦」).
1563年　『インディアス史』『インディアス文明誌』完成.
1564年　2月, 遺言書を作成し, 3月に密封.
1566年　7月18日, マドリッドのアトチャ修道院で没. 享年81歳.

◉ 写真提供
江越美保(*p. 83, 107, 115, 135, 139, 140, 150, 227, 310*)
上記以外の写真は著者. 但し, *p. 59, 89, 167*は新泉社編集部(安喜)

AQUÍ MURIÓ
Y FUE ENTERRADO
EN 1566
FRAY BARTOLOMÉ
DE LAS CASAS
LLAMADO
APÓSTOL DE LAS INDIAS
Ayuntamiento de Madrid
1990

プロローグ

アトチャ修道院にて

――マドリッド◉スペイン

その日、マドリッドは猛烈に暑かった。

地下鉄から地上に這い出てきた私を迎えたのは、肉体から水分を締め出してやろうとでもいうような強い意思をもった熱気だった。

マドリッドの南の玄関プエルタ・デ・アトチャ駅屋外に背の高い大きな電光掲示板があった。いわゆる、企業のための広告塔。しかし、公共性を無視しては企業イメージに差しつかえるとでも思ったか、マドリッド中心地帯の大気のご機嫌を知らせるアイデアを思いついたようだ。温度計になにほどの価値があるかは知らないが、掲示板は、黄色く滲《にじ》む数字を間歇《かんけつ》的に表示するのだった。そして、単純な数字の組み合わせは、個人旅行者の脚力を萎えさせるのに充分な効果をもたらした。

舗道の端につま先をかけるが、踏ん切りがつかない。何車線あるのかはわからないが、横断歩道がやたらと長いような気がする。イベリア半島の歴史的堆積からしぼり出された甘酸っぱい毒をもったサルバドール・ダリの作品に、いくつもの時計が溶け出している絵がある。そのだらりと弛緩したクレープ状の時計のように、目の前の横断歩道にいくつも引かれた白線がゆがんで溶け出して見えた。陽炎《かげろう》が立っているのだった。

私は額と瞼《まぶた》の上の汗をタオル地のハンカチで拭いながら、電光掲示板を見上げる。数字が変わる。

「41」というオレンジ色の数字が浮き出る。太陽の熱い吐息は勢いを増している。

摂氏四一度、という数字がヨーロッパの首都で記録されうるのだ。私は妙な名状しがたい感動を覚えていた。北アフリカに接したカトリック国の歴史は、そんな太陽に嗾《けしか》けられ、それによく呼応した偉丈夫《いじょうふ》たちが歴史の基層をつくった国であった。それはにわかに読解不可能のような事柄であって、「41」という数字が不可思議に見えるのとおなじように秘儀性をもつものだった。「41」というのは、旅行者には秘数であった。異教徒の私をたじろがすに充分な秘数であった。これは、しばし、やり過ごすしかないのだった。私は「慌てることはない」と、天井の高い駅舎へからだを反転させたのだ。

背の高い観葉植物で仕切られたカフェテリアに逃げ込むと、スニーカーから足首を抜いた。ほんとうは靴下まで脱ぎ捨てたいところだが、喉《のど》を通した冷たい水がなんとはなしの羞恥を覚醒させる。いくら店でねばったところで、マドリッドの夏の太陽は二〇時も過ぎなければ傾かない。観葉植物の根元に大きな蛾《が》の死骸が標本のように張りついていた。マドリッドで逗留《とうりゅう》する友人のマンションの一室で見た蛾とおなじ種類で、焦げ茶色の装飾性もいい加減な羽を広げたまま横たわっていた。「窓を閉め忘れて寝たら、コイツラが部屋に侵入してきてたいへんなんだよ。わがもの顔で一晩中、蛍光灯の周囲でフィエスタ（祭り）だものな、たまらない。今年の夏は、なぜかコイツラばかり異常繁殖している。まるで排水溝から湧いてくるような感じだよ」

中米コスタ・リカでささやかな写真屋を営んでいたことのあるMは、首都サン・フォセ郊外の店を、あるとき一切合財売り飛ばして現金化し、大西洋を、クリストバル・コロン（クリストファー・コロンブス）とは反対にイベリア半島に向かって船出、いやタラップを昇って空路マドリッドにたどり着いた。そして、日本人観光客向けにアンダルシア産の高級ワインを売って生計を立てている。

趣味はサッカー観戦。それが昂じて、マドリッドで月一回発行されている邦字新聞にオタク的観戦記を連載している。日本のサッカー雑誌に寄稿することもある。キーを叩くときのBGMはグレゴリオ聖歌だ。

Mとは、マヤ系先住民の国グアテマラで出会った。

首都グアテマラ・シティから四〇キロほど西にアンティグアという古都がある。スペイン征服者が中米地峡を植民経営するため総督府を置いた都市だ。先住民の心も支配しようと、総督は本国スペインからカトリック修道会各派を呼び寄せた。マヤの小さな盆地に忽然と一六世紀のスペイン地方都市が現われた。そうして、中米で最も繁栄した都市になったが、いくたびか大地震に見舞われた。その幾度目かの災厄となった一七七三年の大地震で、都市としての機能を完全に失い、首都の座を放棄させられた。以後、時を刻むことを止めてしまった。多くの教会が廃墟のまま放棄された。高級官僚や高位聖職者、軍部も、金持ちたちを引き連れて新しい首都に移ってしまった。貧しい民衆の多くは傷ついた町を修復しながら世代を重ねた。そして、二〇世紀まで生き延びたアンティグアは、一八世紀に停滞したまま旧跡が保存されたことで、いつのまにか貴重な歴史的遺構となった。ユネスコは世界遺産と認定し、アンティグアは世界に知られる観光地となった。

一九八〇年代、アンティグアを訪れたひとりの日本人青年がこの地にほれ込み、そのまま住みつき、生活の手段としてささやかな食堂を開き、まがいものの日本食をメニューにのせた。それが、日本人ばかりでなく、中米の田舎料理にあきた欧米人の旅行者に受けて、食堂からレストランに昇格して英語版のガイドブックにも掲載されるようになった。やがて、ラテンアメリカを個人旅行しようという日本人の若者が情報を求め、屋号を「禅」と命名した日本食レストランに集まるようになった。Mも一時、「禅」にたむろした旅行者だった。「禅」は町の中心パルケにも近く、カテドラル（中央大聖堂）とは一ブロックの距離しかなかった。店の前の道は植民地時代そのままの石畳であった。バルトロメ・デ・ラス・カサス司教の胸像を庭に置くラ・メルセー教会も徒歩で一〇分以内の距離だ。

中米にかぎらず、メキシコから南米までのラテンアメリカ各地に、日本列島での生活に適応できないという日本の若者が男女問わず、いつもどこかを徘徊している。できたら現地で暮らしを立てる手段はないかと探している。もくろみどおり定着に成功する者は、むろん少ない。手っ取り早いのが、強い外貨を持ち歩き、国際的にすこぶる融通のきく日本国籍を証明するパスポートを所持している強みを「恋愛」のウリとして、現地の女性なり男性と結婚することだ。たいていはうまく行かないのだけど、スペイン語会話だけは確実に上達はする。けれど、彼ら、彼女たちにとっての中米生活というのはたいていモラトリアムのようなものだから、恋愛もほんとうは実質のないものなのだ。錯覚が思い込みとなって小さな悲劇をつくってゆく。その悲劇によって強くなる者もいれば、萎縮してしまう者もいる。それまでの青春の質量が問われる。そんな話題は「禅」にたむろする旅行者の退屈しのぎになった。

青春の放埓《ほうらつ》は所詮、短い季節だ。やがて、自分を悟って日本列島に舞い戻り、そしてささやかな巣を見つけ、そのうち中米時代の友人、知人とは音信不通となって、いつしか消えてゆく。しかし、なぜこうも日本社会嫌いの日本人が多いのかと、アンティグアで暮らしているとよく思ったものだ。

観葉植物の根で硬直する蛾から、私は中米のそこかしこで萎《しな》びてゆく日本人の若者たちを思い出してしまった。私がいま、アトチャ駅に来たのは、そんな日本人旅行者たちのことではなかった。生涯、精神が弛緩することを諫《いさ》めつづけた、つよい魂をもったひとりの聖職者の軌跡を追うために、ここにいるはずだった。

私はこの旅を成田空港からはじめたのではなかった。グアテマラからイベリア航空機に乗って、マイアミ経由でマドリッドに到達したのである。私の足首には、中米でたむろするバックパッカーの澱《おり》のようなものは確かにあるのだった。けれど、私は偉大な魂を追う、ささやかな旅を開始することで、ふたたび祖国とのつながりを回復しようとしているのだ。中米から抜け出そうとしているのだ。スペイン旅行の帰路はまたマイアミ経由のグアテマラ行きであって、日本列島とは疎遠な行程だったが、それでも私は祖国をめざして旅をしているのだった。

しかし、この旺盛な太陽の勢いはいったいなんなのだ。熱帯であっても一四〇〇メートルの高原都市アンティグアには、こんな太陽はありえない。くらべものにならないぐらい温和だと思う。

中米の穏やかな高原地帯を主たる布教の地としたバルトロメ・デ・ラス・カサス司教も、一再ならずマドリッド、さらに苛烈な生地セビージャの太陽から逃避できたことを密かに感謝したのではなかったか、と思った。グアテマラから南メキシコのチアパスの高原地帯で、最も充実した、少なくともあの征服時代に最良の布教活動を展開できたのも、気力を損なわない温暖な風土がラス・カサスの健脚を支えたように思えてくるのだった。

煙草の吸い殻が二本となったところで、カフェテリアを出た。

アトチャ駅構内の広い停車場を右下に眺めながら、ゆるやかな坂をのぼっていった。停車場の向こうに、赤茶けた大気で染まったマドリッド市街区の南方の切れ端がふわふわと揺れながら横たわっていた。アフリカ渡りの熱風にいぶされて萎縮しているミニチュアのように見えた。直下型の地震でも起これば、たちまちなぎ倒されるような危うい光景だった。

一〇分ほど歩いたところで三角形の小さな公園の脇に出た。右と左、双方向からアトチャ駅に向かって延びてきた車道が市街地を徐々にすぼめ、やがて交わる。その地点に取り残された、使用価値を損ねた地だったから、とりあえず憩いの場にしたというような消極的な印象を与える公園だった。

その公園の中央部に、基台をベニア板で覆った兵士たちの群像モニュメントが建っていた。兵士の表情はヘルメットのひさしの陰が濃くて、まったく読み取れない。おそらく基台に碑文が彫り込まれ、モニュメントの縁起がしるされているはずだが、ベニア板に遮られて見えない。しかし、兵士群像の象徴的な意味は理解できた。汚れたベニア板にナチス・ドイツのカギ十字やら、「ファシスト」という殴り書きがなされていたからだ。つまり、フランコ将軍（一八九二—一九七五）独裁下に建てられたモニュメントであることは明白であった。

落書きは最近のものにちがいない。板で覆われた基台、あるいは碑文は意図的に傷つけられているものと思われた。スペイン市民戦争をヒットラーのドイツ、そしてムッソリーニのイタリアの後押しを受けて勝ち抜いた老将フランコ亡き後、スペイン全土に吹きまくった民主化の嵐のなかで、ファシストの英雄的兵士たちは一気に「日陰者」の地位に落ちたようだ。スペインにはフランコ将軍時代に建てられたモニュメントがたくさんあるはずだが、民主化の時代にあって、こうした破損行為は各地で起きているのだろうと思った。

その公園のすぐ裏手に赤茶色の塔をもつカトリック寺院が見えた。

地図の示すサンタ・マリア・デ・アトチャ修道院は、たしかにそこに存在していなければならないはずだった。ところが、その寺院施設はどう見ても、築後さほど歳月を重ねたようには思えない。さほど……というのは、ラス・カサス司教の終焉の地にふさわしい風雪がまったく感じられなかった、ということだ。一〇〇年も経っていないように思った。想像していたような古雅さはどこにもなかった。ラス・カサスが晩年を過ごし、そこで臨終を迎えた——、そんな歴史のひとこまを宿す枯淡《こたん》の気配はまったく希薄なのだった。幾星霜《いくせいそう》、冷酷な時の刻みがもたらす抗しがたい荒廃の気配もなければ、古雅さもない。私は半信半疑でその建物の正門を探して坂をゆっくりと上がっていった。

その正門はすぐ見つかった。そして、門脇の壁に一枚のプレートがあり、そこがアトチャ修道院にまちがいないことを確認した。

そこにはたしかに、

AQUÍ MURIÓ
Y FUE ENTERRADO
EN 1566
FRAY BARTOLOMÉ
DE LAS CASAS
LLAMADO
APÓSTOL DE LAS INDIAS

〈インディアスの伝道者
バルトロメ・デ・ラス・カサス
一五六六年にここで死去し埋葬された〉

——とあった。

まちがいない。ここにラス・カサス司教は埋葬されているのだ。

修道院は改築されたのか、しかも全面改築か……？　そんなことがあるのだろうか、と疑念に疑

アトチャ修道院

惑の天眼鏡を覗き込むようにプレートを読みかえす。

プレートは、「一九九〇年、マドリッド市役所」がはめ込んだと記されてある。

しかし、あまりにも簡素すぎる碑文ではないか。まるで、司教の代表的著作を模したような「簡潔な報告」的碑文であった。〈インディオを征服者の暴政から身を呈して守る戦いをつづけ、時に絶対的権力者の国王をも指弾した伝道者〉といった具体性はまったくなく、征服者の使い走りとなり、良心の自己審問を怠った数多《あまた》のカトリック聖職者となんら変わりない地平に、ラス・カサスを置いているのだった。

正面ファサードに向かって、なだらかな石段が自然の傾斜を利用し曲折しながら延びている。その石段は少しも磨耗していなかった。老朽化はげしく、全面的に建て直されたということであろうか。もし、そうであれば基礎となった石材がどこかで再生利用されるはずである。教会の歴史的な優位性を語るうえでも、そうした処置は肝要であったはずだ。そう、ここは老いたラス・カサス司教が身を寄せた当時、すでにマドリッド有数の教会施設で、当代の名のある神学者、気鋭の神学生たちが寄宿して学問に勤しんでいた場所なのだ。であるならば、カトリックを国教とする地である、たとえ損壊の危険が生じたとしても、補強しつつ、できるだけ原型を生かした再建工事が行なわれるはずだ。幾世紀かの風雪を生き延びてきた風格を損ねることは、修道会の布教活動に寄与すべき宣伝効果を著しく後退させることであったろうし、あるいは布教拡張競争で凌《しの》ぎを削る政治が、「歴史」を軽んじる所業におよぶとは思われなかった。

私はためらいつつ、ひっそりとした会堂のなかに入っていった。参拝者の影はまったくなかった。強い陽射しにいぶされてきた瞳は、教会堂特有の暗さのなかで、いっとき焦点が定まらなくなるものだ。そうしたとき、人は条件反射的に光を求め、探る。

カトリック教会の内部装飾はそうした人の生理的な反応を計算に入れ、聖壇の天頂部や回廊に色ガラスをはめ込んで、聖像や使徒像を照らし出すように工夫配慮している。見方を変えればあざとい手法といってよいと思うが、それを承知しつつも、光のなかに浮かび上がる聖像に視線が誘われるとき、信者でなくとも敬虔な心持ちが湧き上がってくるものだ。設計の作為などと思うのは批評家的態度というものだ。

私も、なんとはなしに居住まいをただした。しかし、視野が正常になれば、また疑念をもつわが身を思い出す。教会施設の厳粛に、歩を進めるにしてはけしからん疑惑を抱きつつ、前廊部に入った身には、聖壇もなんだか凡庸きわまりなく見えてくる。なにもかもが新しく、空虚な感じがしてならなかった。

ここはマドリッドを代表するバシリカ式教会でなければならなかった。

聖壇に向かう舗石の下、あるいは内壁のなかに、ここで亡くなった高位聖職者たちの寝棺《ねかん》が埋め込まれていなければならない。そう、ラス・カサスの白骨かそれとも塵《ちり》と分解したかわからぬが、ともかく声のとどく範囲に、没後四〇〇有余年の長きにわたって眠りつづける静寂の寝棺が横たわっていなければならない。しかし、その墓のありかをうかがわせるような気配はまったくなかった。私は疑念にうながされるまま本堂を抜け、中庭を囲むように配置された、どこかの病院のような灰色の回廊を進み、一角を折れてさらに奥へ歩を進めた。すると、その行き止まりに大きなドアがあって半開きとなっている。

だいたい教会施設というものは、外部からの闖入者《ちんにゅう》にすこぶる鷹揚《おうよう》で寛容、咎《とが》められるということはめったにない。それをよいことに、私はドアから半身乗り出して様子をうかがう。すると、そこは教会のもうひとつの顔を示す事務処理方の玄関といったところだった。狭い事務所があって、そこに平服の中年男性が二人、窮屈そうに固まって書類と対面していた。

私は、ガラス窓越しに、

「ブエノス・タルデス（こんにちは）」

と、にこやかに声をかけた。

男たちは手もとから視線を外さず、それぞれ「ブエノス・タルデス」と答えてくれる。

突然現われた東洋人を訝《いぶか》るふうもない。そこで、私は率直に疑問を投げることにした。

「セニョーレス、ここはたしかにラス・カサス司教が亡くなったところですよね」

「いかにも、セニョール」

「私は、（グアテマラから来たというと話がややこしくなる気がしたので）日本から来た旅行者で、ラス・カサス司教の生涯に関心をもつ者ですが、お墓のある場所をぜひお教えください」

すると、二人とも面を上げて、「ナーダ！　セニョール」と和すように言った。

「ナーダ」──なんにもない、と言うのだ。

私は思わず聞き返した。

「なぜ？」

「戦争でなにもかも焼けてしまったのですよ、セニョール。このあたりすべて、なにもかもきれいさっぱり……」

その言葉を裏打ちするように、両手をポーンと宙に放り投げるような仕草を見せた。

「戦争、というのは市民戦争のことでしょうか？」

私は、一九三六年から三九年までの、陰惨だったが芸術的に見れば過酷にも豊饒な沃地《よくち》となってしまったスペイン内戦を念頭に訊《き》いた。

「いかにも、セニョール」

「では、それまでは司教の墓はたしかにここにあったのですね」

「さよう、セニョール。このあたりは激戦地でしたからね」

なんということか……。ナポレオンの侵略にも焼けず、第一次世界大戦にも中立を宣言して戦火をまぬがれたスペインが、同胞相撃つ内戦によって貴重な歴史的建造物をかくまで破壊し尽くしたのであった。

三角公園のモニュメントはその激戦の証であったのだろう。それは、このアトチャの地での戦闘を勝利に導いた兵士たちのものでなければならない。ベニヤ板のいたずら書きは主張しはじめる。

スペイン黄金期、つまりカトリック両王時代の〝偉大〟な事業であった〈新世界発見〉と領土拡張、そこで行なわれた数かぎりない先住民虐殺——。愛国スペイン史では「聖戦」だが、成り上がり軍人たちの侵略・征服行為でしかない。ラス・カサスは、その征服の不正義を、神の名のもとに指弾しつづけた。そして、愛国スペイン史はラス・カサスを「黒い伝説」の伝播者として貶《おとし》めた。愛国ファシスト軍にとっては許しがたい〝敵〟であったはずだ。そんな〈非国民〉が眠る修道院など、歴史がどうだ、世界遺産、貴重な価値ある遺構などと配慮する必要はいささかもないわけで、破壊して痛痒《つうよう》などなかったはずだ。しかし、それでは一方的だ。内戦はより陰惨なものだ。内戦の敗者には傷ついた身体を横たえる故郷は消える。

アトチャの地で絶望的な戦いを強いられた共和国軍兵士たちは、戦場にどのように展開したか。追いつめられた兵士たちに、歴史的遺構など振り返る余裕もなくなる。共和派兵士が教会の伽藍《がらん》に立てこもり、ファシスト軍を迎え撃ったかもしれないし、その逆もありうる。内戦とはそういうものだ。アトチャ修道院とラス・カサスの墓の破壊は、内戦そのものの犠牲であった。

対外戦争で生き延びた歴史的遺構が、内戦で破壊される事例には事欠かない。そういうことはどこでも起きうることだ。アフガニスタンでタリバーン政権が仏教遺跡を破壊したのは、彼らの国際的な孤立によって生じた焦燥から計画された〝野蛮〟であったはずだ。その〝野蛮〟の成立に、先進国の横柄《おうへい》があるのだ。カンボジアでアンコールワットの遺跡に銃座を設けたのは、追いつめられた共産軍クメールルージュであったろう。冷戦終結とともにはじまったユーゴスラヴィアの解体と陰惨な内戦でも、二つの大戦で生き延びた歴史的遺構がいくつも破壊されたのだった。

これまで、ラス・カサスの終焉の地について触れた文献を目にしてこなかった。亡骸、墓について、それが市民戦争によって灰となったことを書いた資料を読んだことがない。日本のスペイン史家やラス・カサス研究者の記述にも、わずかに目にした外国の文献にも、なにも記載されていなかった。それはなぜなのだろうか？

思いあたることはある。たとえば、日本のラス・カサス研究というものは徹底した文献検証の精緻で誠実な作業の結晶として、私の前に出てきた。それはまさに労作というものであったが、まれにみる健脚であったラス・カサスのフットワークのよさはそこには感じられなかった。取材のため広げる現代地図では存在しようのない旧名が、そのまま現在も生きる地名のように引用されているなかで、その足跡をくまなく足で歩いて検証した形跡はあまり見受けられない。ラス・カサスの最晩年の言動に対する細心の検証作業はあっても、臨終のベッドが置かれた修道院へ赴くという「手間」は省かれているのではないかと思えてしまう。

「セニョール、これを見なさい。あの戦争で救い出されたのは、これだけだったのですよ」

職員は、そう言って二枚の絵葉書を示した。

それは、子クリスト（キリスト）を抱いた聖母像であった。ゴチック初期の見事な作例で、アルカイックな親しみやすいフォークアートの香りも残す木彫であった。スペイン史でいえば、イスラームの衰退がはじまった時期の作品だろう。裏面を見ると「アトチャの聖母」とある。絵葉書は全体像と、聖母の美面と幼子クリストをアップで写した二景二枚であった。

アトチャ修道院の聖母像

両手で充分抱えられそうな像である。「この像だけが助かった」というのだ。

その顚末を訊くのを忘れたが、まず、戦場から持ち出せる許容量であったということだろう。

おそらく、アトチャ修道院でラス・カサス司教とともに同時代の大気を呼吸していた現存する唯一の存在ということになるのだろうか。とすれば、それは大きな意味をもって見えてくる〝ありがたい〟聖母像なのである。

私は絵葉書を購入することにした。事務職員はそれを綺麗な封筒に鄭重《ていちょう》におさめてくれた。そして、「ブエン・ビアッヘ（よい旅を）」とにこやかに言った。

私の〈ラス・カサスへの道〉は、そうして摂氏四一度のマドリッドからはじまった。

I

生誕の地

新幹線AVEの車窓から

——マドリッド〜セビージャ◉スペイン

スペイン国有鉄道レンフェが誇る新幹線AVEは、「Alta Velocidad Española（スペインの高速）」の頭文字を取ったものだが、同時にその三文字は「鳥」、とくに大型の鳥を意味する。そのシンボルマークは翼を広げた大鳥だ。

この大鳥の羽に跨《また》がり、大いなる知的好奇心を胸に抱えてセビージャに向かったのは、アトチャ修道院を訪れた翌日だった。

一九九二年に開通したAVEは、最高時速二七〇キロでマドリッド―セビージャ間を二時間半で結ぶ。セビージャ万博を訪れる観光客の便を考慮して建設されたものにちがいないが、同時にフランコ亡き後、民主スペインの新しい時代を主導したフェリペ・ゴンサレスをリーダーとする若き社労党政権が満々たる自信を込めて推し進めた経済成長政策の成果を誇示する、政権の延命も賭けた〝国家事業〟でもあった。

AVE建設にセビージャ万博、バルセロナ五輪の三大プロジェクトの推進は、かつてないほどの雇用を促進した。その好景気につれて対岸の北アフリカからモロッコ人が大量に入ってきた。スペインは、今日なおモロッコの地中海沿岸セウタとメリリャの二都市を事実上、植民地支配しているのであれば、そうした移入が生じるのも当然の話である。

スペインは、イベリア半島の南端ジブラルタルを英国に占拠されているが、スペインもまた北アフリカに植民都市を堅持している。ヨーロッパのかつての帝国主義の残虐と貪婪《どんらん》というものは、いまだに世界各地に日々、人々のささやかな無数の営みを伴って生きている。かつての英国の香港、ポルトガルのマカオより近距離支配だから、あんまり「植民地」という倫理的な罪悪感はスペインにはないように思う。日常的な意識も薄いと思うが、モロッコ民族主義者にとっては屈辱の象徴であることはまちがいない。しかし、そこからスペインへ出稼ぎに出る足がかりとなる。

ところで、国家的大事業を同時に三つも遂行するとなると、その拠って立つ精神的支柱というものが必要だろう。

東京オリンピックや大阪万博が戦後日本の経済成長を寿《ことほ》ぎ、平和国家を宣明する国民的総意というものが、イベントのド真ん中にデ〜ンと据え置かれた支柱であった。その具体的な形象が、いまもギラギラ油照りを失っていない岡本太郎の「太陽の塔」である。「塔」が解体されず残されたのは、日本人の昭和史における〝民族的記憶〟として、ヒロシマの原爆ドームと対比的に選ばれたからなのだろう。そう、岡本の天才は、無意識に時代の高揚と未来への希望をあのようなかたちで千里の丘の空間をザックリと仕切ったのだ。モニュメントとは元来、暴力的な意思をもつものだ。

民主スペインが選び取ったのは、クリストバル・コロン（コロンブス）のアメリカ域到達五〇〇周年を祝賀するという国民の総意であった。それが大いなる精神的支柱となった。時代のめぐり合わせはまったく絶妙であった。拍手喝采したいほど見事な五〇〇年のめぐり合わせだ。フランコ将軍の死すら絶妙なタイミングだったと思うし、スペイン内戦だって、五〇〇周年を祝う準備のために仕掛けられた神の悪意とすら思えるほどだ。

労働者大衆を基盤とするゴンサレス政権ではあったが、中年太りしはじめた社会民主主義者たちは、五輪開催の栄光を前にどっと内向きに舵をとったようだ。ゴンサレス首相は、フランコ将軍とくらべれば比較にならないほど、大西洋の向こうのスペイン語圏諸国にうちつづく混乱に胸を痛める人権思想は豊かに内に抱えていただろう。イタリアのジェノバ出身の冒険的航海者コロンによる〈発見〉ではじまったアメリカ先住民の悲惨は、スペインの栄光にとっては目を覆いたい事柄であったはずだ。先住民の多くは、現在なお〈新世界〉の最下層労働者という地位を強いられている。彼らの存在を考慮したかもしれないが、巨大プロジェクト推進の前には副次的な「問題」になってしまう。「問題」を五〇〇年前に遡らすより、独立後、それぞれの国民国家の施政者たちの失政に負荷させることによって、精神の安寧を得ようとしたのかもしれない。それはしかし、スペインの施政者の功利的な便法であるにすぎず、たちまち大西洋の向こうからしっぺ返しを受けることになった。

新幹線AVEの鉄路がアンダルシアの大地を削って南下してゆくにつれ、万博のパビリオンが華やかに彩られてゆき、五輪への出場権をかけた予選が地球大で熱をおびるにしたがって、アメリカ先住民の個々の声はやがて大きな団塊に成長しはじめた。無数の先住民言語で発せられる不協和音は、大西洋の波頭を飛び越え、スペイン各地の建築現場にも届きはじめた。しかし、総プロジェクトの責任者であるゴンサレス首相も、スペイン王国の精神的象徴として君臨するファン・カルロス一世にしても、旧植民地からの声を知っても、それに耳を傾けようとはしなかった。そうしないと、巨大プロジェクトは停滞しかねないからだ。結果的に、南北アメリカ大陸各地の先住諸民族の叫びを軽視した。

——それには理由がある。一四九二年以降の五〇〇年の歳月は、スペイン人たちの歴史的感性を育てた。これは容易に解消できない民族の遺伝子というものだ。歴史は恣意的に創作され、次代の担い手たちの脳髄に植えつけるものだ。フランコ独裁下では、とくに民族主義は子どもたちに日々、注入されるドグマであった。スペイン英雄史譚における巧妙な植民地統治は、スペイン王家からみれば「問題」はあったにせよ、成功であったはずだ。そのひとつ、先住民共同体の各地域の団結・組織化を防ぐための分断政策として、言語的な囲い込み政策は功を奏した。大いなる自然との対話、自然神への畏敬を根底にした先住民言語をそのまま温存させて、近代思想の流入を防ぎ、因習をそのままに捨て置いた。そして、公用語としてのスペイン語も日常会話のレベルにとどめた結果として、国境を越えた横断的な運動が生まれることを防いだ。先住諸民族が大同団結し、五〇〇年目に覚醒することなどあるはずがない、との暗黙の了解があったかもしれない。しかし、〈新世界〉の先住民の地を這う声は海を越える咆哮《ほうこう》となった。

アメリカ先住民は五〇〇周年を前に沈黙を破った。むろん、征服時代から、植民者に対する抵抗はつづいていた。しかし、南北アメリカ大陸の先住民の総意として、おなじ文言が承認されるかたちで、旧宗主国に投げつけられることはなかったのだ。ところが、一九九二年を前に、彼らは五臓六腑の血をたぎらせた。

〈あなた方はなにを考えておるのか……。いままで私たちは、あなたたちの遠い祖先の仕業、悪行の罪を、今日を生きるあなたたちに償ってもらおうとは思わなかった。あなた方の生活を快適にしている財産のいくばくかが、かつて私たちの土地から奪われた富が源となって形づくられたものであったとしても、あなた方が希求したものではなく、あなたたちの倫理観に関わる事柄ではなかったのだから、それを咎めようとは思わなかった。けれど、あなた方の祖先が私たちの大地にもたらした巨大な災いの数々について、あなた方は公教育の場を通じて学んできたものと、私たちは思っていた。それは歴史への償いということであっただろうからだ。フランコ独裁時代はともかく、ゴンサレス首相の民主的な政権では、それなりに歴史の反省が行なわれているものだと確信し、あなた方が選んだ若い政治家たちが机上の空論に陥ることなく、身体を動かすことによって知る叡智の結晶としての新しい民主主義の芽生えに信頼を寄せもしたのだった。

しかし、どうも様子がおかしい。あなた方の歴史はフランコ独裁時代の栄養価の過剰な甘味をそのまま享受しているようだ。私たちはたいへんな思いちがいをしていたようだ。あなた方がコロンを英雄の座から降ろさず、今後もメソ・アメリカの侵略者エルナン・コルテスや、アンデスの破壊者フランシスコ・ピサロを侍《はべ》らせて、歴史の玉座《ぎょくざ》にスペインの栄光を鎮座させ、バルトロメ・デ・ラス・カサス司教の人間的なあのご自身の生命を楯にして、私たち祖先の苦悩に同伴しつづけた生涯を顧みようとしないのなら、私たちも考え直さなければならない。

私たちの神は、カトリックの神に侮辱されても萎縮などしてはいない。私たちの神が命じるまま、あなた方の無知、そして驕慢《きょうまん》な態度をただしていかねばならない。私たちアメリカ大陸に生きる幾千万の先住民同胞の総意として、あなた方を批判していかねばならない。〉

スペインの「五〇〇周年」大祭ともいうべき国家イベントに対してアメリカ大陸各地の先住民諸組織が自発的に創出していった反コロン運動の大要を書けば、このようなものになると思う。

私のように、グアテマラで日々、スペイン征服者に滅ぼされた先住民部族の英雄を刷り込んだ紙幣、刻み込まれた硬貨を使ってきた者にはまったく信じられない話だが、ゴンサレス政権下では平然と、アステカを破壊したコルテス、インカの富の強奪者ピサロを国家的偉人として一千ペセタ紙幣の裏表に刷り込ませているのだった。もっとも、ユーロ誕生でその紙幣は消えたのだが、紙幣を通じて〝教育〟されたスペイン大衆のコルテス観、ピサロ観はなかなか消滅しないだろう。

どこの国だって国家的英雄というものは排他的な存在である。しかし、この五〇〇年の世界史は

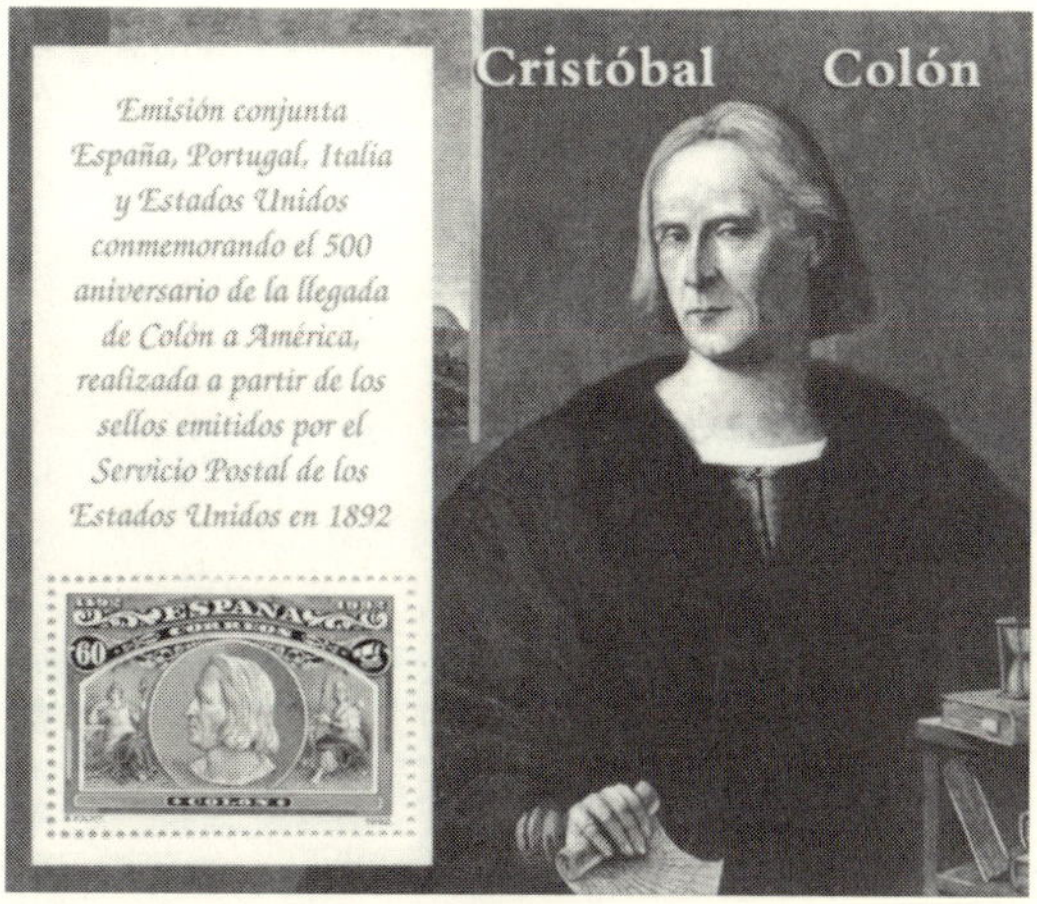

〔上〕フランシスコ・ピサロとエルナン・コルテスが描かれた1000ペセタ紙幣
〔下〕クリストバル・コロンをあしらった〈発見〉500周年記念切手（スペイン）

二人の征服者をくり返し断罪してきたのではなかったのか。韓国史で豊臣秀吉や伊藤博文が懲罰されているのとはわけがちがう。先住民ジェノサイドという人道に反する罪を犯した征服者たちであってみれば、これは許すべきことではない。もし、ドイツが紙幣にヒットラーの肖像を刷り込んだら、どうなっているだろう。これは許すべきことではない。もし、ドイツ経済は損傷することだろう。読者のなかには極端な比較と思われる方もいるかもしれないが、コルテス、ピサロはアメリカ二大文明を破壊し、多くの先住民言語集団を地上から抹殺したのである。その殺戮の事跡からみれば、ヒットラーの悪行も数的には小さなものだ。ヒットラーが殺害した人たちは文明人だから罪は重く、コルテスやピサロに殺された人が、文字を知らない〈野蛮人〉だから罪は軽減されるとでもいうのか――。ヨーロッパにはいまだに、途上国を見下げる差別的な人種観が抜きがたく存在しているように思う。

しかし、コルテスやピサロが「神」の名のもとで血で血を洗いつづけた国では、些少の例外は認めるものの、先住民集団・組織の現実政治に対する抵抗、発言力も弱ければ、経済力も心もとないものなのだ。民族の悲痛を、彼ら自身の言葉で、大西洋を越えてイベリア半島に響かすことは至難なことだったのだ。その間、コルテスやピサロを指弾する先住民の声は世界史のなかで抹殺されてきた。だから、スペイン国立銀行はアメリカ先住民文明の破壊者たちを紙幣に刷り込みつづけ、まったく痛痒《つうよう》を感じていなかったのだ。さらに強調すれば、ユーロ導入前のスペイン紙幣の最小単位が一千ペセタだったから、これは最も流通量の多い紙幣であった、ということになる。これでは世界史におけるコルテス、ピサロの位置を、スペイン政府は必死に覆い隠そうとあがいていると指弾されても仕方がない。

そうしたスペイン全体の歴史認識というものは、ラス・カサスへの評価にもうかがえるものだ。

アトチャ修道院のプレートは一九九〇年にマドリッド市役所によって掲げられたことになっている。つまり、ゴンサレス政権になってからはじめて実現した掲示であって、フランコ独裁下にあっては机上にものぼらなかった企画であったのだろう。それはそれで社労党政権の民主性を象徴する事柄であるかもしれない。だが、世俗の権威を超越するカトリック教会が、もし自分たちの意思でラス・カサス司教を再評価しようと動き出せば、充分可能であったはずだ。少なくとも、共産党政権下で苦悩したポーランド・カトリック教会よりもはるかにましな、自由で畏敬もされた宗教活動がフランコ政権下ではあったはずだ。しかし、スペイン・カトリック教会はラス・カサスを疎《うと》んじつづけたのだ。疎む、というより異端審問の場に立たせたいほど憎まれる存在ですらあっただろう。

教会内部から自発的に、ラス・カサスのことを「博愛主義の先駆者」として評価しようとする動きは起こらなかった。あっても潰されていただろう。プレートの設置も市役所の仕事であって、アトチャ修道院みずからの発意ではない。もし、修道院がラス・カサス再評価という能動的な姿勢を選びとるなら、「聖母」の絵葉書だけでなく、プレートの碑文にふさわしいリーフレットなりを作成して、信者に配布するとか、来訪者に存在を知らしめる努力をしただろう。しかし、プレート以外、ラス・カサスを知らしめる掲示や資料の展示などひとつもなかったのだ。碑文にしても、その偉大さ、事業の歴史性にふさわしい評価に見合ったものではなかった。つまり、スペインでは現在も過去もいっさい、母国の黄金時代たる一五、一六の両世紀をいささかなりとも傷つけるような批評行為は慎重に排除することが右左問わず国民的合意として成立しているようなのだ。教権も俗権も、私にはまったくおなじ地平に立っているとしか思えなかった。

紙幣に戻ってみれば、ピサロの肖像は当時の征服者の武具である剣と鉄兜《かぶと》が描かれ、コルテスとなると南北アメリカ大陸の地図を背に、あたかもわれらが領土といった得意満面、傲然《ごうぜん》たる支配者であるかのように刷り込んである。そして、そこになんら違和感を覚えない社労党支持の労働者大衆や知識人というものは、どこまで思想的に自立しているものかと疑いたくもなる。おそらく、この党を支える党員の大半は、アメリカ大陸の現代政治史を例にとれば、一九四〇年代のアルゼンチンでファン・ペロンの抑圧的な政権を、その夫人で「エビータ」ことマリア・エバ・ドゥアルテにそそのかされて熱狂的に支持したデスカミサーダ（背広を着ない労働者）、つまり打算的で自分たちが恵まれていればそれでよいという排他的な労働者階級たちとさして変わらないように思えてくる。

ともかく、スペインにおける「五〇〇周年祭」は露骨きわまりない国威発揚事業であった。

しかし、そんな排他的なスペインのお陰で、アメリカ大陸に広く散在して暮らす先住民がはじめておなじ意思をもって国際社会に向かって発言しはじめるきっかけとなったのは確かである。

それは、やがて日本のアイヌ民族を含む世界中の先住民諸団体が連動して、「先住民土地権限」という、根本的に植民地時代の侵略を見直す作業から、先住民文化を尊重する公教育の推進、識字教育の拡大、先住民共同体の電気や上下水道の敷設、医療の拡充など多岐多様にわたる〝生き残る〟ための基本的なインフラ整備、……つまりコロン以来、五〇〇年間、深刻な行政差別を受けてきたために生じた都市部との絶対的な生活格差を洗いざらいぶちまけ、紙つぶてにして四方八方に投げつけ、最終的に国連の本会議の場に放りつけられたのだ。

当初、先住民諸団体は、浮かれスペインのお祭り騒ぎを指弾する意味で、一九九二年そのものを「先住民年」とするよう国連に要望したのだった。しかしながら、国連もスペインの立場、国家的大事業を推進中という体面を考慮しないわけにはいかない。それが国連の場における紳士的な態度というものなのだ。そこで、一九九三年を「先住民年」とする妥協案が成立したのだった。

だが、南北アメリカにほとんど汚れた手をもっていない北欧のノーベル財団は、先住民人権団体の声に真摯に耳を傾けることをためらわなかった。一九九二年のノーベル平和賞をグアテマラ先住民マヤ系キチェ族の娘リゴベルタ・メンチュウ・トゥムに与えた。そして、民族衣装ウィピルと巻きスカート、コルテしか着ることのないメンチュウを国連の特別大使に任命し、翌年の「先住民年」を推進する役割を与えたのだ。

オスロの授賞式に前後して、メンチュウはローマ法王庁を訪問している。ヨハネ・パブロ二世の招待である。法王はすでにカリブ海の島国ドミニカ共和国の首都サント・ドミンゴで開かれたラテンアメリカ司教会議に出席して、公式に「新大陸と旧大陸の出会いが不幸なかたちではじまったこと」、そして「アメリカ先住民へ多大な犠牲を強いたこと」を米州各地から参加していた先住民諸団体の代表の前で率直に認めていたのだった。

メンチュウの出身部族であるキチェ族は、アステカ帝国を滅ぼしたコルテスの部下ペドロ・デ・アルバラードが指揮する征服軍らとの戦いに敗れた一五二一年以降、絶えざる搾取のなかをしぶとく生きつづけているグアテマラ最大の先住民族集団である。彼女の生地は貧しく、多くの子どもたちが十代になる前からコーヒー農園で豆の摘み取り手として働いたという。子どもとて容赦しないノルマを課せられた重労働であった。

現在、中米諸国の主要な換金栽培物となっているコーヒーは植民者が持ち込み、先住民農地を強奪して栽培を強要した腹の足しにならない嗜好品である。われわれ日本人は安く美味しいコーヒーを日常ふだんに愛飲しているが、中米では日本で飲むような豊潤な香りのするコーヒーに出会うことはまれだ。良品のほとんどが外貨を稼ぐために輸出されてしまうからだ。コーヒー農園で働く先住民たちが暮らす共同体の小さな市場で売られている量り売りの「コーヒー」は、麦や根菜類を使った似て非なる代用品だ。芳香など最初から存在しない。

メンチュウの受賞を、南北アメリカ諸国の先住民諸団体は率直に喜んだ。それまで、ノーベル賞の存在など知らなかった先住民まで、先住民の人権運動に弾みがつきそうだとの予感から喜んだ。

予感だから実態はなにもない。相変わらず大農園での搾取はつづき、土地を失った先住民の多くは都市に流れてスラムを肥大させている。故郷に残っている先住民にしても、容赦ないツーリズムの横行のなかで〝商品〟としてみられ、自尊心をいたく傷つけられる。都市のスラムにも行き場のない若い女たちは売春宿に住み着き、性的搾取に喘《あえ》いでいる。メンチュウの授賞式を映すテレビを、男の裸の背越しに見ていた先住民出身の女たちはたくさんいるのだ。

　グアテマラの首都を横断する鉄道がある。市街地を通過しているあいだ、線路は事実上、スラムに呑み込まれている。線路の両脇はギッシリと、カサス・デ・カルトン（段ボールや板切れなどを張り合わせて作った家）がひしめいている。排水設備などなにもないから、汚水は線路に容赦なく吐き出される。汚物は散乱する。この鉄道は、かつてカリブ海と太平洋をつなぐ陸の大動脈であった。しかし、鉄路の大半は現在、修復不能なほど荒廃してしまった。首都から太平洋に延びるわずかな距離の路線のほかは、カリブ沿岸に近い米国資本のバナナ・プランテーションから運び出される堅く未成熟な青いバナナを満載した貨車が短い距離を走っているにすぎない。

　鉄道施設というものは、どこの国でもそうだが、絶えざる補修作業、それこそ終わりのない「線路はつづくよ、どこまでも」と歌にあるように、日々の点検によって保たれる。しかし、経済的疲弊と内戦による荒廃で中米諸国の鉄路はズタズタになった。グアテマラ、ニカラグア、エル・サルバドルは内戦で、コスタ・リカは地震の急襲を受けて、また、パナマの運河に沿った地峡横断鉄道は道路の拡充とともに衰退し、ホンジュラスの鉄道はかろうじて米国資本のバナナ会社が維持し、客車を恩恵的に走らせている状態だ（パナマ横断鉄道は、パナマ運河地帯が米国からパナマ共和国に返還された後の二〇〇一年に復活している）。

　しかし、鉄道の旅はどこでも、それなりの楽しさがある。ＡＶＥの気密空間だって、スペインらしい調度というものはある。日本の新幹線とついつい比較する楽しみを味わってしまう。エコノミー・クラスもゆったりとした設計で、外国人には大幅な割引料金が設定されていて、無料の車内誌も充実していた。

AVEの車窓いっぱいにヒマワリ畑が広がった。ヒマワリの黄色と、空の青。車窓は、そのたった二色で染め上げられた。黄色い絨毯《じゅうたん》が果てしなくゆったり揺れながら真っ青な空に馳せのぼってゆく。ソフィア・ローレンとマストロヤンニが大人の悲恋を感動的に謳《うた》いあげた映画『ひまわり』（ヴィットリオ・デ・シーカ監督、一九七〇年）の撮影地、その近くだろうか？　アンダルシアのヒマワリ畑をウクライナに見立てて撮影されたのだ。たしか、『ドクトル・ジバゴ』（デイヴィッド・リーン監督、一九六五年）のロシアのヒマワリ畑もアンダルシアで撮影されていたはずだ。共産党一党支配下の時代に、反ソ的映画の撮影は必然、許可されず、あるいは予算の都合か、アンダルシアの地はしばしばロシアやウクライナに見立てられて利用されたのだった。

天高いアンダルシアの風土を語る書物は、たいてい北アフリカとの連動性を指摘するが、映画人たちは正教徒のスラブ大地に見立てていたのだ。しかし、今後そういうこともなくなるのだろう。すでに、共産党政権崩壊後の東欧諸国の古雅な街路は、ハリウッド映画のなかで一八世紀や一九世紀の大気を再生している。カリフォルニアのロケ班が足しげく訪れる場所となっている。

スペインの物価は、社労党政権の経済成長政策下で、近隣の西欧諸国に右へならえして高くなってしまった。秘密警察の網を張り巡らせて「国家」を持続させていた東欧のコミュニスト政権が崩壊してみれば、スラブの大地で撮影したほうがはるかに経済的となるだろう。遠景にロシア正教会の木造の塔やら民芸品のような集落をフィルムに収めたいとなれば、これはもうカトリックの地では不可能なのである。

ヒマワリ畑にしても印象はえらくちがうものなのだ。ペレストロイカと騒がれていた時代、ウクライナの大地を鉄道で旅したことがあった。その車窓にも見渡すかぎりのヒマワリがゆったりと黄金の風を送り出していた。アンダルシアのヒマワリは豊潤な光とたわむれているといった感じだが、ウクライナのそれは種の収穫にそなえて必死に光を吸収しているというような、そんな健気《けなげ》な感じがしたものだった。

――いつのまにかまどろんでいたらしい。

アンダルシアの地でまどろめばラ・マンチャの郷士ドン・キホーテの陽光まぶしい白昼夢を共有できそうなはずだが、そうはいかないようだ。日本の新幹線がまどろみに適さないビジネス空間になってしまったように、AVEもまた旅の余韻を奪ってしまったのだ。セビージャはラス・カサスの生誕の地であるとともに、ドン・キホーテに白昼夢を見させたセルバンテスが壮年期を過ごした地でもある。セルバンテスは、スペイン凋落の予兆となった「無敵艦隊」が英国海軍によって壊滅させられる以前、その雄々しい「艦隊」の食糧徴発員として働き、「艦隊」が海の底に沈んだ後も、海軍の食糧方としてこの地で働いていた。食糧調達のためアンダルシア各地を歩いている。四五歳のときには仕事上のトラブルでセビージャの牢獄に下獄もしている。その獄中で『ドン・キホーテ』の構想が練られたという。

車内の空気がざわざわと揺れ動きだすのを感じ、あわてて車窓を眺める。その途端、紺碧《こんぺき》の空が切れた。不意打ちのようなものだ。一瞬、瞳孔は焦点を合わす機能を撹乱させ、闇のなかに投じられた。AVEは大鳥の羽で空気の流れをゆったりと制御し、セビージャの表玄関サンタ・フスタ駅舎に滑り込んでいた。

グァダルキビール川の畔で
――セビージャ◉スペイン

セビージャの暑気は、マドリッドに増して透明の光が沸騰しているような苛烈ぶりだった。太陽がひとまわり大きく感じられる。金属の刃がいく束も降り注ぐような、庇《ひさし》の陰づたいに歩かないと光の刃にグッサリとやられるような、そんなデンジャラスな感じだ。ここはラス・カサスが生まれ育った町である。

セビージャの町を東西に分かつグァダルキビール川の水面は、のっぺりと動かない。まるで水銀を垂れ流したような、メタリックの灰色で蒸せるような色合いだった。セビージャを訪れる観光客はまず歴史風致地区に足を伸ばし、クリストバル・コロンの遺体を納めると伝承されている大層な棺が安置されたカテドラル（中央大聖堂）に詣でる。セビージャ観光の通過儀礼だ。

一四世紀、この地がまだイスラーム支配下にあった当時、見事なムデハル様式で創建されたアルカサル宮殿も観光客に必見だ。宮殿というと、私などは建造物の豪奢《ごうしゃ》とともに、贅沢な空間性、なにもない無用の空間の広がりを味わえるものと思っているのだが、ここにはそういう優雅さはない。空間は狭く、利便性が勝《まさ》ったゆとりのなさを感じる。ついでにグァダルキビール川の畔に建つ「黄金の塔」へ向かいながら、遊歩道をそぞろ歩きすることになる。途中、いかにも二〇世紀の仕事といった感じを与えるモーツァルトの胸像もある。「黄金の塔」は、一三世紀初頭に建てられた正十二角形の元船舶検問所で、そのまわりを一巡する。時間があれば、ビゼーの歌劇というか、メリメの小説といえばよいか、〈カルメン〉が働いていたと伝えられるタバコ工場跡を訪ねたり、古い修道院を改築した美術館でムリーリョ、スルバランといった一七世紀のセビージャに工房を設けた巨匠たちの大ぶりな絵に圧倒されるというのが、平均的な観光コースとなる。

　中米の小国からやってきた観光客が、セビージャの美術館や、マドリッドのプラドで否応なく確認させられるのは、覆しようもない五〇〇年の歳月、歯ぎしりしても巌《いわお》のように動じない歴史の堆積だろう。

　土地なき貧農たちを吹き寄せたスラムを外縁にもつ中米地峡の小国、その首都の中央に位置するカテドラルには、たしかに立派な聖像画があり、それを縁取る調度、装飾いっさいは厳かで豪奢ともいえる。しかし、プラドの回廊を歩けば、そうした祖国の首座に掲げられた聖像画の大半が、画格から見ればどうしようもなく二流、三流品であり、模倣であり、亜流であることを否応なく確認、再発見させられてしまうのだ。それが植民地時代における文化の移入というものだった。軍事の力は一流であったかもしれないが、コルテスやピサロの教養が怪しかったように、異文化の地に武具にのって移入された新しい「文化」は、喪失しても構わないような二流三流のものが先行するのである。非常時に一流の芸術は必要ない。銃砲器の出番が少なくなり、武具が兵器庫に納められる頃になってから、少しずつ一級品も入ってくるようになるのだ。しかし、一級に上・中・下の三段階評価を設ければ、けっして「上」ではありえないものなのだ。

　中米から訪れた観光客は、けっして、そうしたことを口にしないようにする。舌の先でそれを認めれば、自分たちの文化の後進性を認めることになるだろうし、祖先の審美眼まで毀損するような行為になるだろうからだ。みずからの〈愛国心〉を問いただす場面は、外国にいると、いつ何時現われるか、予測がつきがたいものだ。

ムリーリョ、スルバランは、一七世紀の前半期と後半期のスペイン絵画を象徴する二大家である。スペインの「無敵艦隊」が英国海軍によって壊滅させられた後に出てきた画家だが、英国にはまだ芸術と呼べるようなものはない。その時代は、アメリカ域に英国の侵蝕が本格化する世紀であって、南米ペルーの銀を積んだスペインの船舶が英国の海賊フランシス・ドレークなどによって略奪されるようになった。スペインの翳《かげ》りは明らかだったが、芸術は成熟期を迎え、植民地の新興成金たちはセビージャ芸術の果実を賞味している。ムリーリョ、スルバランはそういう時代に最高の仕事をしていたマエストロであった。メキシコおよびカトリック米州諸国ではすこぶる親しい画家である。その影響も深甚なものがあった。

中米グアテマラの古都アンティグアにもスルバラン工房の作品といわれるものが数点ある。メキシコには両大家の真筆《しんぴつ》が数点と、弟子たちが描いた絵に親方の補筆、訂正を加えたと思われる工房出の作品が相当数ある。マエストロの作品は新興地へはあまり運ばれていない。弟子たち、画工たちの作品がほとんどだ。輸送中に海難に遭って海の藻屑《もくず》と消えたのは、そうした工房作品である。コロンの〈発見〉以後を美術市場史といった観点から眺めると、なかなかおもしろい経済人類学が展開できるのだが、ここでそれをやるわけにはいかない。

カトリック圏のラテンアメリカには、そうして多くのセビージャ渡りの絵画が運ばれ、教会の威光を高めた。しかし、古い教会では保存に適さないのと盗難予防のために、現在は美術館に貸与というかたちで収蔵されている。その一部はギャラリーに展示されているが、倉庫に収蔵されたまま修復を待っているものも多い。

イベリア半島各地の画工にとって、新興カトリックの地は金のなる大木だった。工房に多くの職人を抱えていられたのも、征服が進むにつれて需要が増す、布教活動の〝用の具〟としての聖像画の存在であった。そうして日本にも運ばれてきた聖像画や、その他もろもろの教会諸道具も大量なものであったはずだ。太閤秀吉の政権からはじまるカトリック禁教のなかで、そうした輸入祭具の多くが失われてしまったが、そのなかにはセビージャの大家たちの隠された名画があったのではないか、と想像するのは美術史に関心をもつ者の密かな楽しみである。

さて、ひとり旅の気安さは、そのようなお仕着せ観光コースからついつい逸脱するものである。そうした自由さがあるから、多少の不便があってもひとり旅にかぎる。

歴史風致地区などは時間つぶしにもってこいの小道が迷路のように入り組んでいて、なかなか楽しいラビリンスである。お洒落《しゃれ》なカフェテリアが小さな広場に面して店を開く。時間にゆとりのある観光客は、石畳の上に張り出したテーブルでコーヒーを啜《すす》りながら大道芸人の演技に拍手を送ったりして夕暮れを待つのである。市民は息詰まるような暑気のなかをむやみに歩かないものだ。家内でまどろんでいるのかもしれない。お楽しみは夜八時を過ぎないとはじまらない。

その歴史風致地区はグァダルキビール川の東側にあって、その反対側トリアナ地区にはほとんど古い建物は残っていない。変貌めまぐるしい地区であるらしい。対岸の風致地区はその全域が〈世界史〉であって、むやみにいじくれないのだから、必然、その周辺の〈世界史〉から取り残された地域が掘り起こされることになる。

トリアナ地区にあるホテルに泊まった。周辺は、これといった民族的意匠もない高層住宅群が幾棟も紺碧《こんぺき》の空に切り込んでいた。それでも、川沿いには観光客を目当てにしたレストランが並んでいて、それなりに旅情をかき立てる雰囲気がある。ホテルの近くの遊歩道は、陽が落ちると様相を一変させた。しかし、日中はノッペリとした空間でしかなく、外国人観光客の足を誘うようなものはなにもない。けれど、ラス・カサスの面影を探しにわざわざやってきた私である、その街路を右に左に歩き通すのは義務のようなものだ。

一五世紀の面影を探しているわけだが、徒労と思われた。唯一、赤レンガの粗い肌が剝き出しになった教会が、新建材で建てられた住居群の攻勢から身を守ろうというような頑《かたく》なさで建っていた。この教会の壁に沿ってひとまわりしてみたが、どこにも縁起などを刻んだ碑文もなければプレートもなかった。地元の信者だけで充足している教会なら、観光客向けの説明などまったく不要というわけだ。その教会近くの街路の壁に、闘牛士を描いた装飾タイルの大きなプレートがはめ込まれていた。相当有名な闘牛士なのだろうが、その方面に暗い私にはなんの意味もなさないのだった。

ラス・カサス司教は、このトリアナ地区のどこかで一四八四年に生まれた、ということになっている。当時、セビージャの東に位置するグラナダのアルハンブラ宮殿の主はまだイスラーム教徒のボアブディル王という時代である。

セビージャもまたマドリッドと同様にラス・カサスに冷たい。

マドリッドの本屋で幾種類ものセビージャ観光案内書を手にとった。そのなかでラス・カサス司教に触れた記述があったのは、スサエタ出版社の一九九一年版、全ページ色刷りの案内書一種のみだった。とりあえずそれを買ってはみたが、今日の研究では生年は一四八四年と確定しているにもかかわらず、(1) 同書の記述ではまだ一四七四年となっていた。ガイドブックだから見過ごせるが、それでもスペインでの編集・発行本としては、お粗末きわまりない。

グァダルキビール川の岸から、対岸の歴史風致地区を眺めてみる。幼いラス・カサスも、対岸に聳《そび》えるカテドラルや「黄金の塔」を眺望しながら暮らしていたはずだった。いや、カテドラルそのものもカトリックの聖堂ではなく、イスラーム寺院の聖堂であったのだ。

五〇〇年も昔のことだから今日とはずいぶんと様子がちがうのは当然だが、それでも風致地区に新建材の没個性的な高層住宅はないから、基本的にラス・カサス少年が眺めていた当時の光景とはさほど変わりはないように思う。それに、川幅はおなじだし、地形が変わったわけでもない。そして、紺碧の広い空は不変だ。

セビージャの歴史的遺構のほとんどすべてがイスラーム教徒の手になる仕事であった。カテドラルさえ、元はイスラーム寺院である。その寺院は今日、「ヒラルダの塔」と呼ばれる高さ九七・五メートルの鐘楼《しょうろう》が中心となっている。この塔にはイスラーム教徒アルモアド族の職人による装飾紋様がそのまま残されている。一二世紀の遺構だ。かつて、この塔から日々、夜明け直前、正午直前、午後、日没直後、夜の五回、イスラーム教徒の市民に向かって礼拝サラートを告げるアザーンの響きが朗々と流れおちていた。……という光景をいま、想像するのはむずかしいが、セビージャとはそういう町であったのだ。

乾いて暑い大気を攪拌《かくはん》する鐘楼の硬質な音より、じんわりと浸透してゆく肉感的で湿感のあるコーラン（クルアーン）のほうがこの町には似合っているように思うが、これは個人的な感慨だから強調するのはやめよう。

川の畔に建つ「黄金の塔」もまたイスラームの技術によって建てられたものだ。セビージャの魅力は、イスラーム文化にカトリックの宗教芸術を接木《つぎき》した妙にあるわけだが、その基台はあくまでイスラームの美であって、それらが発する香りはいまも濃厚だ。

ラス・カサスが生地セビージャについて書いた文章は少ない。生年の混乱もそうしたセビージャに関する現存資料の記述の少なさから生じている。だが一編、セビージャ時代を追想する記事を書き残し、それが後世に伝えられたのはありがたい。それは、クリストバル・コロンの〈発見〉航海の成功とともにある。一四九三年三月にパロス港（ウエルバ県パロス・デ・ラ・フロンテラ市）に帰着した〝英雄〟コロンは、しばらく修道院で休暇をとった後、王室からの出頭命令に従って、当時イサベル女王が滞在していたバルセロナをめざす。しかし、早道の海路をとらず、日時ばかり浪費する陸路を遅々と進むのだ。これは、なにより商人であったコロンという起業家を考えるうえで、あるいは評伝の行間を豊かにする重要なエピソードである。

カテドラルの鐘楼「ヒラルダの塔」

黄金装飾の技巧などほとんど発達させていなかったプリミティヴなカリブ諸島にたどり着いたコロン船団には、王室に自信をもって献上できるような物的な収穫はほとんどなかった。片々たる金《きん》、数羽の熱帯鳥、そして七人のカリブ先住民だけだった。欧州社会には未知の世界の〈発見〉、新航路の開拓は、むろん優れた献上品ではあったわけだが、「大陸」はまだ知られず、小さな島々が存在し、〈未開人〉が住んでいることが確認されたにすぎない。投機の対象として、王室の出資金をさらに上積みさせるための説得材料としては、まことに心もとないのだ。したがって、再度の〈発見〉航海の認可を得るために、コロンはその微々たる収穫を最大限、有効活用しなければならなかった。

コロンという天才は、今日でいうところの巨大イベントを総合演出する才能と狡智《こうち》、そして不退転の実行力をもつ人物なのだ。

娯楽の少ない時代だ。魔女狩りの犠牲者を焼く火の処刑をイベントとして楽しむヨーロッパの野蛮は、むろん健在だ。ならば、少ない、あまりにも少ない土産を最大限に活かすため、無知な大衆を観客として動員する無料公演を展開すればよいのだ。

　街頭を野外舞台とする祝祭劇を演出すればよい。寺山修司の構想は、はるか昔にコロンが実践し、〈世界史〉的成功を収めている。それが演劇史に登場しないのは、コロンの企図があまりにも壮大だったから、肝っ玉の小さな演劇史家は気づきもしなかったのだ。

　噂は旅人よりはるかに早く進む。感染症の病原菌が保菌者より早く進むのとおなじ道理だ。評判はコロン一行が到着する前にバルセロナの王室に届くはずだ。民衆の熱狂的な評判とともに届けなければいけない。セビージャからバルセロナまでの行程はたっぷりある。コロン一行は急ぐことなく街道を進む。噂、評判は日ごとに膨らんで王室を満たす。わずかな到来品の価値も日ごとに高くなる。投資家たちの財布はゆるみだす。しかし、コロンは急がない。マイペースでバルセロナへの道を進む。主導権はすでにコロンに握られたのだ。

　海の向こうにまったく新しい世界が存在することが、コロンによって確認された。しかし、その未知の世界がスペインにとってかけがえのないものとなるかどうかとなると、話は別だ。それではコロンは困る。失業だ。自分の「インディアス事業」の最終目的地はシパンゴ（ジパング＝日本）なのであって、〈発見〉航海は必然、持続させなければならない。もし、バルセロナの港湾に直行すれば、航海の収支決算は当然、膨大な赤字と計算されよう。コロンはなによりベンチャービジネスの先駆者、起業家と自負しているのだ。スポンサーである王室が、事業を持続しても実り少ないと判断すれば、コロンに出る幕はなくなる。それは絶対に避けなければならない。とすれば、イサベル女王に謁見《えっけん》する前に大衆の絶大な支持を取りつけておかねばならない。それが、陸路を選択した大いなる理由だ。大衆はいつの時代でも熱しやすく冷めやすいものだ。珍奇な出し物で一大イベントを挙行しよう、とコロンは企図した。噂は先行して王室に届く。いちかばちかの賭けである。しかし、勝算はある。

八歳のラス・カサス少年は、このセビージャでコロン一行に熱い視線を送っていたのだった。それは、グァダルキビール川の向こう岸で行なわれた。おそらく、家族総出で見物しに行ったことだろう。父親は、同年九月に出帆するコロンの第二回目の航海に参加することになるのだが、その動機はコロンの華やかなイベントでの幻惑から生じたと思うのだ。

後年、ラス・カサスは、その日のありさまを書き綴っている。

いまや提督として認められたドン・クリストバル・コロンは、……インディオたちを伴ってセビーリャ〔セビージャ〕から出立した。それまでの苦難を経て生き残っていたインディオの数は七名で、その他のものはすでに死んでしまったのである。筆者〔ラス・カサス〕もあの当時、それらのインディオをセビーリャで見たことがある。彼らは聖像の門と呼ばれていた門、すなわちサン・ニコラースのすぐ近くに宿泊していた。さて提督は、たいへん美しい、色彩の華やかな鸚鵡《パパガーヨ》と、魚の骨を小粒真珠や金《きん》のように、宝石みたいにちりばめたグアイサという面をたずさえていた。またグアイサと同様の作りで見事な技で仕上げた帯や、非常に上質の金の見本を大量に、その他エスパーニャ〔スペイン〕ではかつて見たことも聞いたこともないような、たくさんの品々を携行していた。……インディアスと呼ばれる陸地が、そして多数の多種多様の人間と、前代未聞の事物が発見されたという噂が、またそれらを発見した当の人物がこれこれの道を通って、それらの人間の何名かを連れてやって来るという噂が、カスティーリャ国の中をたちまちにして伝わりはじめると、提督の通過する町村の住民がこぞって見物に集まっただけでなく、一行の通過する道から遠く離れた町村の住民も大勢やって来た。こうして提督の姿を見ようとするひとびとで道路がふくれ上がったり、町や村に提督よりも先に行ってそこで彼を出迎えようとしたために、途中の道路がからになったりした。(2)

コロンの計画は、ものの見事に成功した。恐ろしいぐらいの成功だ。

第一回〈発見〉航海はわずか三艘で船出したものだったが、第二回目は一七艘一二〇〇人以上が参加するという大船団に膨らんだのである。

ラス・カサスの記述をそのまま素直に信じれば、「上質の金」はたしかにあったらしい。しかし、一財産というにはあまりにも少ない量であったことは、「見本」と書きつけていることで判明する。「魚の骨を小粒真珠や金のように」という記述は、形態がユニークなだけであって、解体すれば無価値であった、と言明しているようなものだ。ラス・カサスの苦心の比喩がおもしろい。つまり、コロンが航海計画をイサベル女王に提言したときの勢いにくらべたら、まったくささやかな収穫にすぎなかった、ということだ。それを一番認識していたのはコロン本人であって、だから街道で住民の喚声《かんせい》を浴びる必要があった。世論とは、そうして形成されていくものだ。

閉塞状況にある階級社会で、しがない庶民が浮かび上がろうとすれば、人のやらない賭けに挑戦でもするしかない。ポルトガルからやってきたコロンがよい見本だ。文無しが勇気と才気で武装し、大いなる幸運でいまや国家的英雄になっているではないか。ラス・カサス少年の父親は勇んで白日夢を受け入れたのだった。

その父親の名はペドロ。零細なパン製造販売業を営む商人であった。日々の暮らしはそこそこ、さりとてそれ以上の豊かさは望めないといった経済状態であったらしい。父親にとってみれば、先のみえた人生ということになろう。可もなく不可もない生活を漫然と送るより、「一旗上げる」ことが可能ならばと船団に参加したのだった。それにしても、家業を投げ出して妻子も放置するような、いつ帰れるとも、永久の別れともなりかねない長旅に出ることは、いまの日本人の感覚でいえば無責任ということになるだろう。しかし、一五世紀末期のスペイン大衆の心性を、二一世紀初頭の先進国の感覚で測ってはいけない。あらゆる価値観、たとえば死生観などが著しくちがうわけだから、いちがいに無責任と断じることはできない。案外、「お父ちゃん、しっかり頑張って、あたしらにもいい夢をみさせてちょうだいよ」と、送り出したものであったかもしれない。

第一、ラス・カサス少年自身、そんな「無責任」な父親に恨みがましいことは一語半句、書いていない。むしろ敬愛の情すら感じられる。

父親ペドロが帰還するのは六年後の一四九九年だが、コロンから与えられたという先住民奴隷を〝土産〟にして戻ってきたとき、ラス・カサス少年は喜んで「受け取った」らしい。ラス・カサスはすでに一五歳になっており、当時としては立派に男として扱われる年齢に達していた。ペドロは家業に戻る気はなく、翌年、ふたたび渡航する。そして、現在ドミニカ共和国とハイチとが東西を分かつエスパニョーラ島で先住民奴隷を使役して農園を営んだ、ということになっている。父ペドロの生前の記録はそこまで、以後、記録上では行方知れずになる。もし、セビージャに帰り、そこで天命に従って鬼籍に入れば、なんらかの公文書に残るはずだ。それがいまだ発見されていないから、常識的に考えて渡航者の多くがそうであったように、ペドロもまた異郷の地に果てたのだろう。

そのペドロの置き土産となった奴隷は、少年であったのか青年であったのか？　ラス・カサス少年はその奴隷をどんなふうに呼んでいたのか？

メキシコで『バルトロメ・デ・ラス・カサス』という劇映画が撮られている。おそらく、私が確認したかぎり唯一のラス・カサス司教を主人公にした映画だと思う。一時間四〇分ほどの作品で、監督はセルヒオ・オルアビッチ。オルアビッチはスペイン語発音で読んだ場合で、綴りはスラブ系だから、オルハビッチと発音したほうがよいかもしれない。そのオルハビッチ監督の熱意が大いに伝わってくる映画ではあるのだが、いかにも低予算で撮られた、ということが露骨に判明するのだった。この作品に出資したメキシコの映画公社は、収益は見込めないと、最初からかなり出し渋ったようで、簡素なスタジオ・ステージで撮影されており、数幕の舞台劇を数台のカメラで多角的に収録したといった印象を与えるものだった。そこに、ラス・カサス少年の奴隷も登場し、これがけっこう雄弁な役となっていて、後年、司教の身に起こる「回心」の重要なファクターとなっているように描かれる。その奴隷は赤銅色の青年であった。

その映画はともかくとして、ラス・カサス少年の〝友〟となった先住民奴隷は、突然、大きなパン焼き釜のある家に寝起きさせられて、さぞとまどったのではないか。あるいはすんなりと運命を受け入れたのだろうか……。当時、このトリアナ地区をはじめセビージャには、そうした〝土産〟代わりに拉致されてきた奴隷たちが幾人か暮らしていたはずだ。

一六世紀の半ばには、カリブ諸島から連行されてきた先住民奴隷の一群が南スペインに存在していたことは確かで、ほぼ同時代、早くもパリのセーヌ河岸でブラジル先住民が伝統舞踊を披露して観衆から金を取っているという記録があるぐらいだ。

ラス・カサス少年の奴隷は、カトリックでなければ人間ではありえないというスペインの空気を呼吸するかぎり、洗礼は強制されたであろうから、やはり教会に詣でることがあったのではないか。映画では、カトリックに帰依するも、植民者となったラス・カサス青年と一緒に船上の人となって、ふたたび故郷の近くの島で働くことになる。そして、過重な労働のなかで病に倒れ、そのとき十字架を捨てる……というふうに描かれていた。ラス・カサスの信仰など、所詮スペイン人たちだけのもので、権力を支えるものでしかない。お前たちが語る天国に俺たちが遊ぶ空間があるというのか、天国でもまたお前たちのしもべになるくらいなら、こんな信仰は捨てて悔いない。いや、もともと信用などしていなかった……。

奴隷を持つことになった一五歳のラス・カサス少年は、この年、下級聖職位を受けたのであった。カトリック教会が信者に与える基礎知識である公教要理を教える資格を得たということだ。

カテドラル近くの両替屋で一〇〇ドル分のトラベラーズ・チェックをペセタに交換してから、コロンの柩《ひつぎ》の見学に行くことにした。

コロンの遺体は、伝説の〝英雄〟にふさわしく数奇な運命をたどった。なにせ、大西洋をまたいで二体もあるというのだから摩訶不思議。もうひとつの遺体は、ドミニカ共和国の首都サント・ドミンゴにある。仏舎利ではないコロンの遺骨だから、どちらかが偽物ということになる。その真贋論争はサント・ドミンゴ行の際に書くが、偽物であるかもしれない人間の骨を四人の若者が永遠に担ぎつづけるという、それ自体が大きな彫刻作品となっているものを勇んで見学に行くというのも、考えてみればかなり悪趣味であるような気がする。後で知ったのだが、その四人の若者というのはスペインを構成するレオン、カスティーリャ、ナバラ、アラゴンの王をそれぞれ表わしているのだという。偽物と確言はしないが、すこぶる疑わしい遺体にもかかわらず豪奢《ごうしゃ》な扱いを受けているということになる。もっとも、疑わしいからこそ豪奢にする必要も生じてくるということか……。

（1） 染田秀藤『ラス・カサス伝』（岩波書店、一九九〇年）によると、誕生日については八月二四日説と一一月一一日説があり、どちらも決定的な証拠に欠けている。ただし、生年を一四八五年とする異説もある。石原保徳「新しい世界史記述の誕生」（西川長夫、原毅彦編『ラテンアメリカからの問いかけ』人文書院、二〇〇〇年、所収）を参照。

（2） ラス・カサス『インディアス史』第一巻第七八章、長南実訳（「大航海時代叢書」第Ⅱ期二一、岩波書店、一九八一年）。

光あふれる町で

——カディス◉スペイン

俯瞰図でカディスという町を眺めると、大西洋に向かって拳を突き出したような格好だ。スペインで最も日照時間の長い町ということになっている。

しかし、洋上彼方から降りそそぐ光の波頭は、海に面した町の側面に当たってたいてい砕け散ってしまう。町の内部、というか拳の内側にあたる商店街や市民の居住区はなんだか薄暗い。海上に向かって突き出た岬のわずかばかりの土地に精いっぱい建物を寄せ集めたような町だから、建造物は横に広がらず縦に延びてゆく。香港の旧市街やマカオのようなせせこましさだが、貧しさの饐《す》えた臭いはない。キューバのハバナ旧市街の細道もおなじようなせせこましさがあり、そこの喧騒は独特なリズムがある。ハバナの町はカディスを模して建てられたような印象を受ける。ハバナ旧市街の建物の痛みははげしく、アフロ系住民が多く住むバリオ（低所得者の住居）でもあるが、創建当時の印象は、いまよりずっとカディス的であったと思う。創建当時まで歴史を遡ることもないだろう、カストロの革命以前、そこはよりカディス的な優雅さがあって、生活臭は希釈されていたはずなのだ。そこに住んでいたキューバの富裕層の大半は、対岸のフロリダ半島に逃避してしまい、そのときから荒廃がはじまった。

カディスのカテドラル（中央大聖堂）は海を背に建っていて、その前広場はさすがにゆとりをもって開かれている。近くに古代ローマ時代の遺跡がある。ハバナのカテドラルも海に抜ける細道が正面ファサードの横から延びている。古代ローマ遺跡の代わりに要塞を従えるように建っている。スペインの富を脅かす列強の軍艦の侵入を防ぐために設けられた要塞である。

カディスの町はともかくせせこましいが、教会や劇場といった公共建築物の周囲には広場や公園があって、息抜き空間となっている。そこは光と緑があふれる空間だ。しかし、居住区を仕切る街路は狭く、まるで迷路のように背の高い建物の壁を這って四通八通しているのだった。海側に位置する街路を閉じれば、それ自体が巨大な要塞となるような構図である。

紀元前一〇〇〇年にフェニキア人が定住しはじめて以来、この町はさまざまな民族、人種を受け入れてきた。ということは、海上から攻めてくる外敵と住民とのあいだで戦いが幾度も展開されてきたということだ。要塞仕様の都市となっていったのは当然のことなのかもしれない。狭い街路に沿って歩いていくと、公共建築物の玄関に大航海時代の大砲の砲身が据えられていて、なかなかの面構えとなっている。こういう大砲の骨董品はカリブ海域を旅しているとあちこちでお目にかかれるもので、思えば何百門と見てきたわけである。そして、それらの砲身は例外なしに海に向かって突き出されているのだ。つまり、先住民社会の抵抗を徹底的になぎ倒した後、スペインの富を狙う英国の海賊やらの新興勢力の軍事侵攻をはね返すために設けられた要塞、砦にそれらは備えつけられているのだった。太平洋沿岸地帯にはそうした砲列は少なく、フィリピンをはじめ東アジアとの交易港であったメキシコのアカプルコとか、パナマ、ペルーの首都リマ郊外のカヤオぐらいしか思い出せない。しかし、カリブ海域には、忘れられたような小さな町や村の郊外に立派な要塞や砦跡があったりするものだ。

家業を捨て置きコロンの第二回航海の船団に参加するラス・カサスの父ペドロは、このカディスの光あふれる港から旅立った。

記録にないから、ラス・カサス少年がカディスまで見送りに来たかどうかはわからない。しかし、父親と一緒にグァダルキビール川を下ってカディスまでやってきたものと私は思う。セビージャから河口までわずか八〇キロにすぎない。セビージャで感動的なコロン一行の〝凱旋〟光景に目を見張った少年なら、父親に「もう帰れ、ついて来るな」と言われたってカディスの波打ちぎわまで追ってみたいではないか。父親も、今生の別れとなるかもしれないと密かに思っていたことだろう。結局、家業のパンを焼くことだ。これは息子が自覚をもって継がなければいけない。息子が「カディスまで見送りたい」と言えば、それを拒む理由はない。いや、家族総出で見送りに出たと思ったほうが自然かもしれない。

ラス・カサス少年は、水平線の彼方に次々と消えて行く一七艘の大船団の帆影を見送りながら、「いつか僕も、光の彼方にきらめく地を愛《め》でに行くのだ」との抱負に胸ふくらませていたのだと思う。少年は、全身を光と風にさらしながら、船団の最後の影が小さな点となって没するまで立ち尽くしていた――。


やがてカディス港は、アメリカ大陸の高原地帯を穿《うが》つ鉱山からおびただしく送り込まれてくる銀の搬入港として、セビージャとともに栄える。この小さな町にスペイン一七世紀の巨匠たちの絵画がたくさん残されているのだが、それも新植民地との交易港として栄えたからだ。しかし、その銀の大半が、カディスやセビージャに着くと、国内に還流せず、国外に持ち出された。イタリアやフランドルその他、国籍もまちまちの銀行の出先機関があって、そこの取り立て人によって合法的に持ち去られたのだ。

スペイン国王であり神聖ローマ帝国の皇帝でもあったカルロス五世は、その広大な領土、大西洋の彼方の新領土ではなく、旧大陸の西欧領土の支配権を維持するために、自身、三十数回にわたって出陣するという戦いに明け暮れる殺伐とした人生を送る。膨大な戦費は銀行家から借り、その返済を植民地からの銀で賄った。スペインが広大なアメリカ植民地から最も美味しい富を運び込んでいた時代は、フランドル生まれで、生涯スペイン語に堪能になることがなかったといわれる皇帝によって統治されていたのだった。ラス・カサスの苦闘は、このカルロス皇帝時代の闘いであったことは認識しておく必要がある。

カディスは岬だ。イベリア半島の南端の岬だ。だから、首都マドリッドを発して南に延びた鉄道の終着駅である。国際観光都市の表玄関でもあるが、その終着駅には華やいだ雰囲気はいっさいない。私のような個人旅行者は鉄道でやってくるが、お金をいちばん落としていく外国人観光客のツアーは、セビージャ観光の延長として空調のよくきいた大型観光バスで乗りつける。だから、マドリッド―セビージャ間の鉄道は発達しても、セビージャ―カディス間の運行は間遠《まどお》で、時刻表とにらめっこしてからではないと日程がつくりづらい。カディス駅がどことなく寂《さび》れた印象を受けるのは、観光に対する貢献度が小さいからだ。

征服時代の大砲の遺品を装飾とした玄関

私は日本の東北地方、そう気仙沼とか塩竈《しおがま》、宮古……そんな太平洋沿岸の港町の駅を思い出してしまって、なんだかとても懐かしい感じがしてきたものだ。

AVEはセビージャ止まりだから、その南は鈍行列車の旅となる。その終着駅にふさわしい佇まいが好ましい。ひとり旅の風采のあがらない男を受け入れるには手頃な、しっとりとした旅情を味わわせてくれる。小さな駅舎のなかには、これまた小さなキオスクがあって、私はコーラと袋詰めのサンドイッチを買って木製のベンチに浅く腰を下ろして、寅さんの旅の孤独をスクリーンから一シーン借用して味わいながら、セビージャ方面行き最終列車の到着を待ったのだった。そういえば、寅さんの鉄路の旅はほとんど各駅停車の鈍行の旅であった。人情の温もりは鈍行のなかにこそ育まれる。寅さんが新幹線のなかで、「帝釈天で産湯をつかい……」とやってもサマにならない。新幹線はおろか、在来特急さえ寅さん映画に登場することはほとんどなかった。

父親ペドロを見送った後、ラス・カサス少年は船で帰路についたか、それとも陸路であったろうか。大船団を送り出したカディスの町は、その日、終日、大いに賑わっていたにちがいない。その華やぎは、少年にとって〈新世界〉への憧れをいや増すものであったろう。

Ⅱ

〈新世界〉へ

一攫千金を夢みて

——サント・ドミンゴ◉ドミニカ共和国

一五世紀に生まれた人だから早熟であったことだろう。むろん、実社会に対する順応能力である。父親がコロンの第二回航海に参加して不在のあいだ、ラス・カサス少年は家業のパンの製造・販売を継いで切りまわしていたようだ。すでに世間知を充分身につけている。と同時に、少年特有の風通しのよい好奇心も持っていただろう。そして、人並み以上の健康にも恵まれていたはずだ。当時の大洋横断は命がけの旅だ。まず、体力に自信がなければ、揺れる桟橋を渡る足も萎えるというものだ。

約二カ月の船旅の末、一七歳のラス・カサス少年はサント・ドミンゴの浜に立った。一五〇二年四月一五日と記されている。コロンによる〈新世界発見〉(一四九二年一〇月一二日)から九年半後のことである。

スペインとは反対に、アフリカ南端経由で東方へと植民事業を伸ばしていたポルトガルのヴァスコ＝ダ・ガマは同年、インドのコチン(現ケララ州)に商館を開き、香辛料の集積、輸出に本格的に乗り出した。モンスーンが荒れ狂っても影響の少ない入江に設けられた天然の良港であった。

一六世紀のスペインとポルトガルは競って天然の良港を求めていた。スペインの「無敵艦隊」を殲滅した英国海軍の船足が伸びるにしたがって、天然の良港の条件に、天然の要害という要素も加わった。〈新世界〉における最初の要塞は、サント・ドミンゴの海を見下ろす高台に設けられた。その要塞の奥にカテドラル（中央大聖堂）が建造された。数十門の砲門に守られた教会であった。

しかし、ラス・カサス少年の見たサント・ドミンゴはまだ発展途上、歴史の堆積のない心もとない町でしかなかった。要塞もなければカテドラルも存在しない。イスラームの歴史がどっしりと鎮座し、地中に根を張ったようなセビージャとはすべてが対極にあった。建設されてまもない小さな波止場、まだ港湾といった規模ではなかったはずだ。植民事業がはじまってまもないサント・ドミンゴの居留地は、生存に必要な最小限度の公共施設しかなかった。まだ、周辺のサン・ファン島（現プエルト・リコ）やジャマイカ、キューバなどにスペインの覇権がおよんでいない時期で、カリブ海の西端にある地の奥にアステカやインカの文明国家が存在していることすら知られていない。

現在のサント・ドミンゴに残る植民初期の遺構は、すべてラス・カサス少年の到着以後に建てられたものばかりだ。その遺構はすべて、カリブの海を見下ろす高台にあって、最初の居留地があったと思われるあたりは現在、港湾特有の保税倉庫とか燃料貯蔵施設といった暗褐色《あんかっしょく》の建物が連なっている。けれど、一五〇二年当時と寸分変わらない光景は眼前に広がっている。光り輝くコバルトブルーの海、水平線に仕切られた宇宙を永遠のホリゾントとした紺碧《こんぺき》の空。海上からサント・ドミンゴ入りすれば、町の右翼に椰子《やし》の並木が走り、その先に国際空港を認めることになる。

現在のドミニカ共和国の天然自然のビーチは、スペイン人に代わって、メタボリックな白い肌から余分な脂肪を太陽に搾り取ってもらおうという他力本願な米国人と、イベリア航空機で乗りつけてくる西欧諸国からの観光客であふれている。

スペインの〈新世界〉征服期をおおよそ四つに区分し、〈発見〉と征服の推移をみようというのが歴史学者の常道のようだ。むろん、〈発見〉と征服をキーワードとした区分であるから、それは驕《おご》れる者の史観である。けれど、〈新世界〉で起きた事実を検証すれば、被征服者の先住民側の歴史もまた、おなじような区分で配置することになるのだろう。その叙述に、自分たちの言葉で語られたカシケ（酋長）たちの証言を引用できない歴史そのものが負の遺産となるものであった。

征服初期にすでに、サント・ドミンゴが設けられたエスパニョーラ島の先住の民は、骨を砕く鉄剣、植民者たちの悪魔的な強欲、そして免疫力をもたない旧大陸の病原菌の侵入によって急激な人口減少を招き、彼らの共同体における記憶装置としての語り部を失ってしまう。そして、沈黙……。「歴史」は征服者の独善となって無数の文献となり、活字化され、権威となって誤謬がくり返されてゆく。

ラス・カサスが著わした『インディアスの破壊についての簡潔な報告』のなかに、「私自身、目撃したこと」と断り書きした、エスパニョーラ島におけるスペイン人の蛮行を述べた記述がある。一先住民共同体を征服した後、先住民領主たちに加えられた拷問と処刑のありさまを綴ったものだ。

> 鉄網の上でインディオの要人や領主たち四人か五人かが火あぶりの刑をうけていたときのこと（他にも二、三組の焼き網がそこらにあって、これと同様の拷問がおこなわれていたと思うが）、彼らのあげる悲鳴が大へんなものであったので、カピタン（司令官）は、それに心を痛めてか、それとも昼寝ができないためか、直ちに彼らを締め殺してしまうよう申し渡したところ、火焙りの刑を執行していた警吏は、その指示に従おうとはせず、むしろ時間をかけて焼き殺すのを楽しもうとして、大声を出せないよう口の中に棒をおしこんでおいて、火勢を強めていったのである。(1)

そして、つづけてこのように記述している。

この死刑執行人顔まけの警吏の名前を私は知っているし、その親戚連中ともセビリャ〔セビージャ〕で顔見知りというわけだ。

ラス・カサスの『簡潔な報告』には、スペイン人が先住民に加えた拷問の数々が「簡潔」でなく、具体的にたくさん書かれているが、その執行人のなかには知り合いがいた、と語っている。

おそらく故郷セビージャにあっては良き夫、子への慈愛を忘れない父であったろう人が、無法地帯の侵略の土地にあっては悪鬼《あっき》と化していた、とラス・カサスは書く。戦争がもたらす狂気だ。たとえば日中戦争下、南京で行なわれた虐殺行為に加担した日本兵たちも、平時では良き家庭人として過ごしていたはずだ。いまもまた、戦地に派遣される若者たちが、自爆テロにおびえながら過ごす戦場の狂気のなかで人々を殺戮している。二〇〇七年夏も、米国の軍事法廷で、罪なきイラク人少女を強姦したあげく惨殺した若い米兵が裁かれていた。彼の両親は、息子にそんな〈悪魔〉がひそんでいたことなど知る由がない。まさか、信じられない、との思いばかりで、おそらく判決は納得できないものだろう。〈悪魔〉は誤まった政治を滋養として旺盛に繁殖するものだ。理性を剥奪する戦場の狂気は、ラス・カサスの時代も現代もまったくおなじだ。

征服期の四区分のうち、「征服初期」は当然、コロンによる〈発見〉の一四九二年からはじまる。〈発見〉と征服は手をたずさえ、血で血を洗いながら進捗し、やがてアステカ、マヤ、そしてインカの支配地域に軍馬を進める。そうして、〈新世界〉において最も人口密度の高い文明の地が次々と征服されていった。スペインにとっては最も意気あがる時期を「二期」とすれば、つづく植民者の定着と、それによってはじまる植民地における新たな産業の勃興が、豊かな銀の鉱脈の発見などによって促進される一五四〇―五〇年代が「三期」、そして、その繁栄が本国スペインを継続的に潤すようになった一五七〇年代初頭が、征服期の最終段階「四期」となるのだろう。

ラス・カサスという人は、〈新世界〉が何物なのかまだわからない混沌とした「征服初期」に大西洋を越えてやってきて、征服事業の全貌がファイルされ検証される時代まで生きたことになる。

ラス・カサスは、一攫千金を夢みて海を渡る当時の典型的なスペイン植民者として〈新世界〉にかかわり、先住民征服行にも従いながら、やがて「回心」し、カトリック司祭として「人道」の道につき、「征服時代」の起承転結を大西洋の両岸を幾度も行きつ戻りつして体現した「一六世紀人」であった。時代の大きなうねりに抗する堤防など、誰も築けない。しかし、その善悪を問うことはできる。ラス・カサスは身をもって、征服者の非行を糾弾しつづける抵抗の生涯を送ることになる。

サント・ドミンゴは当時、スペイン本国と植民地インディアス圏を往復する船がかならず出入りした〈新世界〉の前進基地であり、大西洋を越えてはじめて設けられた唯一の西欧的雰囲気をもつ町であった。カトリック各修道会もまずはここに足場を築いたことは言うまでもない。

ラス・カサスは大西洋を渡る船団に参加する前、一五歳のときに下級聖職位を受けている。現在は否定されているが、〈新世界〉入りは布教活動の一翼を担うためであった、という説があった。後年、司教の生涯をできるだけ濁りないものにしておきたいといった、通俗的な偉人伝の書き手たちが創作した「説」なのだろう。

ラス・カサスとて、最初から征服の不正義に気づいていたわけではない。だから、〈新世界〉入りも単純明快なのだ。清廉な目的ではなく、歴史の泡沫《うたかた》に消えていった幾多の渡航者同様、一旗上げて故郷に錦を飾りたいといった一攫千金を夢みての渡航であったのだ。後年に記した『インディアス史』のなかでも、それをうかがわせる記述がみられる。

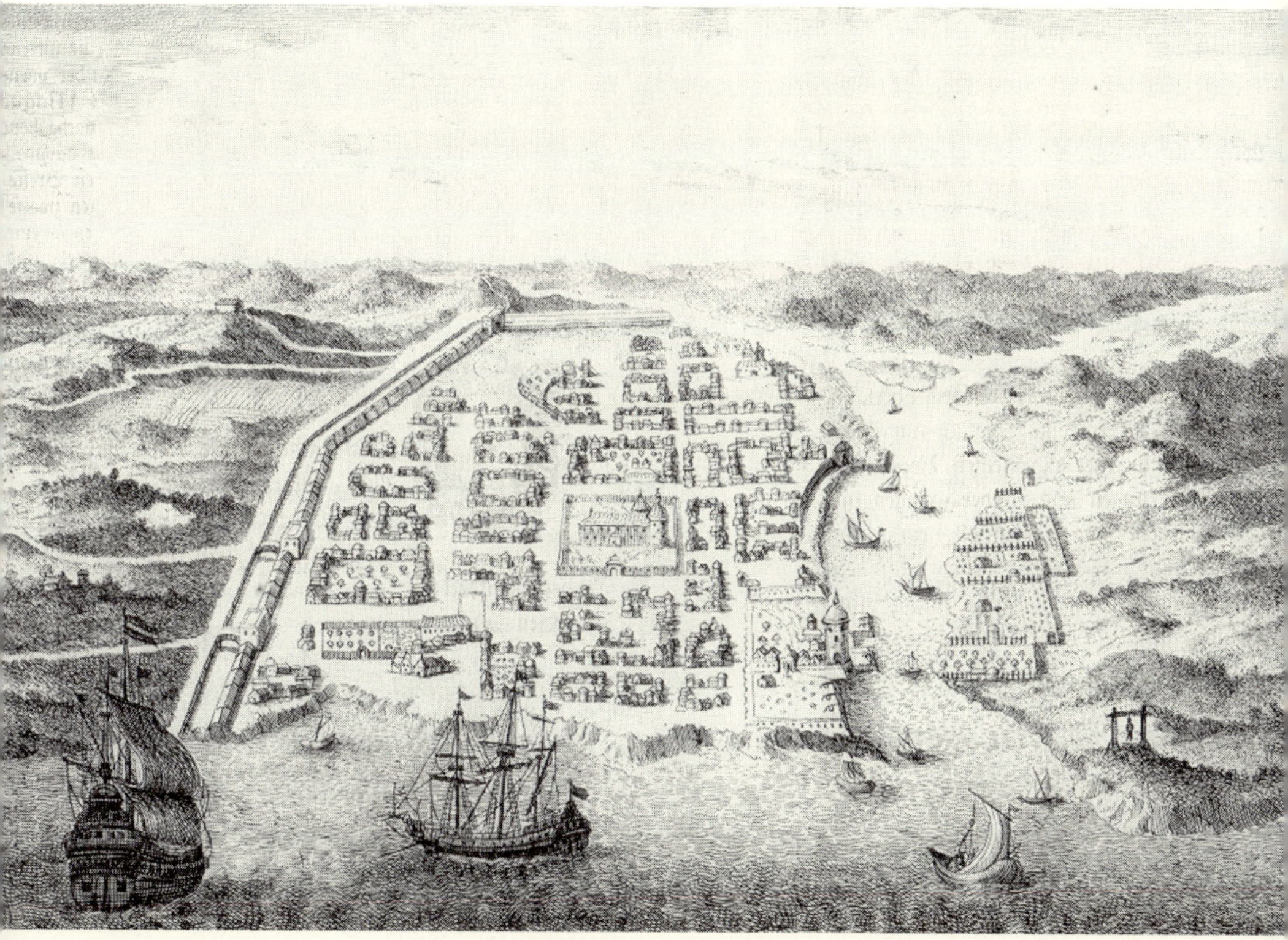

植民初期のサント・ドミンゴ

私がこの目で見、この耳で聞いた実例を一つ示してみよう。私が同行のひとびとととともにこのサンクト・ドミンゴ港に到着して、錨《いかり》をおろしたその日のことである。われわれ船で来た者がまだ上陸するよりも前に、この地に居住している者が数人岸へやって来た。船で来た者の中には、以前この島に住んでいた者が何人かいた。彼らが岸にいる知人たちへ向かって大声で、「やあ、しばらく。御機嫌はいかが」とたずねると、岸の人たちは、「やあ、お帰り。ご無事で何より」と答えた。「島ではどんな模様ですか。何か変わったことは」との船からの質問に対して、「たいへん良い知らせがありますよ。金《きん》がたくさんとれてね、中にはこれこれリブラ〔ポンド〕の塊も見つかったんです。それから、現在インディオと戦争をしているから、間もなく奴隷が大勢捕まりますよ。云々」という返答であった。この知らせを聞いて、われわれ、船の者たちは、ちょうどいいおりに来たものだと大いに喜び満足した。(2)

そうしたラス・カサス渡航前史に、下級聖職位を受けたといった創作が挿入されたのは、彼を生んだ家の系譜をたどる調査、研究から出てきたものだろう。たしかなことはわからないが、父親ペドロはコンベルソ（ユダヤ教からカトリックへの改宗者）であった。すなわち、当時のスペイン・カトリシズム絶対の社会にあって、生き延びる手段として改宗し、カトリック教徒になった人であるらしい。コロンの生家もまたコンベルソであったといわれる。

当時のスペインは「イサベル・デ・カトリカ」（カトリック教徒のイサベル女王）と表象されるほど、国家規範、市民の行動原理がカトリック信仰と分かちがたく結びついていた。カトリコ（カトリック信者）にあらずんば人間にあらず、という宗教国家である。しかも、スペインはカトリック教国のなかでも最も熾烈な異端審問、魔女狩りが行なわれた国であることを考えれば、コンベルソがスペインで生き抜いてゆくにはおのずと示さねばならない日常的な規範というものがあったはずだ。父ペドロがコンベルソであったという前提で書くのだが、カトリックへの信仰の深さを日頃から心得、敬虔なる信徒としての証を立てなければいけない、と感じていただろうし、息子ラス・カサスへもおなじような生活態度をそれとなく強いたと思われる。

イベリア半島最後のイスラーム教国グラナダが陥落すると、そこは必然、カトリックの布教事業の新たな拠点となった。初代のグラナダ司教を務めたエルナンド・デ・タラベラ師は、イスラーム教徒に対し強圧的な態度に出ることはなく、改宗への強制も弱かったといわれる。グラナダは、市街地に砲弾が撃ち込まれる攻防によってカトリック・スペイン軍に陥落したのではなく、イスラームの王家が無血開城して、イベリアから去ったのだ。むろん、もし戦えば、大量の血を流したあげくにグラナダは廃墟と化してしまう、降伏するしかないというリアリスティックな状況判断が、当時のグラナダ王ボアブディルにイベリアの地から去る決意をさせたのだ。

コロンの〈発見〉航海は、グラナダ征服を見届けたイサベル女王が最初に手をつけた大きな事業、賭けのごとき事業であった。イサベル女王は、巨額の赤字を抱えるだけで終わるかもしれないコロンの「インディアス事業」計画に出資した投資家であった。女王の夫アラゴン王フェルナンドは、コロンに出資していない。しかし、みんな若かった。コロンが「事業」計画をカトリック両王に開陳して出資を求めた一四八六年、コロンとイサベル女王はともに三五歳、フェルナンド王は三四歳でしかなかった。

さて、グラナダの初代司教がイスラーム教徒に寛容だったのは、ボアブディルの潔い覚悟と賢明を認めたからであり、権力の移譲が平和裏に行なわれたことによって、異教徒に〝執行猶予〟を与えたのであろう。また、イスラーム教徒の統治機構が崩壊し、その空白を早急に埋めなければいけないという過渡期においては、改宗の事業は後まわしにされたとも考えられる。

それから七年後、スペイン領となったグラナダを視察するため、カトリック両王が入城した。これに随行していたのが、トレドのフランシスコ・ヒメネス・デ・シスネロス司教であった。両王の威を借りたトレド司教は、〝執行猶予〟は終わった、と宣告した。異教徒に容赦ない態度で臨み、改宗を強いて大きな反発を受けた。それはやがて、在留イスラーム教徒たちの組織的な暴動を惹起《じやつき》した。暴動というより、グラナダにおけるジハード、聖戦となったはずだ。このとき、暴徒を鎮圧するための民兵隊が組織されたのがセビージャだった。これに父ペドロは加わって、グラナダへ赴いている。ラス・カサス少年はこのとき、なぜか父親に従ってグラナダに行っているのだ。一五〇〇年一月のことだ。このグラナダ遠征行で、ペドロもラス・カサスも、イサベル女王治世下ではカトリック教徒として生きてゆくしか平穏はありえない、との思いをあらためて強くしたことは確かだろう。


スペイン人が〈新世界〉の広大さを認識してゆく過程は、先住民の人口減少をもたらす歳月であった。圧倒的な武力の差で行なわれた侵略行為そのものだ。占拠して後の抵抗、ゲリラ戦もまた、〈新世界〉で展開された。コロンの〈発見〉航海でも、すでに組織的な抵抗を受けている。スペイン征服軍は、言葉の通じない先住民相手には、ドン・キホーテ風の騎士道精神など一〇〇パーセントかなぐり捨てていた。戦いは、「戦争」と呼ばれるようなものではなく、圧倒的な武力による残忍無比な殺戮そのものであった。

ラス・カサスによる指弾の先行書となった『インディアスの破壊についての簡潔な報告』から、エスパニョーラ島の記述のつづきを繙《ひもと》いてみよう。そこに書かれたことを書き写せば、スペイン征服軍の「破壊」の行状がいかなるものであったか、おおよそ理解できる。しかし、その記述を頭から信用してはいけない。ラス・カサス自身によるルポルタージュでも見聞でもなく、彼のもとに各地から集められた報告、資料、聖職者仲間からの伝聞などに頼って書かれた部分も多くあるからだ。しかし、火のないところに煙は立たない。

ときに、キリスト教徒のなかに、慈悲心に動かされてか、もしくは欲得づくでか分からないが、子供を殺戮から守ろうと、彼らをひろいあげて馬のうしろに乗せたりするものも出てきはしたが、結局は、その子供たちも背後からきた他のキリスト教徒によって槍でさし殺されたものだ。子供が地面に立っているのを見つけると、その両脚を切りはらうものもいた。

キリスト教徒のおこなう戦争では、それが終ってみると、男はすべて殺されており、生きのこりはいつも若者や女子供ときまっていたが、そのものたちはキリスト教徒の間に分配されたのだ。分け前が三〇人になる人もいれば、四〇人の者もでてきたし、なかにはそれが一〇〇人、二〇〇人にものぼる人もいた。これは各人が、総督《ゴベルナドール》の称号をもつ暴逆者《ティラーノ》の頭目から得た寵遇の程度に応じて与えられたものであった。(3)

先住民との戦いによって、より多く〈敵〉を殺戮した者ほど、多くの「分け前」が与えられた、ということだ。

正当性のかけらなどひとつもないおびただしい処刑、魔女狩りをくり返したカトリック教界の非寛容性、純粋を志向するまがまがしい精神的硬直性は、当時の欧州世界にあっては、スペインに特有の病理ではなかったとしても、それが外部世界においても適用されたということでは特化して語ることはできると思う。

ラス・カサス少年のインディアス入りの動機を、下級聖職位と関連づけることはできない、と先に書いた。もし、俗説に根拠があるとしたら、当時の聡明な少年が聖職位を持つことは、その他大勢の植民者に権威的な差をつけるひとつの道具となっただろうということだ。また、ヘスス・クリスト（イエス・キリスト）の言葉をもって〝武器〟とすることも可能な立場に立ったということだ。貧しくとも賢《かしこ》い少年が出世してゆこうとすれば、スタンダールの『赤と黒』の主人公ジュリアン・ソレルではないが、野心的な若者の欲求の捌け口としてカトリック教界の位階制度を利用して駆け上がるか、軍人として出世する道を求めるのは珍しいことではなかったはずだ。

ただ、当時のスペインには、もうひとつの欲求の捌け口が、海の向こうに突如、コロンの野心によってひらかれたのだ。これは流動性の少ない社会で欲求不満にもだえる男たちに恩恵となった。コロンはたいへんな規模のハローワークを開設したようなもので、コロンが出資者を募るために流した誇大妄想的な見物はそのまま、一攫千金を夢みる男たちに「有益」な求職情報となってしまったのだ。

カトリック・スペインの男たちはイスラーム教徒との戦いに徴兵されながら、その結果、得たものは微々たるものだった。そこへ、命を賭ける相手が、「富の獲得」という具体性をもって海の向こうに立ち現われたのだ。未知の大海を航海することの恐怖など容易に克服できるものであっただろう。それが、あれほど多くの膂力《りよりよく》に満ちた男たちが群れをなして〈新世界〉に馳せ参じた根本的な動機である。

後年、ラス・カサス自身、こう書いている。

さてこのころ、大陸には金《きん》と真珠があるという情報が、日ごとに増えていった。そして緑や青やそのほかの色の数珠玉《じゅず》とか、手鏡や鈴とか、小刀や鋏とか、そのような安物のちょっとした品々を運んで、大陸の海岸に沿って物々交換に赴いた人たちが、大儲けをして帰って来るのであった。その当時エスパーニャ〔スペイン〕ではお金が乏しかったから、彼らの儲けがたとえ金額としてはわずかであっても、たいしたものと考えられたし、それを元手にして大きな事もできたので、こうしてわが同胞のあいだでは、富を得たいという強い願いが高まってきて、かつて何びとも航海したことのない深い深い海を、万里の波濤を越えて進む恐怖心を消していった。とりわけ〔セビージャの〕トリアーナ地区の住民たちは、その大部分が、あるいはそのほとんど全員が船乗りであったから、そうした気運が盛り上がっていた。(4)

サント・ドミンゴ市の歴史風致地区はユネスコ指定の世界遺産だが、この一角、総督府の館（現博物館）に最初の市民の名を刻むプレートが掲げられている。「市民」と書いたが、正確に言えば、初期のコンキスタドールの名鑑みたいなものだ。コンキスタドールとは、〈新世界〉征服時代にその武力で先住民社会を破壊した者たちの別称である。その筆頭者はバルトロメ・コロン、すなわちクリストバル・コロンの次弟である。四番目にニコラス・デ・オバンドの名が見える。一五〇二年、セビージャを出発し、エスパニョーラ島をめざした二五〇〇名、三二艘からなる大船団の総督となった人物である。ラス・カサス少年はこの船団に参加して、はじめてサント・ドミンゴ入りを果したのだ。

ラス・カサスはこんなふうに書いている。植民地で実利的な成功を収めようと、一攫千金の夢にうなされ、取るものを取りあえず船団に参加しようとする者たちの、いきり立つ思いを沈静させるには植民地の現実を知ることしかないのである。

エスパーニャ〔スペイン〕ではどんな身分の人でも貧しさにあえいでいたので、このインディアスへ渡って来る人たちの中で、金《きん》を獲得して貧しさをかなぐり捨てることを目的としない者はひとりもいなかった。だから彼らは船から降りるとすぐに、誰もが金を採掘しようとして、旧金山や新金山を目指して直行するのであった。……彼らのめいめいが、自分の食べ残した、あるいはカスティーリャから持って来た、小麦粉の堅パン《ビスコーチョ》を背負い袋に詰め込み、それを大鍬《くわ》や桶……と一緒に肩にかつぎ、まるで蟻の群れのように、金鉱への道をたどるのであった。……鉱山にやって来たところで、金は樹木の果実ではないので、着く早々に手づかみにするというわけにはいかなかった。そうではなくて、金は土の下にあるのに、彼らはそれがどんな道すじに、つまり鉱床に、どんなふうに埋まっているのかについて、知識も経験もなかったから、ただやたらに掘り返すだけで、採掘の方法など少しも知らない連中の掘った土を、洗い流すことしかできなかった。そういうわけですぐに疲れてしまい、腰をおろしては何度も物を食べ、仕事をすれば消化が速いからすぐに空腹になり、また食べるというあんばいであった。こうして、仕事のご褒美に、きらきら光り輝くものにお目にかかることは、結局最後までなかった。一週間もたつと、背負い袋にはもう食べる物は何も残っておらず、この〔サント・ドミンゴ〕市、すなわち当時の居留地へ、手ぶらのまま帰って来るのであった。食糧を食いつぶして来ただけでなく、金はどんな小粒のものでも、ただのひとかけらも持って帰らなかった。……これとともに土地は彼らに熱病の試練をあたえ、それに対して食べ物も治療法も逃げ場所もなかった。死者が続出しはじめ、埋葬するのに司祭たちの手がまわりきれないほどであった。二五〇〇人〔の来航者〕のうち、一〇〇〇人以上の者が死亡し、五〇〇人が大きな苦悩と飢餓と貧窮のために病気になった。[5]

アメリカ最古のカトリック教会とコロン像. カテドラル前の広場はコロン公園と呼ばれている

だが、熱帯の高湿な風土で闘う日々のなかにあってラス・カサス少年は、先住民の土地を奪い、彼らに苦役を強いて金を漁る〝卑しさ〟に対する神の意志――すなわち罰――としての飢餓、貧窮というふうにとらえることはまだできなかった。彼の神はいまだ異教徒には不寛容で無慈悲な存在であった。

ラス・カサス少年はよほど頑健な肉体の持ち主であった。蚊《か》などが媒介する熱帯病にもよく耐えていたようだ。幸運にも恵まれたのだろう。植民地での最初の試練を克服したのだった。「こんなことでくたばってたまるか」という思いだったろう。生き残った仲間とともに、さらに未開拓の内陸部へと入ってゆく。

アステカやマヤ、インカ帝国の高度な文化圏の遠い外縁部に位置する原始的な村落共同体でしかなかったエスパニョーラ島の先住民たちも、スペイン植民者たちの圧迫のなかで抵抗を組織化してゆく。窮鼠《きゅうそ》猫を噛む……。むろん、彼らが持つ武器など、スペイン植民者からみれば玩具に毛のはえたようなものだが、地の利、熱帯雨林の気候と風土をわがものとして活用できることが長期的なゲリラ戦を可能にした。ある地域の先住民小集団を制圧するのに八カ月から一〇カ月もかかったことがあるとラス・カサスも証言する。まるで、今日の装備の優れた政府軍が、山間僻地を箱庭のように知る農民ゲリラに悪戦苦闘を強いられている図に酷似している。

コロンの〈発見〉と同時にはじまった、抑圧者に対する先住民の戦いは、まったく途切れることなく今日まで持続している。コロンの〈新世界〉到達五〇〇周年の一九九二年、グアテマラのマヤ系先住民リゴベルタ・メンチュウが、「先住民の人権擁護に献身的な活動をつづけてきた」といった理由でノーベル平和賞を受賞したことは象徴的だ。彼女の受賞は、言ってみればコロン以来、アメリカ先住民の抵抗運動が五〇〇年も持続していることを証明するものである。

ラテンアメリカの文脈で語っていると見過ごされるのだが、同年のノーベル文学賞は、小アンティール諸島セント・ルシア（元英領）出身のアフロ系の詩人で英語を母語とするデレック・ウォルコットが受賞している。セント・ルシアも、コロンの最後の航海（第四回航海）で〈発見〉された元スペインの植民地であった。そのセント・ルシアが〈発見〉されたのも、ラス・カサス少年がサント・ドミンゴ入りした一五〇二年のことだった。その後、一八一四年に英国領となり、熱帯性農作物の一大生産地となった。その労働力として西アフリカから連行されてきたアフロ系奴隷の子孫のひとりが作家ウォルコットであった。彼の家系をくわしくたどると、祖父は英国ウォリックシャー出身の白人、祖母はアフリカからの奴隷の子孫である。その血の混雑にウォルコットは悩み、自分自身を初期の詩のなかで、次のように自己紹介した。

私はただ、海を愛する赤いニガー（red niggar）にすぎない、
私は正統な植民地教育を受けてきた、
私のなかにはオランダ人、ニガー、加えてイギリス人の血が流れている、
そして、私は名もなき人（I'm nobody）、そうでなければ〔ひとりで〕国家である。(6)

一九九二年のノーベル賞は、〈新世界〉から二つの才能、しかも先住民の数千年の血を受け継ぐキチェ族の娘と、そして〈新世界〉発見後に生まれた攪拌された血を受け継ぐ詩人に与えられたのだ。それはコロン〈発見〉五〇〇周年にふさわしい象徴的な相反選択であった。

ここに、『ABYA—YALA』(7)という本がある。

一九九二年、つまり「五〇〇周年」を想定して企画、発行されたもので、スペインの出版人の良心が、無邪気なお祭りムードに対して「NO！」を唱えた、数少ないかつ資料的価値にも優れた一級のクロニカである。大判で五〇〇ページを超す大著だ。このなかに、一四九二年のコロンと先住民との不幸な邂逅以来、一九九一年までに起きた、史実として確認される先住民を主体とする事件が六〇〇項目、簡潔な記述で辞書のように収められている。想像するに当初、その項目も五〇〇件に絞るつもりでいたのではないだろうか。しかし、著者の良心はそれを許さず、祝年に同化するような選択はできなかったものと思える。

私がグアテマラに居住してから知りえた中央アメリカ地峡の先住民史からすれば、当然なくてはならない事件が、その大著においても落ちている。とするならば、他地域でも欠落している事件がかなりあるだろうから、完全というにはほど遠い資料なのだが、にもかかわらず、一四九二年から一九九一年までの四九九年間、五世紀にまたがる「事件」でぎっしり隙間なく埋め尽くされているのだった。通読するにはかなりの忍耐力を強いてくるものだが、著者は通読よりもむしろ、適宜、辞書のように使ってもらおうと意図して編んだと思う。巻末のインデックスが使いやすい。

六〇〇項目の「事件」のほとんどは、先住民への弾圧と抵抗を、形容詞や修飾語をできるだけ排し、事実だけを無味乾燥にならないような非辞書的な文体で綴ったものだ。表題は、パナマ先住民クナ族の言葉で「母なる大地」の意である。

ラス・カサスは、エスパニョーラ島やキューバで、先住民征服の軍事行動にいくたびか参加している。後年、ラス・カサスはそうした戦闘時におけるスペイン人の蛮行、虐殺を非難する言葉を書きつらねる。征服された先住民居住区で生き残った哀れな裸体の人々は、スペイン人たちに分配された。ラス・カサス自身、戦闘後の分け前として先住民奴隷を受け取ったと記している。彼が軍事行動で積極的な働きをしたことは確かなのだ。それは否定しようもない事実だ。作戦行動に論功があったということだ。しかも、その奴隷を自分の農園と金の採掘現場で使役したとも書いている。ラス・カサスは、ほとんどの植民者がそうであるように、その手は一再ならず汚されている。それに痛切な罪障感を覚えるようになるのは、まだ先のことだ。

（1）ラス・カサス「エスパニョーラ島について」『インディアス破壊を弾劾する簡略なる陳述』石原保徳訳（現代企画室、一九八七年）。
（2）ラス・カサス『インディアス史』第一巻第一二二章、長南実訳（「大航海時代叢書」第Ⅱ期二一、岩波書店、一九八三年）。染田秀藤『ラス・カサス伝』（岩波書店、一九九〇年）も参照。
（3）ラス・カサス「エスパニョーラ島にかつて在った諸王国について」『インディアス破壊を弾劾する簡略なる陳述』石原訳（前掲書）。
（4）ラス・カサス『インディアス史』第二巻第二章、長南訳（「大航海時代叢書」第Ⅱ期二三、岩波書店、一九八七年）。
（5）ラス・カサス『インディアス史』第二巻第六章、長南訳（同前書）。
（6）デレック・ウォルコット「帆船逃避号」（徳永暢三『ウォルコットとヒーニー――ノーベル賞詩人を読む』彩流社、一九九八年、所収）。徳永訳を参考にしながら、新たに訳出し直したものを掲載した。
（7）Pedro Ceinos, *ABYA–YALA. Escenas de una Historia India de América*, Miraguano Ediciones, Madrid, 1992.

ささやかな貧困の話——エスパニョーラ島の五〇〇年後

——サント・ドミンゴ◉ドミニカ共和国

何年か前、テレビのニュース・ワイド番組にドミニカ共和国出身の野球選手がゲスト出演した。その年の広島カープの躍進に大いに貢献した投手らしい。その投手を迎え、番組スタッフは気をきかせたつもりだったのだろう、ドミニカ国旗のマスコットをテーブルに置いた。ところが、それは共和国の国旗ではなく、英連邦のドミニカ国（元英領ドミニカ）のものだった。一九七八年に英国から独立した人口八万足らずのカリブの小さな小さな火山島である。おそらく、番組スタッフの誰ひとりとして、「ドミニカ」と冠した国が二つもあるとは思わなかったのだろう。その国旗を前にして、くだんの投手がどのような反応を示したのか、屈辱を感じたのか……といったことは伝わってこないが、いたく民族的矜持《きょうじ》を傷つけられたことだろう。いずれにしろ、カリブ諸島に対する日本社会の認知度はすこぶる低いことを公共放送みずから証明したようなもの。私もそれを念頭において書かねば、ひとりよがりな文章となってしまう。

ドミニカ共和国（以下、ドミニカ）は、エスパニョーラ島の東部を占め、西部のハイチ共和国と南北に長い国境線を山岳地帯で共有する。ドミニカは貧しい。とても貧しい。ドミニカ連邦のアフロ系市民もおなじように貧しいが、人口が少なく、英連邦加盟国としての恩恵もそれなりにあるはずで、共和国のアフロ系市民よりいくらか恵まれているように思う。「富裕」の幅広いグラデーションは暖色で幾段階があるように、「貧困」も下に向かって裾《すそ》広いグラデーションの暗色の色相がある。上下水道もなければ電気も通じていない山肌にへばりついたスラムのように、下へ行けば行くほどゴミは山積し、空気はよどみ、スコールの雨水は溜まり、マラリアやデング熱の感染源である蚊《か》を発生させる。

カリブ諸島は「貧困」のグラデーションの連なりと言ってよいだろう。最も貧しいのは、ドミニカと国境を接する世界史上最初の黒人共和国であるハイチ（フランスから一八〇四年に独立）で、一時はまことしやかに米国の医科大学の解剖用教材としての〝活きのよい〟死体しか輸出するものがない、という悪意に満ちたガセネタまで飛び交ったものだった。実際は廉価で豊富な労働力を背景にした縫製業がそれなりにあって外貨を稼いでいるし、その衣料品がドミニカの縫製業を阻害しているぐらいなのだ。ハイチ素朴画として知られる豊潤なイマジネーションに満ちた特異な表現様式があって、国外に多くのコレクターを抱えている。西アフリカ起源のヴードゥー教の祭儀などからインスピレーションを喚起させたものが多く、呪術的な要素も色濃い。その土俗的な宗教がハイチの自然と交感しあいながら、歳月を重ねて造形してきた民族の審美眼は、絵画だけにとどまらず、ハイチ音楽の揺りかごとなった。ハイチの芸術は、美術より音楽を優先して紹介すべきだろう。その影響をドミニカも受けている。ハイチの文化は、グローバリゼーションのなかで生き残っていける売れ筋の商品であることはまちがいない。

スペイン植民者やカトリック司祭たちが、カリブ先住民に改宗を強いた。剣で脅しながらのものだった。強いられた宗教を畏敬する者はいるだろうか？　先住民は強欲な植民者の宗教を軽蔑した。その最大の抵抗は、先住民みずからが選んで消滅の道を歩みはじめたことだ。生きる力、意志を捨てたとき、先住民人口は激減した。そして、植民者たちは労働力を確保するために西アフリカから多くの奴隷を「輸入」した。彼らは、西アフリカの伝統的な民俗宗教に帰依する者たちであり、その祭司たちも奴隷としてカリブに入ったのだ。それればかりか、イスラーム教徒のアフロ系奴隷も大勢存在した。それはまぎれもない事実なのに、たとえばハリウッドで制作される映画では、米国南部で綿花栽培や家事労働を強いられた奴隷たちの多くは無教養の〈野蛮人〉であり、白人のもとではじめて「教養」を身につけた、というふうに描かれつづけてきたのだ。その意味でもハリウッドの存在は人種差別の温床であった。

イスラームの教義をしっかり身につけた奴隷にとってみれば、粗野なスペイン植民者、英国の海賊どもの無教養をさぞ軽蔑したはずなのだ。それでも、彼らに自由はなく、抵抗する道具としての武器はなく、生殺の権をにぎられていたのだった。その無念さを想像して制作された映画はこれまで何本あったか？　彼らの宗教は、カトリックを軽蔑していただろう。

奴隷が抱えてきた宗教が、どのようなかたちで〈新世界〉の地に根をおろしたのか、それはきっちりと真摯な想像力をもって体系化されなければいけない重要な研究の素材である。

ともかく、西半球最大の最貧国であることはまちがいのないハイチだが、都市には先進諸国とまったく変わらない商品棚をもつスーパーマーケットはあり、富裕層は存在するのである。犯罪的な貧富の差を背景にして——。しかし、貧富の差というなら、米国が最もはげしい国であるという事実を忘れてはいけない。

ハイチほど貧しくはないが、ドミニカもかなり厳しい。

幼児死亡率は四二パーセントという高率だが、人口増加率ははげしい。国民所得は一〇〇〇ドルをわずかに超える程度。慢性的な電力不足で軽工業の安定的な育成もままならない。二〇〇五年の統計で総人口は約八九〇万人、私がはじめてサント・ドミンゴを訪れた一九九六年頃はまだ八〇〇万に至らず七六〇万といわれたものだから、わずか七、八年のあいだに一〇〇万人増えた計算になる。統計上の不備も考えられる数字だが、それにしても異様な人口増加率である。そして、首都およびその周辺に総人口の三分の一となる約三〇〇万人が集中しているといういびつな構造。ささやかな経済規模の国の首都に仕事を求めても、そうそうありつけるわけはないのだ。

サント・ドミンゴのホテル近辺で、しつこく付きまとってきたポン引きがいた。

「これがあんたの職業なのか?」

「いや、小金がたまればハイチの国境まで行くのさ。そこでハイチの安い衣料品を仕入れてきて、ここで売るんだよ」

「ハイチのほうが安いのか?」

「そりゃ安いさ。あの国は、ピストルの弾より人の命のほうが安いようなところだ。人口が減らなくて、いつまでも貧しいのさ」

「この国でサトウキビを刈り入れしているのは、ハイチからの季節労働者たちなんだろ?」

「彼らはよく働くからなァ」

「だけど、不法越境者だから賃金が安いだろうに……」

「それでも住み着く奴は多いぜ。ハイチがそんなに気になるなら、ハイチアーナ(ハイチ人女性)を紹介することもできるぜ、あんたネグリータ(黒人娘)が好みかい? カリエンテ! カリエンテ! な娘を連れてきてやるよ」

カリエンテとは、熱いという意味だが、ここではなんだろう、要するにサービス精神旺盛なグラマラスで活きのよい娘の肉体、それに触れちゃうと蕩《とろ》けるほど美味しい、というふうになろうか……。

熱帯樹木に彩られたサント・ドミンゴは、グアテマラからくらべるとはるかに治安がよい。たとえば、住居の塀の高さが景観保持のために条例で低く抑えられているというのだ。グアテマラでは夢想もできない条例である。余裕のある者はできるだけ塀を嵩上げし、その上に有刺鉄線を張ったり、そこに電流を通したりとたいへんなのだ。そこまでの余裕のない者は、割れガラスをコンクリートに埋め込む。それにくらべれば、サント・ドミンゴはなんと「平和」な都市であることか。

宿泊した家庭的なホテルで、レセプションの女性が深夜これから帰宅する、という場面に出会った。

「旦那が迎えに来るの？」

「いいえ」

「車で帰るのか？」

「いいえ、歩いて」

「問題ないの？」

「大丈夫、歩いて十数分のところだから」

これは、グアテマラから来た者にはにわかに信じがたいことだった。

褐色のなかなかの美人の彼女は、つかつかとハイヒールの踵《かかと》を響かせ、量感のあるお尻をふるわせて闇に消えて行った。

しかし、サント・ドミンゴ周辺の刑務所はいずこも定員オーバーの状況にある。しかも、収監されている者の多くが未決囚であるというのだ。これはラテンアメリカ特有の現象である。

警察が職務上、犯罪者を逮捕する。さほど熱心に検挙しているとも思えないが、それでも着実に

国境近くのコーヒー農園で働くハイチ人たち

収監される者は増えていく。しかし、司法制度の不備と予算の少なさは裁判を著しく停滞させ、刑務所内に未決囚が増大してゆく原因となっている。なかには、逮捕されて未決囚となった後、「忘れられてしまう」哀れな者も出てくる。悲惨だ。カフカ的で悪夢のような現実だ。日本のような国だって、年中、誤認逮捕者が出ているのだから、ラテンアメリカではその発生率も高いだろう。潔白を主張するにしても、真摯に耳傾けてくれるのは恋人か親族ぐらいで、弁護士を雇う金もない者はただひたすらいつ来るともわからない順番を待つしかない。そんな不条理な状況に置かれるのだ。やがて、獄舎は飽和状態になり、食事の質が落ち、衛生状態は最悪となり、酸素すら充分ではないという凄惨な状況が現出する。そう、酸素だって、貧困国では歴然とした差別が存在するのだ。

実際に中米のエル・サルバドルの刑務所で起こったことだが、囚人同士が生き残りを賭けて、くじ引きで〝間引き〟を行なった。くじ運の悪い囚人は、同房の仲間の手を借りて〝殉教〟することになる。獄中でひそかに「殺人」が行なわれている。そうした事件が暴かれても、政府はせいぜい、遊休状態にある公共施設を探して新しい刑務所を増設するぐらいで、根本的な解決にはなっていない。私が住んでいたグアテマラのアンティグア市には、地震で廃墟となった修道院に手を加えて刑務所にしていたところがあった。

一九九六年、ドミニカの人権機関が各刑務所を調査して、「いずこも過密状態にある」と告発し、政府に改善を求めた。さらに、「放置される未決囚。加えて、未成年者を常習犯と一緒に収監するのは問題だ、緊急に改善せよ」と迫っていた。同時に、農村部の環境悪化についての報告を補足として付けていた。刑務所に収監されている犯罪者に、農村部出身の者が多いという現実に立っての調査だと思うが、深刻な自然破壊の現状もレポートしているのだった。

日々の炊事のための燃料を買うことができない貧農たちは、森から樹木を伐採しつづける。やがて山は生来の保水能力を失う。そして、雨季のたびに山からあふれた水がとめどなく流れ出し、耕作地を呑み込む。土壌は流失し、耕作地を失った農民たちは、食うために身ひとつで都市に流れてゆく。そんな現状を告発し、都市犯罪の増大の要因を地方の構造的な貧困に求めているのだった。「最近一四年間で、二二万五六〇〇ヘクタールの森林がドミニカから失われた。失われた森林の七〇パーセントが原生の森林であった。その松が調理用など燃料として伐採されるほか、農地拡大のために破壊が進んでいる」と、ドミニカ滞在中に読んだ新聞に記事が出ていた。

私の住んでいたグアテマラでは、正確な統計などまず存在しないのだが、内戦中の七〇―八〇年代におなじようにして国内の森林の四〇パーセント近くが失われ、そのため、年間降雨量も五〇パーセント減少した、との話もある。マヤ先住民の地グアテマラでは、早朝、伐採されてきたばかりの生乾きのままの松が市場に並ぶ。先住民の民俗宗教の儀式に、松材が欠かせないというのも伐採に拍車をかけているのかもしれない。

クリストバル・コロンがカリブ地域を植民地経営するにあたってドミニカを本拠地とした当時、エスパニョーラ島の八〇パーセント以上が森林に覆われていたといわれる。ラス・カサス青年のドミニカ時代は、旺盛な繁殖力をもつ熱帯雨林にほぼ全土が覆われていたということだ。しかし、現在のドミニカの自然林はわずか八パーセントにまで激減してしまった。同時に、大小四〇〇もの河川が消滅したといわれる。

ドミニカの貧しい少年たちが合法的に上の階級を這い上がろうと思えば、野球選手になって米大リーグ入りをめざすか、そこまでの実力がないなら日本のプロ野球から声がかかるのを待つということになる。あるいは、スペイン語圏を市場とするドミニカ産のポップス、メレンゲかバチャータの歌手として成功するしかないだろう。女性なら、もし美貌に恵まれていれば、それを活かすだろう。ドミニカのムラート女性の美しさは、個人的嗜好のちがいがあるとしても、グレードが相当高いと私は思っている。先年、ミス・イタリアに（イタリア居住権を持つ）ドミニカ出身のムラートの女子大生が選ばれ、イタリア純血主義を主張する人たちから、参加資格が問題にされたことがあった。純血主義者はどの世界にもいるものだ。

ムラートとは、スペイン語社会では一般的に白人と黒人の混血のことをいうが、その肌の色合い、髪や瞳の色まで驚くほど多様多彩であって、あくまで便宜的な区分にすぎない。私はどうしても女の子に目が行ってしまうが、彼女たちの肌の色はほんとうに多様なのだ。白から黒のあいだに、こんなにも微妙にグラデーションを描けるものか、と驚嘆する。人間の遺伝子のなせる魔術でもあり、五〇〇年間の民族交錯の歴史の賜物と言えるわけだ。こういうグラデーションならけっして見飽きない。

ユネスコの世界遺産に指定された歴史風致地区ソナ・コロニアル。コロンの末弟ディエゴの私邸、歴代総督の官邸、アメリカ最古のカトリック教会、最初の砦に最初の石畳……、ここはアメリカ最古、最初尽くしなのだ。

サント・ドミンゴは、このソナ・コロニアルを揺籃の地として放射状に発展していった。いや、アメリカ地域の西欧化の培養器の役割を果たしたのが、このソナ・コロニアルであると言えるだろう。しかし、現在、ソナ・コロニアルを囲む旧市街は、観光スポットに導く道の周辺の華やかさを除けば、老朽化した建物ばかり目立つ灰色の町だ。そこに住む住民の多くはアフロ系市民であり、ムラートであった。

「私は政府から公式に許可を得た観光ガイドドです。ほら、このとおり、政府公認のドキュメントがあります」

と、写真入りの手札判のカードを見せながら、英語で話しかけてくる男たちに付きまとわれ、うっとうしい思いにさせられる。
「自分はスペイン語が少しは話せるから不要だ」と断ると、今度は、Sの音が消えるカリブ圏特有のスペイン語で、「では、ムチャーチャ（娘）を紹介しようではないか」とか、「ムイ・ボニータ（とても綺麗な娘）を知っているから、ぜひ案内したい。もし、かわいい少年をお求めなら、それに応える自信もあります」と、ポン引き氏に早変わりする。

これが、観光を外貨稼ぎの柱としなければならない貧困国の現実である。

生きてゆくために肉体を売るのは女性たちだけではない。少年もたくさん存在する。貧しい国の性的労働者の多くは家計を担っている。老親を扶養する親孝行な娘であり、弟の学資を稼ぐ姉であり、子を養育するシングル・マザーであり、みずから学費を稼ぐ女子大生であるのだ。あるいは、家や家族を失った子、家から追われたストリート・チルドレンが、わずかな日銭を稼ぐために幼い肉体を売るのである。ポン引き氏にしても、養う妻子がいることだろう。性的労働者を搾取するマフィアは許せないが、性的労働者たちそのものを犯罪者のごとく扱うまねは、私にはできないし、ときには神々しく思うことすらある。

ラス・カサスは植民地各地で、それこそ日常的些事としてスペイン人によって犯される先住民の少女たちの涙を見てきたことだろう。その少女たちが産み落とす混血児の手を取り、抱き上げたこともあったにちがいない。

サント・ドミンゴを去る朝、空港まで予約したタクシーの運転手は、妻子ある二三歳のアフロ系男性であった。
「グアテマラから来たって？　そこは北米と陸続きなのか」
「陸続きだけど、そのあいだにメキシコがある。メキシコはドミニカの一〇倍以上の広さだ」

「陸続きならなんとかなるはずだよな」

米国へ不法越境しようと考えているのだ。

「しかしなぁ、失敗して捕まる連中のほうがずっと多いよ」

あんたの肌の色はグアテマラやメキシコでは目立つんだよ、と注意をうながそうかとも思ったが、どうせグアテマラまで出てこられるわけがないのだ。

「グアテマラまでどのくらいあれば行けるんだい？」

「金のことか、飛行機でか？」

「ほかの方法はないのか？」

「船便もあるだろうけど、俺は知らない」

三人の大統領候補の選挙ポスターが椰子《やし》の幹にからまって呉越同舟《ごえつどうしゅう》、海からの風に誘われて心地よさそうに揺れている。空に投げ出された椰子の葉を刺してくる光が、青年の太い腕を銀色に染めている。

「もし、ドルを稼ぎたいならプエルト・リコへ行きなよ。ここから一番近いエスタドス・ウニドス（アメリカ合衆国）だろう。それに、スペイン語が通用するし。ほら、ジョニー・ベンチューラ、彼なんか年中、サン・フアン（米国自治領プエルト・リコの政庁所在地）に行って公演しているだろう」

ジョニー・ベンチューラはドミニカの国民的な歌手。田舎っぽいメレンゲを、都会的な風通しのよい軽快な音楽に変えた功労者だ。メレンゲの起源は、ハイチの奴隷たちが歌い踊り、独立闘争を大いに鼓舞したメリングウェイにあるといわれる。中米ではサルサやクンビアと並んで人気のあるリズムだ。

「あんたの家の電話番号、教えてくれないか」

「あぁ、いいよ……」

移民パレードに集う在米ドミニカ人たち（ニューヨーク）

紙切れの余白に書き込んで渡した。

「ベンチューラは好きか」

「うん、人柄も評判がいいよね。なんでも、いまでも家で牛を引っ張り出して畑仕事をやっているとかね、聞いたことがある」

「あぁ、でも彼はパラシオに住んでいる。畑仕事は彼にとってはホビーなのさ、彼は農民なんだよ、ほんとうは肉体労働が似合っているのさ」

パラシオとは宮殿のことで、彼はそれほど豪奢《ごうしゃ》な家に住んでいると言いたかったのだろう。

ジョニー・ベンチューラはドミニカ庶民、とくに黒人層、ムラートたちに絶大な人気のある歌手だ。立身伝中の人物であり、現在は首都サント・ドミンゴの市長だ。庶民の票をどっと集めて他候補をまったく寄せつけなかった。

ふと、一六世紀の聖職者の名を運転手が知っているか気になった。

「知ってるさ、もちろん。田舎には、ナントカ・ラス・カサスという町があるさ」

「クリストバル・コロンは?」

「あぁ、あれは大統領の友達さ」

と、真っ白い歯を見せて笑った。

このとき、ドミニカに君臨していた大統領は、九〇歳になってもまだ権力の座を明け渡すことを潔しとしないホアキン・バラゲールだった。ラテンアメリカを代表する典型的な家父長主義者だ。コロン記念灯台という十字架のかたちをした馬鹿でかい白亜の殿堂を、なけなしの国家予算をはたいて〈発見〉五〇〇周年事業として建てた。設計は英国人で、内部はコロンの墓を中心に、世界各国のパビリオン。日本コーナーが最も広いスペースを与えられている。コロンの最終目的地であった黄金の国ジパングに敬意を表して、ということらしい。歴史風致地区にあるコロン像も、日本の方向を指さして建っている。アメリカ大陸に無数にあるコロン像は、多少の例外はあるにせよ、みなジパングの方向を指さして建っているのである。旅の途中、日本が恋しくなったら、コロンの指図に従って合掌してみよう。

「言っておくけどさ、グアテマラは寒いんだ。毎年、冬になると寒さで死ぬ奴がたくさん出る」

「寒さでか？」

「そう、寒さで。ここなら寒さで死ぬことは絶対にないと思うけどね。衣類も少なくてすむ経済的な国なんだよ、ドミニカは」

「…………」

ところで、セビージャにあるコロンの墓がなぜサント・ドミンゴにもあるのか？　死後、セビージャのラス・クエバス修道院に埋葬されていた遺体が、コロンの遺言に従ってサント・ドミンゴに移された。その後、フランスとの戦争で、ドミニカがスペインの手から離れると、遺体はキューバに移された。一八九九年の米西戦争でスペインが完敗、キューバは米国の庇護のもとで、かたちだけの「独立」を果たす。その際、コロンの遺体はスペインに戻った。

数年後、サント・ドミンゴで突然、コロンの遺体が〝発見〟される。フランス領になったとき、サント・ドミンゴの有志がひそかに遺体を秘匿し、偽物をキューバに送り出したのだという。ドミニカの独立が達成され、どこからも、遺体を奪い去る国はなくなったと見きわめてから、秘匿された遺体が公にされたというのだ。

私は、サント・ドミンゴの遺体を本物と信じたい。だからどうした、ということではあるが……。そう、ラテンアメリカに肩入れしたいだけの筆者である。

ヴァチカンの回廊にて

——ローマ◉イタリア

ローマを訪れる旅行者はテルミニ駅を利用するといい。空港からタクシーや送迎バスでの直行というのは芸がない。観光で潤うローマは、国外からの観光客を出だしから選別していることによく気づくはずだ。

テルミニ駅とは、「終着」駅という意味だ。一見、素っ気ない駅名だが、さにあらず、ローマ地付きの市民の手前勝手な自負のようなものが露呈している名前なのだ。世界史上に大いなる影響を与えた「偉大」なローマ文明の後継者といった感じだろうか。お国自慢といったかわいいものではなく、すべての道はローマに通じる、という傲慢な矜持《きょうじ》が見て取れる。なんというか、世界史を少しでも学んだ文明人はローマに憧れをもつのは当然であって、果たすべき〝夢〟がかなったお印として、テルミニ「終着」駅がある、と不遜にも主張しているように思えてくる。

まことに重要、かつ貴重な都市ローマであることを認めるにやぶさかではないが、「偉大」という言葉を使ってローマに跪拝《きはい》しようとはいささかも思わない。

テルミニ駅に日曜日の午後早く到着した。

空港から直行列車で来たのだが、ローマは個人の貧乏旅行者にはいたく冷たい。国際空港の鉄道駅には、満足な――たとえば言葉のわからない初見の観光客を迎え入れるような――案内所はなく、制服の担当者もおらず、あっけらかんとしている。自動券売機が二台、ポツンと置かれているだけで、その一台は故障中で動かなかった。稼動している券売機のほうも扱い方がひどくわかりづらい。どうにか無事、切符を引き出し、列車に滑り込むように乗車して、大した感興《かんきょう》もわかない車窓を眺めているうちにテルミニ駅に着いた。……はいいが、構内の端も端、改札口まで赤帽サンがせわしく働く合間を縫うようにして歩きつづけて、やっとたどり着ける。国際空港を始発とした列車には、当然、荷物を大量に抱え込んだ内外の観光客やビジネスマンも多いはず。ならば、できるだけ改札口に近いホームを活用するのは遠来の客に対する礼儀でありマナーであり、ビジネスライクな処置というものだろう。ところが、最も遠いホームとしか思えない場所に列車は横づけされたのだ。

こんな出鼻の印象が悪い町は珍しい。――ローマはそんなふうに私のなかにインプットされた。この鈍感さはいったいなんだ。いや、意識的なものかもしれない。この世界有数の観光都市は、旅行者はタクシーか送迎バスを利用すればいいのであって、貧乏旅行者など来なくてもよいと、どこかでふんぞり返った様子がうかがえて、じつに不快な思いがする。

テルミニ駅を出ると、その周辺には国外からの出稼ぎ労働者がおしゃべりに花を咲かせていた。明らかに東南アジア系とわかる女性の小集団が思い思いの場所を占拠している。なにをするというふうもなく、ただただおしゃべりにおしゃべりを重ね、時間を費やしている。あとで在住の日本人に訊いたら、フィリピンから来ているお手伝いさんたちだという。

こうした光景は、ラテンアメリカ最大の都市メキシコ・シティでも見られる。メキシコ・シティは東京並みに地下鉄が四通八達した大きな町だが、その乗換駅周辺にはかならずたくさんの露天が繰り出す大きな広場があって、日曜日になると決まって、地方の先住民共同体から出稼ぎに来ている若者たちが終日、同郷の仲間と話し込んでいる。女の子ならたいていシルビエンタ、日本語の語感で言えば死語の「女中」という感じ、男の子なら零細な工場の労働者といったところか。ともに日曜日くらいしか自由な時間がない。そして、自由に使えるこづかいも少ないから、終日、おしゃべりに花を咲かせている。そんな、おしゃべりにおしゃべり重ね族を目当てにして、軽食やら飲み物を売り歩くのもまた、貧しい子どもたちなのだ。

彼、彼女ら、おしゃべりにおしゃべり重ね族たちは、その日、市内のどこかで、たとえば先住民人権団体による、零細農民をますます困窮化させる「農作物の輸入自由化」に対する抗議集会があっても、まず参加しない。政治にまったく関心がないというより、集会そのものを知らず、歓談を最優先する。二〇〇一年、マヤ系先住民を主体とする武装ゲリラ組織サパティスタ民族解放軍（EZLN）が武装を解き、蜂起の地チアパスを離れ、はじめて首都入りし、市中心のソカロ（憲法広場）で一〇万を超える支持者を集めた集会を開いた。こういう集会にも、おしゃべりにおしゃべり重ね族は、まず参加していない。故郷の共同体から切り離され、都市部の片隅でささやかな青春の日々を送る若者たちには、サパティスタの思いは届いていない。

そんな彼らが故郷の幼友達と話す言葉は、スペイン語ではなく故郷の言葉だ。気兼ねなく、周囲の都市住民にも理解できない大地の言語で懐かしい故郷を思い出す。遠慮するにはおよばない。日本の国土の五倍強、イタリアなら六・五倍強の広大なメキシコである。はるか彼方の僻村から出てきた先住民の若者にとって、首都メキシコ・シティは外国の感覚なのだ。ローマのテルミニ駅周辺で立ちのぼるタガログ語の小惑星とほとんど変わらない光景が、メキシコ市中にもあるということなのだ。

一五〇六年末、二二歳のラス・カサス青年は忽然とローマの石畳の上に現われる。そして翌年二月、司祭に叙品された。

約四年間、過酷なインディアスの地で苦闘した青年は逞しい赤銅色に染め抜かれ、さぞ精悍な面構えをしていただろう。両手は節《ふし》くれ立ち、髪は熱帯の太陽に焼かれ柔軟さを失い、カサカサであったかもしれない。華やかな都会ローマでは、無骨な田舎者という風情であったにちがいない。

そのローマ入りの理由はいまひとつはっきりとしないが、どうやら親交のあったクリストバル・コロンの息子ディエゴのインディアスでの諸権利の回復を陳情する活動のためだったようだ。同年五月に病没したクリストバル・コロンは、晩年にスペイン王室の信頼を失っていくなかで、インディアスでの権益ないし総督の地位の世襲権を確保しようと躍起になっていた。

あるいは、ラス・カサスが二二歳という若さで司祭になるというのは例外中の例外であり、そのためローマ法王の特別許可を得るために赴く必要があったのだ、という見解も説得力をもっているようだ。司祭になれば、ミサの儀式を司る権利をもつことになる。当時のカトリック宗規によれば、通常、司祭になるには三〇歳を待たねばならないということだ。とすれば、二二歳というのはいかにも若い。なぜ、そんなことが可能だったのか？　おそらく、聖職者が圧倒的に少ない新植民地インディアスに赴くラス・カサスの志が、カトリック教会上層部を動かしたのかもしれない、という推測も成り立つが、〈新世界〉で献身的な活動を志若き情熱に燃えた聖職者はラス・カサスひとりではなかったはずだから、あまり説得力のあるものとは思えない。ただ、当時の情勢として、植民地で不慮の死を迎えるカトリック教徒も多いという過渡期であり、そうした植民者の心を慰安するため、神の声を告げる聖職者は必要とされていただろうし、各修道会は布教の実績を競って先住民の新信徒獲得に懸命でもあった。……とするならば、カトリック教会の内部事情、政治的な理由から若輩のラス・カサス青年をして、ミサをあげる権能を許可させた、という見方は成り立つ。宗規は現在ほど絶対的なものではなかっただろう。

と、ここまでの見方は当時のローマ法王庁を尊重した場合のものである。しかし、ここに宗教改革の立役者マルティン・ルターに証言台に立ってもらう。金のために「免罪符」を売りまくる守銭奴たちの法王庁の実態を語ってもらおう。そこに、ラス・カサスを司祭とさせた、有力な示唆というか根拠があるように思うのだ。

ラス・カサスが司祭になったことを、スペイン・カトリック教会の枠内で疑問に思っていると、なぜという疑問ばかりになるが、同時代のカトリック圏を眺望すれば、意外と若い司祭も誕生していることがわかる。その一例がマルティン・ルター。彼が、エルフルトのアウグスチン修道院で司祭になったのは二四歳のときであった。

歴史はおもしろい。ラス・カサスが司祭になったのも、ルターが司祭になったのも、ともに一五〇七年なのである。まったくの同時代人だ。

そのルターも、ラス・カサスのローマ訪問の三年後、アルプスを越え〝永遠の都〟入りする。そのローマ印象記が残っている。

実際にローマで行なわれている悪事、醜い罪悪、汚辱は、信じられないほどである。ひとが見たり聞いたり経験したりする、かくも大きな悪行については、口に言い表わすこともむずかしい。だから、よく人がいうように、「もしも地獄というものがあるなら、ローマはその上に建てられているにちがいない(1)」。

ルターは、ローマの腐敗を目のあたりにし、また財政上の理由から「免罪符」を乱発する堕落した法王庁を批判する。

ドイツで免罪符説教師として歴史に名を残すことになったヨハン・テッツェルという聖職者は、「贖宥状《ぞくろう》（免罪符）を購入しコインが箱にチャリンと音を立てて入ると霊魂が天国へ飛び上がる」とうそぶいた、否、売り口上を述べた。この免罪符説教師が所属していた修道会はラス・カサスとおなじドミニコ会である。同僚ともいえるが、ラス・カサスがこの「免罪符」という存在をどのような目で見ていたか、それを示す言葉を私は知らない。ただし、ラス・カサスが見たローマもルターとおなじように「悪行」に満ちていたと次のように証言している。

ローマではまた、下品さと悪趣味の点ではさほど変わらない祭りが催された。それはフラウタスの祭り……と呼ばれ、一月の一三日に開催され、このときばかりはどんなに羽目を外し、破廉恥な行為をしても咎められなかった。祭りでは、顔に仮面をつけ、女装した男たちが踊りながら町中を歩き回った。私は七年〔一五〇七年〕にローマに滞在したおり、そのような光景を見ました。(2)

後年、先住民擁護の闘いに立ち上がるラス・カサスだが、カトリック内部の浄化を運動として高めてゆくような余裕もなければ、その気もなかった、と思う。むしろ、キリスト者たちの退廃を見るにつけ、先住民の無垢性を認めたのではなかろうか。魂の純粋はもはやヨーロッパ人にはなく、〈新世界〉の欲望の少ない、生きるために生きる、そんな人間の生のあらわなかたちのまま生きている先住民にこそ、神の声は近くあると思った——。私はそんなふうに考えてみる。

しかし、征服行為を停止させるための政治的努力の過程において、征服を是とする一群のカトリック司祭たちとの対決のなかで、やはり教会内部の改革の必要は強く認めただろうし、実践的な努力があったことは確かだろう。

ラス・カサス、そしてルターが歩いた石畳の上を歩いている。

往時なら、自分の足音も耳にできるほどの静寂がそこにあったと思うが、いまは車の走行音や、詣でる観光客のおしゃべりにかき消される。眼前に見いだすヴァチカンのありようそのものが、往時とは著しく異なっている。

一五〇七年にはサン・ピエトロ寺院は存在しない。やっと礎石が置かれたばかりであり、その直後に資金難で建設は途絶し、一五四六年にミケランジェロが建築主任に就任するまで野ざらしになっていた。それは文字どおりの野ざらしであって、寺院前の約三〇万人を収容できるといわれる聖ペテロ広場も今日のような姿では存在せず、おそらく建材などが無造作に積み上げられた野っぱらのようなものだった。現在、広場のシンボルとなっているエジプトのオベリスクも噴水も存在しないのであった。

資金難で途絶した寺院建設を続行させる計画のなかで、法王レオ一〇世が考案したのが資金集めのための「免罪符」の発行でもあった。異教徒からみれば、まったく動機に卑しさも感じてしまうものだが、所詮、宗教施設が巨大化を志向すればするほど、その手段に人事と経済が介入せざるをえない。宗教施設の尊厳も元手はかかっている。

サン・ピエトロ寺院建築の資金集めの「免罪符」がかくも売れた、ということは、それだけ脛《すね》に傷ありの〝善男善女〟がカトリック社会に満ち満ちていたということであるが、それは人間みなそうなのであってみれば、不思議でもなんでもない。近代合理主義が出てくる以前の社会にあっては、神の存在は絶対であって、罪滅ぼしが「免罪符」で贖《あがな》えるなら、誰だってなけなしの金を叩きたくなる。そんな時代の、今日的に言うなら効き目のよい〝精神安定剤〟が「免罪符」であった。

サン・ピエトロ寺院ばかりでなく、ミケランジェロの畢生《ひっせい》の大作システィーナ礼拝堂の天井画も

サン・ピエトロ寺院前の聖ペテロ広場

まだ存在しない。あの広大な天井を聖化すべく、壮年の画家が絵筆をとったのは一五〇八年、ラス・カサス青年がローマを訪れた翌年であった。

「ラファエルの部屋」というものがある。ルネサンスの至福を絵のなかで感受させる画家ラファエルの代表作となるフレスコ画が描かれているが、ラス・カサスはそれも知らない。当時は、法王の居室であっただけだ。ラファエルの絵筆はまったく壁に触れていない。

ピオ・クレメンティーナ美術館もなければ、エジプト美術館、キアラモンティ美術館も存在しない。ないない尽くしである。

ガイドブックを参照しながらラス・カサスの時代に存在した建物だけを選んで歩いてみると、見るべきものは少ない。まったく閑散としたものだ。今日、見られるようなヴァチカンの威容というものは、大航海時代以後、つまり大西洋の彼方から、あるいは東アジアから西欧のカトリック社会に潤沢に富が集積されるようになってから急激に肥大したものである。「免罪符」の乱発はたしかに宗教改革をうながす重要なファクターにはなったが、現金収入という面からすれば、〈新世界〉からの流入の方がはるかに大きかっただろう。一六世紀以後のローマは、ラス・カサスの視線を借りて、大洋の彼方からの声にも耳を傾けないといけない。

現在、洗礼を受けたカトリック信徒は全世界に約一〇億を数えるといわれる。地域別でみると南北アメリカが最も多く、ラテンアメリカのカトリック信徒は五億二〇〇〇万といわれる。ヨーロッパ二億八〇〇〇万の約二倍、全世界のカトリック信徒の半数が南北アメリカ地域で暮らしていることになる。そして年々、その割合は確実に大きくなり、カトリックそのものが先住民たちの大地の慈母神の影響を受けながら、少しずつ変貌をつづけている。

法王が勅撰《ちょくせん》する枢機《すうき》卿《けい》は、私がローマを初訪問した一九九六年には、五名がラテンアメリカ諸国から選出されていた。ミレニアムを無事経過してはじめての枢機卿選出が行なわれた二〇〇一年には、新たに一一名の枢機卿が域内から選ばれている。倍増ということだ。そのなかに、ペルー・リマの日本大使公邸占拠事件[3]で、トゥパク・アマル革命運動（MRTA）のゲリラと政府との仲介役を務めたファン・ルイス・シプリアーニ大司教も入っている。事件がペルー軍特殊部隊の強行突入によって〝解決〟した際、「われわれとおなじ人間である一四人のMRTAメンバーの死を、ひとりの人間として悲しく思います」と涙したシプリアーニ師だが、実際には仲介役というよりも、政府軍の突入準備に便宜をはかる役目を担当したと私は思っている。カトリック最右派「オプス・デイ」の有力な活動家であり、一九九二年のフジモリ大統領によるクーデターを積極的に支持し、フジモリ政権と蜜月関係にあった同師が、両者にまったく平等に対したなどとは常識的に考えられない。師が人質に差し入れた魔法瓶、皿、本、クリスト（キリスト）の肖像などに盗聴無線機が仕掛けられていたことも、のちに明らかとなっている。

ヨハネ・パブロ二世は一九九九年一月に四回目のメキシコ訪問を行なった。メキシコだけで八六〇〇万人が洗礼を受けているといわれる。全人口の九割近い数字だが、これは明らかにカトリック教会の水増しだろう。米国南部に本拠地を置くエバンヘリコ（福音派プロテスタント）や新興のプロテスタント各派の浸透著しいメキシコであれば、カトリック人口がそんなに多いわけがない。しかし、メキシコをはじめラテンアメリカ諸国は現在、そして未来も法王庁を名実ともに支えてゆく信徒の宝庫であることはいささかも変わりない。なぜなら、ラテンアメリカは貧困者が無数に、そしていきいきと生きている大陸だから。

ラテンアメリカの人口増加率からいえば、法王庁の〝政治分布図〟は、「貧困」という現実に圧迫されて変わるはずだ。イスラームの若者が過激化した、というなら、それは先進諸国がイスラーム社会の富を搾取しつづけ、「貧困」を構造化したからだ。合理的にシステム化された「貧困」を打破するためには、非合理的な〝聖戦〟における〝殉教〟しかありえない、と思いつめる者が続出してもなんら不思議はない。「自爆テロ」とは「貧困」のリアリスティックな圧迫である。

今世紀のそう遠くない時期、「貧困」を光背に受けたラテンアメリカの枢機卿のなかから法王が生まれるはずだ。それは断言できる。ヘスス・クリストは貧者たちの声に最もよく耳傾けた人道の人であった。

> 僕も、貧乏人たちの方が神の御言葉に対する恐怖からではなく、遙かに真剣に愛を実践することができると信じている。それに反して、金持はそうじゃない。彼は本当に我と吾が身を損なっているからね。金持は何が正しいのかを知っていたとしても、それを実行しない。実行するとすれば、もうこれ以上搾取し続けることができなくなるからね。だから、僕は金持は誠実であることができないんだと思うんだけど、貧乏人たちはできるだろう。神は貧しい人間にこの誠実さを認めて、彼らに神の御国を約束したんだ。[4]

――これは、中米ニカラグアの貧農の言葉である。

〈新世界〉に最良のカトリックの種子を蒔いたと思われるラス・カサス司教はしかし、現在なお法王庁から煙たがられる存在としてありつづけている。右派「オプス・ディ」出身のヨハネ・パブロ二世にとって、左派「解放の神学」[5]の精神的な始祖ともいわれるラス・カサスは、敵対的な〝極左派〟であったようだから[6]……。

（1） 松田智雄責任編集『世界の歴史7　近代への序曲』（中央公論社、一九六一年）。

（2）ラス・カサス『インディアス文明誌』第一六四章（染田秀藤『ラス・カサス伝』岩波書店、一九九〇年、所収）。

（3）本書第Ⅳ部「フンボルト寒流と日本人」を参照されたい。

（4）エルネスト・カルデナル『愛とパンと自由を――ソレンチナーメの農民による福音書』伊藤紀久代訳（新教出版社、一九八二年）。本書第Ⅴ部「湖の国で」を参照されたい。

（5）「解放の神学」は、さまざまな抑圧や貧困、差別にあえぐ民衆に加えられている不正義を直視し、虐げられた民衆の側に立つ新しい神学として、一九六〇年代後半からラテンアメリカをはじめ、北米、アジア、アフリカなど世界中で広がっていった。旧来のキリスト教会の権威的な活動に対するラディカルな批判を内包するものであり、保守層からのはげしい反発、弾圧をひき起こし、軍や警察などの拷問を受けたり暗殺された聖職者も数多く発生した。本書第Ⅴ部「湖の国で」および「「救世主」の国のラス・カサス」も参照されたい。

（6）本稿の草稿は、ヨハネ・パブロ二世（一九二〇―二〇〇五）が健在であった時期に書いた。「解放の神学」を敵視しつづけた同法王とラテンアメリカ諸国との関わりは、歴代の法王のなかでは例外的な親密さを示してあまりあるものだ。本書第Ⅵ部「サパティスタと二人の司教」も参照されたい。

先駆者モンテシーノス、怒りの説教

——サント・ドミンゴ◉ドミニカ共和国

ローマまで足を伸ばしたラス・カサス青年は、一五〇七年の末にはふたたびサント・ドミンゴの浜に立つ。

五年ほど前、一攫千金を夢みて浜の砂のなかに爪先から転び出たようなはやる気持ちはもうないが、植民者ラス・カサスの野心は巧妙なかたちで目的化したように思う。

本国の法体系はほとんど機能せず、倫理観さえ揺らいでいる植民地の荒蕪《こうぶ》に秩序をもたらすものは、神への畏怖の念でしかなかったろう。明晰なラス・カサス青年は一期目のドミニカ植民の日々のなかで、そのことを自覚したのではないだろうか。植民者たちは本国への精神的紐帯《ちゅうたい》を拠りどころとして、過酷な風土で生き抜いていける。それに精神的な慰安を与えるのが〝神の声〟であったにちがいない。その〝声〟を媒介する司祭となったラス・カサスは、植民地では特権者となる。植民地の無法に神の法をもって社会的優位性を手にしたのだ。

植民者スペイン人たちの告白に耳を傾ける一方、拠るべない先住民を使役して開拓事業に励むラス・カサス青年の姿を、これから数年見ることになる。司祭の資格も、当時のラス・カサス青年にとっては、植民地で抜け目なく生きるための便法のようなものだ。そんな俗物的な、教会の権威を借用する生き方こそ、マルティン・ルターから糾弾されてしかるべきものだ。当時のカトリック教会の精神的弛緩といった現象は、植民地に生きる聖職者たちのなかにも巣くっていた。そうでなければ、多くのカトリック司祭たちが、征服者たちとともに侵略の現場、先住民殺戮の現場に立ちつづけるという不正義に不感症であるはずはなかった。

ルターだって、そう威張れたものではない。いわゆる「ドイツ農民戦争」の時期には、聖職者として逸脱した教唆的言動をもって火に油をそそぎ、農民の殺害すらためらわなかった。一六世紀人の倫理観は、せき止めきれない時流や時局によって容易にゆがむものであった。二一世紀を生きるわれわれとおなじように、したたかにゆがんでいた。

サント・ドミンゴの中心地ソナ・イストリコ（歴史風致地区）の遊歩道は、終日、人の流れが途切れない。日よけが舗道に張り出したカフェテリアのテーブルに座って道ゆく老若男女を眺めているだけで、五〇〇年の歳月がどういうものであったかが、健康な胃のなかで消化されるように体感できるのだ。カフェテリアを包むメレンゲのリズムも、五〇〇年のあいだに混血した音の歴史そのものである。

一八世紀のメキシコで描かれ、すでに画家の名が失われた「血統」[1]という標題の図像がある。全一六種の血統が夫婦と子ひとりという編成で、計四八人が描き込まれている。

スペイン人とインディオの混血がメスティーソ、メスティーソとスペイン人の混血がカスティソ、カスティソとスペイン人では元に戻ってスペイン人、スペイン人とモーロ人ではムラート、ムラートとスペイン人ではモリスコ、モリスコとスペイン人ではチーノ、チーノとインディオはサルタ・アティアス、サルタ・アティアスとムラートではロボ、ロボとチーナでヒバロ、ヒバロとムルータでアルバロサド……といった具合に、クリストバル・コロン以後、大西洋をまたいで新しく生まれた「血統」を上段から下段へと古きものから新しきものへと順繰りに並べたものである。

この「血統」図は、スペインに代わってカリブ地域に進出してくる英国、フランス、オランダ、さらに北欧人たちとの混血にはいっさい触れていない。二〇世紀に入れば中国人、日本人、そして英国の旧植民地からインド、パキスタンなど南アジア人もたくさん入ってくる。血の交わりを避ける原理主義的なアーミッシュたちも、メキシコやベリーズへ多数、入植している。中東紛争のあおりを受けてレバノン、シリア、ヨルダンから流れてきた人たちがラテンアメリカ諸国に散った。そこでまた新しい「血統」が誕生するが、すでに血の混じり合いが〝常態〟となったラテンアメリカでは、辞書に記載されるような新種の命名は行なわれない。

現在、マイアミの米州刑務所に収監中のパナマの元独裁者ノリエガは、中国系パナマ人だが、そこでいうパナマ人とはどのような「血」を指すのか、はなはだ曖昧な存在なのである。メキシコ人しかりブラジル人しかりである。アルゼンチンを経済危機のどん底に導いた市場経済主義者のメナム元大統領はヨルダン系アルゼンチン人であって、彼にパンパの牧童ガウチョの民謡はおろか、ブエノス・アイレスの港の吹きだまりから生まれたタンゴすら似合うとは思われない。

そうした事例は、わが家族も抱えている問題でもある。長男と長女はグアテマラ生まれで、アンティグアの市役所に出生届を出しているので、まぎれもなくグアテマラ人である。成人になれば、いつでもパスポートが取れる。次男はメキシコ・シティ生まれであって、コヨアカン区の役所に届けた。メキシコ人である。しかし、長男以外はスペイン語はもう話せなくなっている。妻も九州は飯塚生まれの大和撫子であるけれど、子どもたちが国籍を選択するのは自由である。二重国籍を認めるメキシコやグアテマラは、日本の国籍制度に拘束されない。もっとも、日本政府もフジモリ元ペルー大統領の二重国籍を容認し、二〇〇七年の参議院議員選挙への立候補すら認めたのである。

西アフリカ原産のリズムにスペインの旋律が交じって優性遺伝をくり返しながらドミニカ大衆の

ハイチ国境に近いドゥベルヘに住む一家．この地には第２次大戦後，日本人移民たちが希望に胸をふくらませて移り住んだが，塩害がひどい「不毛の地」であった

音となったメレンゲのリズムは、サント・ドミンゴの周縁部、黒人たちの居住区で育成されたものだ。今日ではだいぶソフィスティケートされてしまったが、うねるようなリズムを叩き出すドラムにはまだアフリカの野生が息づいている。海賊盤のミュージック・テープ売りの露天から流れるメレンゲのリズムに乗って、跳ねるように歩くムラートたち。しかし、ひとくちにムラートと言っても、その肌の色は黒から白までの微妙なグラデーションで無数の色見本を作ったように千差万別なのだ。肌の色だけではない。髪の色、その髪質の硬軟度、骨格……。アングロサクソン風の面構えだが、皮膚はアフロ系に近い、金髪（染めているのかもしれないが、違和感はない）のムラート。そう、生きた人間見本市だ。ただ、ドミニカの人種構成のなかではっきり言えることは、「タイノ」という名で知られる独自の文化をもった先住民族がかつて存在していたが、一六世紀にはほぼ全滅したということだ。彼らの血が侵入者たちと交わって後世に遺贈されたとしても、かぎりなく薄まって、今日では突然変異でもなければ隔世遺伝として新生児の身体的特徴に出てくることはないはずだ。それも神のいたずらが仕掛ける文字どおりの奇跡的な事例でしかありえないはずだ。ここは、ラス・カサスの青年時代に先住民の大半がスペイン人たちに〝狩猟〟されてしまったのだ。そう、狩猟である。野の獣のように屠《ほふ》られたのだ。

> キリスト教徒たちはまるで猛り狂った獣と変らず、人類を破滅へと追いやる人々であり、人類最大の敵であった。非道で血も涙もない人たちから逃げのびたインディオたちはみな山に籠ったり、山の奥深くへ逃げ込んだりして、身を守った。すると、キリスト教徒たちは彼らを狩り出すために猟犬を獰猛《どうもう》な犬に仕込んだ。犬はインディオをひとりでも見つけると、瞬く間に〔襲いかかり〕彼を八つ裂きにした。また、犬は豚を餌食にする時よりもはるかに嬉々として、インディオに襲いかかり、食い殺した。こうして、その獰猛な犬は甚だしい害を加え、大勢の

インディオを食い殺した。(2)

カフェテリアでしばし休息した後、広いソナ・イストリコのどんづまり、カリブ海にそそぐオサマ川河口を見下ろす高台に向かう。その一角に、歴代総督が住んでいた官邸を改造した「ラス・カサス・レアル博物館」がある。ここでいうラス・カサスとは、バルトロメ・デ・ラス・カサス司教とはまったく関係ない。ラス・カサスとは、「家」「住居」の複数形であって、博物館の名は総督の住居だったことから来ている。しかし、ここの展示室のひとつがラス・カサス司教の事績を讃えるコーナーになっているからややこしい。

その展示室には、もうひとり主人公がいて、サント・ドミンゴではラス・カサスの師、導き手であったアントニオ・デ・モンテシーノスの事績もきっちり顕彰されている。

モンテシーノス司祭は、インディアスにおいてはじめて、先住民擁護のためにスペイン植民者をきびしく断罪する説教を行なったことで知られる。その説教は、一五一一年一二月二一日、ここサント・ドミンゴの草葺《わらぶ》き屋根の教会で行なわれたといわれる。その説教の様子を再現したという大きなモンテシーノスの肖像画があった。近くにいたムラートの警備員に訊くと、「スペイン人の画家による作品」ということだ。

右手で説教台の縁を握り、上半身を前屈みにして、聴衆を圧倒するような怒れる司祭像である。左手を拳として突き出し、神の怒りを体現しているのだ、とモンテシーノス司祭は語る。二〇世紀のメキシコで壁画運動を推進したひとりであるシケイロスの絵画のなかに、しばしば権力の反抗者として登場する名もなき英雄像に似ている。この図像はドミニカの知識層には広く知られているようで、たとえば一九七九年にサント・ドミンゴの東部中央大学から刊行されたドミニカ共和国史に関する著作『歴史上の主題』(3)の表紙は、この怒れるモンテシーノス像を掲げている。

岩石のような拳を振り上げたモンテシーノス司祭は説く。

私がいまこの壇上へ上がったのは、……あなた方に自覚をうながすためです。この島の荒野におけるキリストの声、私がその声なのです。それゆえ、あなた方はいい加減に聞き流すのではなく、注意深く、あなた方の全感情と全感覚を集中して、キリストの声に耳を傾けなければなりません。その声は、あなた方がこれまでに聞いた最も耳新しいものでありましょう。あなた方が耳にすることを思いもよらなかった、最も険しく厳しい声、最も驚くべき危険にみちた声でありましょう。……この声こそは、インディアスの無辜《むこ》の民に対して残虐をおこない、暴虐をくわえることによって、あなた方のすべてがいま大罪を犯しつづけており、その大罪に陥ったままで生き、かつ死んでゆくことを告げ知らせる声なのです。さあ、皆さん、答えなさい、あなた方は一体いかなる権利、いかなる正当性をもって、これらのインディオを、かくもみじめな、かくもおぞましい奴隷の状態で所有しているのかを。自己の土地で平穏無事に暮らしているこれらのひとびとに対して、あなた方は一体いかなる権限をもって、かくも嫌悪すべき戦争を仕掛けているのかを。それらの土地であなた方は、前代未聞の殺戮と破壊をおこない、無数のひとびとを消滅させてしまったではないか。一体いかなる理由でもってあなた方は、彼らをかくも抑圧し疲弊させ、食べる物をあたえず、病気になっても治してやろうともしないのか。あなた方の強制する過重な労働によって、彼らは病気になり死んでゆくのであるから、もっとはっきりした言い方をすれば、あなた方は金《きん》を採掘し獲得せんがために、彼らを日々に殺戮しつづけているのだ。インディオたちに信仰の何たるかを教え、彼らを創り給うた神の存在を知らせ、洗礼を受けさせ、ミサにあずからしめ、祝日と安息日を守らせるという義務を負いながら、どれだけの責任をあなた方は感じているのか。……一体、これらのひとびとは人間ではな

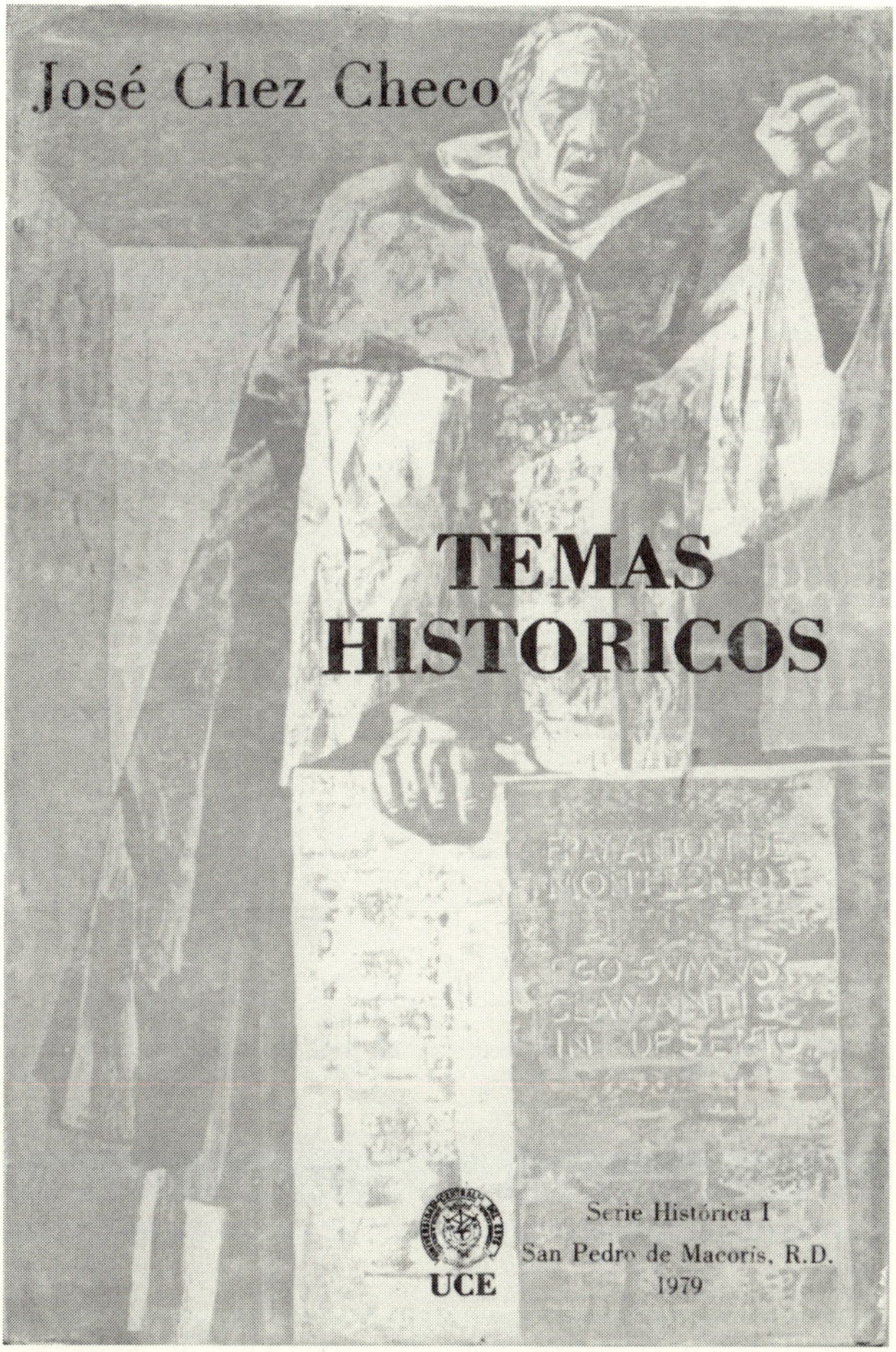

怒れるモンテシーノス像
(José Chez Checo, *Temas Históricos,* Ediciones de la UCE, Santo Domingo, 1979.)

いというのか。彼らの霊魂には、理性がそなわっていないというのか。あなた方はおのれを愛するごとく、彼らを愛すべきではないのか。こうした道理が理解できないのか。感じとることができないのか。一体あなた方は、なんという深い昏睡状態に、あなた方は陥っていることか。さあ、悟りなさい、そのような状態のままでは、イエズス・キリストの信仰をもたず、もつことを望まぬモーロ人やトルコ人と比べても、彼ら以上にあなた方はみずからの霊魂を救うことは絶対に不可能なのだと。(4)

ラス・カサス自身、この時期、司祭でありながらエンコミエンダ制（植民者がインディオを労働力として使役する権利を認める代わりに、彼らをキリスト教に改宗させることを義務づけた制度）に基づきインディオを所有していた。モンテシーノスの説教に接するまで、その事実にいささかも痛痒《つうよう》を感じていないようだった。

モンテシーノス司祭の説教は、「エスパニョーラ島のスペイン人社会に大きな不安を引き起こすほど反響を呼び」、さらに「ドミニコ会士たちはインディオを所有する者に対し告白の聴聞や赦免を拒否するという強硬な手段に訴え、ラス＝カサスもその的となった」という。(5)ラス・カサスは一五一二年初頭、おそらくモンテシーノスと考えられるひとりのドミニコ会士に罪の赦しを得る告解を願い出たものの、インディオを所有しているという理由で聴聞を拒否されたのだ。

彼ら修道士たちは、インディオを所有している人たちの告解を聞き、罪を赦すのを望んでいない、ということであった。……或るとき或る場所で、右の修道会の或る修道士にみずからの告解をしたいと望んだ。けれども、その修道士は司祭〔ラス・カサス〕の告解を聞くことをいやがった。(6)

ローマで司祭になったラス・カサス青年がエスパニョーラ島へ戻ったのが一五〇七年の末であったから、モンテシーノスの説教に接するまで丸四年の歳月がある。ラス・カサスに強い印象を与えた説教ではあったが、しかし、サント・ドミンゴの総督ディエゴ・コロンが計画したキューバ島の征服には従軍司祭として参加している。征服行を咎《とが》めるような発想はまだ生まれてこない。ラス・カサスが奴隷をみずから解放し、植民事業を告発する挙に出てゆくまでには、なお数年を要することになる。

モンテシーノスの説教を聞いてから後も、ラス・カサス一個人の精神生活のうえでは、先住民に対する思いは劇的に変化はしていない。ラス・カサスは、相変わらず征服の戦いに参加している。そこでラス・カサスは酸鼻な光景をくり返し実見しつづけているのだが、格段大きな動揺があったとは思われない。それを人道に反する非人間的な行為と認識されれば、ラス・カサスの「回心」はもっと早く訪れたはずだが、そうはならない。

ある時、ある大きな村から、インディオたちは多くの食糧や贈物を携えて、われわれを一〇レグワも先に出迎えてくれた。村へ着くと、インディオたちは沢山の魚や食糧、それに、彼らが差し出せるものはすべてわれわれに与えてくれた。ところが、突然、悪魔がキリスト教徒たちに乗り移り、彼らは私の目の前で、何ひとつしかるべき動機も原因もないまま、われわれの前に座っていた男女、子供合わせて総勢約三〇〇〇人以上のインディオを短剣で突き刺した。その場で、私はかつて人が見たことも想像したこともないような残虐な行為を目撃したのである。(7)

しかし、ラス・カサスの嫌悪感は長いあいだ私憤に停滞したまま、なかなか公憤への高まりとはならなかった。

はじめてエスパニョーラ島に着いてから一二年目、ローマから帰還して七年の歳月が流れた一五一四年八月一五日、ラス・カサスははじめて大勢のスペイン植民者を前にして、弾劾の説教を行なった。第一回目の「回心」である。しかし、それはモンテシーノスの説教に次ぐ記念碑的な栄誉となるものではない。モンテシーノスは植民者弾劾をつづけていたし、彼の同僚たちもまた弾劾に加わり、先住民擁護のため献身的な活動を行なっていたからだ。けれど、エスパニョーラ島から先住民の影は急速に失われていったのだ。

そんな寂寥《せきりょう》とした荒野を背にして、三〇歳のラス・カサスは「正義」の戦列に加わってゆく。いったん「回心」してからのラス・カサスは、けっして足踏みはしない。おのれの信じる道をひたすら踏み分けていき、やがて、モンテシーノスのはるか先の地平まで到達することとなる。

(1) Anonimo, "CASTAS," Museo de Virreinado.
(2) ラス・カサス「エスパニョーラ島について」『インディアスの破壊についての簡潔な報告』染田秀藤訳（岩波文庫、一九七六年）。
(3) José Chez Checo, *Temas Históricos*, Ediciones de la Universidad Central del Este, Santo Domingo, 1979.
(4) ラス・カサス『インディアス史』第三巻第四章、長南実訳（「大航海時代叢書」第Ⅱ期二四、岩波書店、一九九〇年）。
(5) 染田秀藤『人と思想　ラス＝カサス』（清水書院、一九九七年）。
(6) ラス・カサス『インディアス史』第三巻第七九章、長南訳（「大航海時代叢書」第Ⅱ期二五、岩波書店、一九九二年）。
(7) ラス・カサス「キューバ島について」『インディアスの破壊についての簡潔な報告』染田訳（前掲書）。

Ⅲ

「回心」の地

「回心」のとき──私憤から公憤へ

──サンクティ・スピリトゥス◉キューバ

植民者ラス・カサスにとって、キューバは生き方を一八〇度ギアチェンジした土地となった。生き方というより、心臓を流れる血の質量が劇的に変わるような精神の浄化作用が起こった。ふところを黄金で満たし、故郷に錦を飾ることを目的とした経済活動を不退転の決意で停止したのである。今後いっさい現世の富を追い求めることはしないと神の前で誓った。司祭として生き切ることを誓約したのだ。そう、「回心」が行なわれた浄福の地となった。そのしるしは、サンクティ・スピリトゥス（Sancti Spíritus）という小さな町に刻まれた。「聖霊」という名の地である。

現在、ユネスコの世界遺産都市に指定されているコロニア様式の市街地が残るトリニダーから東に向かって内陸部へ車を飛ばせば、一時間足らずで着く地方都市。豊かな熱帯自然もあれば、植民時代の遺跡も散在し、トロピカル音楽そしてダンスの国キューバは、多少の〝社会主義的〟規制があっても外国人観光客たちには垂涎《すいぜん》の観光地である。豊かすぎて、見すごされているスポットは数多い。そんなところが多いから、世界史的なトピックがしるされた地であるはずのサンクティ・スピリトゥスは観光汚染をまぬがれた町となっている。

首都ハバナからトリニダーまでのルートは開発されているし、予約なしでトリニダーに来ても、フィエスタ（祭り）でもないかぎり泊まるところに苦労しない。しかし、その先のサンクティ・スピリトゥスではそうはいかない。まず、情報がない。外国人旅行者が容易に入手できるようなガイドブックでは、「聖霊」市の紹介は無視されている。

コロンの〈発見〉五〇〇周年に前後して、「マドリッド政府のお眼鏡にかなったもの」という条件つきだが、スペインの社労党政権はラテンアメリカ各地に散在する歴史的遺構について、損傷のはげしいところや、歴史的価値が高いと評価された史跡の修復に予算を計上して、経済援助を行なった。仕事の少ない地方にある史跡では、地元に思わぬ雇用が促進され、観光業の振興につながるようなことも起きた。しかし、〝栄光のスペイン〟を物語る遺構という限定つきであるから、ラス・カサスのように〝栄光〟の内実を苦吟《くぎん》する先住民の視点から問いつづけた者にかかわる遺構にはいささかも関与せず、無視した。というわけで、ラテンアメリカ史にあってはかけがえのない事績をなしたラス・カサスであるにもかかわらず、スペインでは影が薄く、スペイン・カトリック史にあっても存在感は薄い。それは法王庁の史観にも影響を与えているように思う。

たとえばマザー・テレサ以上の活動をなした偉人ラス・カサスであるにもかかわらず、ローマ法王庁は列聖していない。マザー・テレサは没後、異例の早さで列聖されたが、ラス・カサスの名は列聖候補の名簿にすら記載されていないはずだ。

ファシスト政権の長《おさ》であったフランコ将軍が鬼籍に入った後、めざましい経済発展を遂げたスペインではあったが、その経済的な余力による資金援助の行き先は、ことラテンアメリカの地にあってはフランコ時代の史観とおなじ地平から選ばれていたのだった。それは忘れまい。

さて、サンクティ・スピリトゥスだが、ラス・カサスが『インディアス史』のなかで「彼〔ディエゴ・ベラスケス指揮官〕はさらに、そこ〔トリニダー居留地〕からもっと陸地の奥へ入ったところ、つまり南北両海岸のほとんど中間のあたりに、もう一つの居留地を建設するように命じ、これにサンクティ・スピリトゥス居留地と名付けた」[1]と書き記していることをみると、入植初期にすでに「聖霊」と命名されていたようである。

回心、または改心を宗教用語として読み解けば、〈罪を悔い改め、正しい信仰に心を向けること〉となる。ラス・カサス青年はキューバで植民者として「富」を追求することを放棄し、粗衣粗食の僧職に生きることを宣言したのだった。

ときにラス・カサス三〇歳、一五一四年八月のことであった。スペイン植民者の前で、先住民に対する非道を糾弾するミサをはじめて行ない、自分自身が私有支配していた先住民奴隷を解放した。けれど、キューバ入りしてから約二年間は「悔い改め」る前の司祭であり、「富」を求める植民者としての生活を送っていた、という事実は消えない。

ラス・カサスのキューバ入りは一五一二年三月のことだが、その理由はドミニカでの先住民労働力を補うためスペイン人たちが計画した征服に付き従うことであった。つまり、征服隊に従軍司祭として参加するというものだった。そして、その褒賞で与えられた先住民を使役して植民者としての生活を送っていた。エスパニョーラ島に戻らず、キューバで植民者として新たな生活をはじめたということでは、より望ましい環境、土地に恵まれたと解釈できる。そのあたりはくわしく語られていないが、どのような生活であったかは、ラス・カサス自身、後年『インディアス史』に三人称で書き記している。

ラス・カサス司祭は他のひとびとと同様に、分配によって所有していたインディオたちを、金の採掘のために鉱山へ送ったり農作業をさせたりして、最大限に彼らを利用しようとつとめ、みずからの利益を得ることに深い関心をいだき非常に熱心であった。……彼の家はハグア港

〔現シエンフェゴス湾口〕から一レグアのところにあり、彼はその川岸で農場を経営していた。(2)神父の主たる職務は言うまでもなく、インディオたちに教義を説くことであるべきなのに、そうした職務に対してよりも、農場や鉱山の事業にずっと大きな関心を示したのである。あの善良な神父もあの当時、彼が自分の子どもと見なしていた俗人たちのすべてと同様に、こうした事柄に関して甚だしく盲目であった。(3)

まだ、わが身を削るような〝人道〟の芽生えはない。先住民を奴隷労働に駆り立てることに対して、いささかの痛痒《つうよう》も感じていない。自分自身、そのような人間であったと、みずから記したのである。

キューバ以後、ラス・カサスはけっして征服隊の従軍司祭を務めることはなかったから、最前線で行なわれる同胞たちの残虐非道を実見する最後の機会となったわけである。後年、彼の著作でくり返されるスペイン兵士の残虐行為を描写するペンにリアリティがあるとすれば、それはキューバ征服とそれ以前のエスパニョーラ島での体験から発しているものだろう。

そのキューバ征服がエスパニョーラ島で発案されたのは、同島の植民事業において先住民の労働力が著しく消耗したからだ。つまり、過酷な強制労働、そして衰弱した肉体に容赦なく襲いかかる、カリブの土地に存在しなかった〝新種〟ウィルスによって倒されたのだ。旧大陸から征服者の身体に隠れてやってきたインフルエンザは、生きる希望を根こそぎスペイン人に刈り取られていた先住民たちの肉体に入り込み、侵した。自由を奪われた先住民の生きる気力はそがれ、ウィルスの跋扈《ばっこ》に疲弊した。そして、ハリケーンの雨や風で穂を折るトウモロコシのようになぎ倒されていった。その後、さらにスペイン人の征服行が大陸部におよぶことによって、ウィルスは新たな寄生体を大量に見いだした。征服者たちは、剣や砲弾だけでなく、体内に抱え込んだウィルスを咳《せき》とともに吐き出し、それは感染力の大きさな、効果的な〃細菌爆弾〃となっていったのだ。

現在でも、メキシコや中米諸国の乾燥した高原地帯ではインフルエンザによる幼児死亡率が高い。成人でも、食生活の貧しい者ならかなりの消耗を強いられる。マヤ系先住民の国グアテマラ、この国の高原地帯に住む貧困者たちは、熱帯ではあっても〃凍死〃の危険に晒される季節が数ヵ月ある。家なく街頭生活を強いられている者たちは、昼と夜の寒暖の差に耐え切れずに〃凍死〃するのである。そんな犠牲者のニュースが新聞に載る季節がたしかに数ヵ月あるのだ。

エスパニョーラ島の労働力確保は植民者の死活問題であった。エスパニョーラ島の植民事業そのものが頓挫するまで追いつめられていた。沿岸部を除けば平地の少ない島に、大勢の植民者が一時期にやってくれば、土地の適性配分などできない相談だ。人力頼りの開拓事業は、結局、先住民頼みとなるが、その労力も不足を来たした。新たな土地と、労働力の渇望が近隣の島へとスペイン人たちを向かわせたのだ。彼らはすでに、一五〇八年からサン・フアン島（現プエルト・リコ）、その翌年にはジャマイカ島への入植を開始していた。

ラス・カサスがキューバへ赴く九ヵ月ほど前に、キューバ侵略ははじまっていた。

一五一一年六月、約三〇〇人のスペイン人はディエゴ・ベラスケスの指揮のもと征服軍に組織され、キューバに向かった。この征服隊の軍靴で最初に踏みにじられたのはキューバ南東部の沿岸グアンタナモであった。

アメリカ合衆国が一八九八年、植民地再編戦争ともいうべき戦闘を東太平洋とカリブ海でスペイン軍と交える。米西戦争である。往時の栄光をはるか彼方の歴史のなかに置き忘れていたスペインには、覇気に富む新興工業国を武力で抑える力はもはやなかった。一八九〇年代前半には工業生産力で世界一となっていた米国である。スペインに勝算はまったくなかったといってよいだろう。

キューバの権益をスペインから強奪した米国は、それ以来、今日までグアンタナモを占拠しつづけ、軍事基地を設けている。「9・11」事件後の戦争で捕虜としたアフガニスタン人をはじめ中東の若者が多数拘束され、拷問と呼ぶべき取り調べの日々を強制されている基地だ。

グアンタナモはキューバの第二の国歌ともいわれる「グァヒーラ・グァンタナメラ」の発祥の地でもあるが、この地はよほど侵略軍を引き入れる地形なのだろう。

ラス・カサスは、ディエゴ・ベラスケス指揮官と「友情をかわして」いたとみずから記している。[4]そのベラスケスからの要請を受け、初期の征服行が成功した後に従軍司祭としてキューバ入りしたことになっている。むろん、それがキューバの戦いの終わりではなく、グアンタナモからハバナまで征服軍は戦いつづけてゆく。

ラス・カサスは、キューバにおけるスペイン人の悪行を象徴させたかったのだろう、『簡潔な報告』のなかで「インディオの言葉」として次のように記した。

天国へなど行きたくもない。私はできることなら地獄へおちたい。キリスト教徒がいるようなところへわざわざ行きたくはないし、あんな血も涙もない奴らの顔など二度と見たくもないのだ。[5]

カトリックの〈天国〉を否定する言葉を、たとえ「インディオの言葉」として引用するかたちをとったにしろ、それを選び記載するというラス・カサスの姿勢そのものに激越な怒りと勇気を感じないわけにはいかない。時代は容赦ない異端審問が跋扈しているのだ。

キューバの山野を血で染めたベラスケス軍のなかには、後年、メキシコ中央高原に君臨したアステカ帝国を滅ぼすエルナン・コルテス、その部下でグアテマラを中心とするマヤ文化圏を荒らしまわる破壊者ペドロ・デ・アルバラードも参加している。血気盛んな功を急《せ》く男たち、彼らはみな若かった。西欧世界ではじめて知られた〈新世界〉における歴史的主人公となる三人が顔をそろえ、キューバで疾風怒濤の日々を送っていたが、精神の浄化はラス・カサスひとりの身にだけ起きた。

軍務についたことのないラス・カサスでも、圧倒的に装備の優れた職業的な戦闘集団が、鉄も知らない先住民たちに戦いを仕掛ければ、それがどういう結果をもたらすかは充分認識していたはずだ。少なくとも、イベリアの地で文明の徒ムスリム集団とのあいだで戦われたレコンキスタ（国土回復戦争）の栄光からはほど遠い、不正な殺戮がくり返されただけだ。

> エスパーニャ人〔スペイン人〕たちは、インディオの群れをどこで見つけてもすぐに襲いかかり、男でも女でも、はては子どもまでも、思う存分刺し殺したり斬り殺したりした。生き残った者たちを縛って、ディエゴ・ベラスケスの前へ連れて行くと、彼の判断に従って、この人はこれだけ、あの人にはあれだけ、というふうに分配がおこなわれた。それも普通の奴隷としてではなく、永久の奴隷、いや奴隷よりももっとひどい状態で仕えなければならなかった。……エスパーニャ人のあいだでは、何匹《ピエサ》ということばで呼ぶのが普通で、「自分のところにはいま何匹《ピエサ》しかいないが、どうしても何匹《ピエサ》は使う必要がある」というふうに、インディオのことをまるで家畜と同様に話すのであった。[6]

そうした遠征に、ラス・カサスが与《くみ》したことは汚点にちがいない。すでに、モンテシーノス司祭による植民者の不正を弾劾する舌鋒に共感を覚えながらも、内なる良心の声はまだ小さかったのだ。

「キューバ島のインディオたちは、汚い偶像を崇める異端の徒である。かれらの誤謬をただすには正義の追討もやむをえない」と、自分自身をなんとか納得させようとするラス・カサスがいたのかもしれない。

後年、ラス・カサスは「世界のすべての民族は人間である」と説く。

いわく、「国際法と自然法はキリスト教徒にも異教徒にも等しく適用される。宗旨、法律、生活状態、皮膚の色の如何を問わず、いかなる区別もなしに、すべての人に適用されるのだ」[7]という紺碧の地平へ進み出るが、その前史は植民者として現世的な欲に冒され、黄金の重さに魅入られる野心に彩られている。

キューバ先住民に対する征服戦争の過程で、スペイン軍はすでに植民者に帰順していたジャマイカ、エスパニョーラ島の先住民たちを戦列に加えていた。後年、コルテスやアルバラード、インカの征服者フランシスコ・ピサロたちは先住民同士の反目を狡智にかけ、援軍として味方に引き込んだ。兵員数では劣勢をたえず強いられるスペイン軍は、先住民兵士たちを露払いに利用していくのだ。それは作戦としても功を奏しているが、そうした戦略の発芽はキューバにおける征服行にあったと言える。

スペイン征服軍の兵士たちは平定した地で組織的な残虐行為を働いたと、ラス・カサスはくり返し書いている。ラス・カサスはその阿鼻叫喚のなかで悚然《しょうぜん》と佇んでいるしかなかった。やがて訪れる熱帯の闇のなかで震えるうめき声、血の臭い、野獣の遠吠え……、絶望的な沈黙が支配する夜。ラス・カサスは満点の星の下で祈ったであろうか、死せるインディオのために——。

かつて私はクーバ島〔キューバ〕に居たあの当時、島内を歩き回っていたときに、集落の中へ入って行くと、ときどきこんな事に出くわした。家の中から何か叫んでいる声が聞こえるので、何事かと見に入ってたずねると、「ひもじい、ひもじい」と答えるのであった。またエスパーニャ人〔スペイン人〕たちはインディオの男も女も、二本の足で立っていられる者は一人残らず労役に狩り出していたから、赤児をかかえた産婦は食べる物がないうえに仕事がきびしく、そのために乳房が干上がってしまい、赤ん坊は飲む乳がなくどんどん死んでいった。こうしたわけで、およそ三カ月のうちに、七〇〇〇人の子どもが死亡した。この事実を調査した或る信用すべき人物によって、カトリック王に対して以上のような報告が行なわれた。(8)

そして、ラス・カサスは問うたであろう、「モンテシーノス師なら、身を挺して征服軍の鉄刃が乱舞する野に駆け下りてインディオたちの盾となっただろうか」と。「モンテシーノス師は前代未聞の殺戮と破壊を行なう植民者を糾弾された。しかし、その司祭すら、このようなおびただしい殺戮の地獄に遭遇したことはなかっただろう。私はこの目で見てしまった。神は、私にかくも過酷な使命を下された。この事実を告げる声は私しかいないのだ」と。

征服の殺戮は、耐え切れない重力をもってラス・カサス青年司祭の正義の心を揺さぶる。そして、キューバの熱帯雨林のなかで、血に飢えた征服軍の咆哮を耳朶《じだ》で受けとめながら、「回心」のときを熟成させるのだ。義憤から燃えあがる炎の熱さに耐えかねての怒り。けっして理論的な裏付けのある行為ではなかった。が、いまはそれだけで充分だ、ラス・カサス青年はともかく泥流を渡って小船を下流へ流した。後戻りはもうできない。

司祭〔ラス・カサス〕は法と権利に関して読んだことを、実際に目の前で見る事実と行為に当てはめることによって、日ごとにますます確信を強めてゆき、このインディアスでインディオに対して加えられる行為は何もかにもがすべて不正義であり暴虐であるという結論を、真実そのものによって固く信ずるようになり、みずからの心に宣告したのであった。……あまりにも深い無知の闇に閉ざされていたひとびとを迷妄から目覚めさせるために、〔自分の所有する〕インディオたちを解放し、自分の義務として感じていることを説教する決意を固めた。……司祭は参集したエスパーニャ人〔スペイン人〕たちにむかって、彼らがあれら無辜《むこ》の民、温順そのもののようなひとびとに対して、いかに正義にもとる暴虐と残酷の行為を加えているか、彼らの盲目ぶりをはっきりと指摘しはじめた。……ひとびとは自分たちにむかって言われたそのようなことばに、驚きあきれ、恐怖をすら感じた。インディオを所有して使役すれば必ず罪を犯すことになる、というような、あまりに耳新しいことばを聞いて、或る者は胸にこたえる気がしたし、或る者は夢でも見ているような感じであった。すなわち司祭のことばはあたかも、役《えき》畜《ちく》を使用することはまかりならぬ、と言うのにひとしく、とても信ずることなどできなかったのである。(9)

私憤はやがて、五〇〇年のあいだインディアスの地に生きつづける公憤となってゆく。

(1) ラス・カサス『インディアス史』第三巻第三二章、長南実訳（「大航海時代叢書」第Ⅱ期二四、岩波書店、一九九〇年）。
(2) ラス・カサス『インディアス史』第三巻第七九章、長南訳（「大航海時代叢書」第Ⅱ期二五、岩波書店、一九九二年）。
(3) ラス・カサス『インディアス史』第三巻第三二章、長南訳（「大航海時代叢書」第Ⅱ期二四）。
(4) ラス・カサス『インディアス史』第三巻第二六章、長南訳（同前書）。

(5) ラス・カサス「キューバ島について」『インディアス破壊を弾劾する簡略なる陳述』石原保徳訳(現代企画室、一九八七年)。
(6) ラス・カサス『インディアス史』第三巻第二五章、長南訳(「大航海時代叢書」第Ⅱ期二四)。
(7) ラス・カサス『インディアス史』第一巻第四六章(ルイス・ハンケ『アリストテレスとアメリカ・インディアン』佐々木昭夫訳、岩波新書、一九七四年、所収)。
(8) ラス・カサス『インディアス史』第三巻第七八章、長南訳(「大航海時代叢書」第Ⅱ期二五)。
(9) ラス・カサス『インディアス史』第三巻第七九章、長南訳(同前書)。

チェ・ゲバラとラス・カサス——キューバに不在の先住民〈英雄〉

——ハバナ◉キューバ

カストロらの革命軍の勝利に伴い、一九五九年一月一日にキューバから逃げ去り、アメリカ合衆国へ亡命したバティスタ元大統領は、一時期、内外に議会制民主主義のポーズを示すためか、共産党を合法化していたことがある。一九三〇年代後半から四〇年代の前半期という短期間だが、そんな時代が確かにあった。けれど本性は隠せない。ふたたび独裁の本性をあらわにする。その直前か、一九四二年に〈先住民の擁護者〉と銘記したバルトロメ・デ・ラス・カサス司教の事績を記念する切手を発行している。

地に倒れる裸体の先住民をいま、まさに襲いかからんとしているスペイン人兵士の前に、両手を掲げ、身を挺してかばうという活人画的構図の絵柄。メキシコの壁画家ディエゴ・リベラの最大の仕事、メキシコ・シティ中心部にある国家宮殿内の回廊の壁に描かれた「メキシコの歴史」にあるラス・カサス像に似た構図を、その切手はもっていた。

筆者が知るかぎり、その記念切手はラス・カサスを顕彰する最も古いものである。すべてを知るわけではないが、ラス・カサスの足跡がしるされたラテンアメリカ諸国では、キューバの記念切手とおなじように顕彰切手が幾種類か発行されている。しかし、それらの切手で図案化されたラス・カサス司教は総じて〝偉人〟像であり、歴史的役割を終えた人として額縁に収まっている感じだが、キューバのそれは闘う司教を描いてきわだっている。

ところが、カストロ政権になってからは、クリストバル・コロンを描いた記念切手を発行しても、ラス・カサスの出番はまだない。なぜ、キューバ政府がコロンの記念切手を発行するのかといえば、世界的な〈発見〉五〇〇周年の慶祝に便乗して、外貨を稼ぐという明快な理由があったからである。コロンと同時代の人ラス・カサスは慶祝事業にふさわしくない。しかし、ここは「過去のしがらみを徹底的に断ち切ろうとした、カリブ海地方では最初の国家[1]」であるはずの「革命」キューバなのだ。ラス・カサスが先住民奴隷を解放し、「回心」をなしえた地で、カストロ革命政権が司教を無視する歴史性はいまひとつ納得いかないものだ。

ラス・カサスはハバナ地方の征服にも従軍した。この地に先住していた民族はタイノ族といわれるが、死をまぬがれた彼らはエスパニョーラ島に移送されたのだろうか。キューバ島の先住の民は絶滅した。その文化的遺産だけが伝えられている。しかし、現在のハバナではタイノ族の文化遺産に触れる機会はきわめてかぎられている。観光事業の控え目な役割すら担っていない。主役はあくまで「革命」である。国家的象徴物は「革命」に合致するものだけが優先される。ここでは、今世紀まで生き延びたタイノ族の造形芸術は助演の役も振り分けられていない。

メキシコでは、メキシコ革命の英雄パンチョ・ビジャやエミリアーノ・サパタとならんで、スペイン征服者に敗れた悲劇のアステカ皇帝モクテスマやクァウテモックも国家的英雄としての座にある。そういう歴史観は革命キューバにはない。

メキシコにかぎらず、コルテスの部下アルバラードに征服された中米グアテマラではキチェ族の英雄テクン・ウマンは国家的英雄であり、ホンジュラスではレンピーラ、ニカラグアにはデリアンヘンがいる。そして、そうした先住民英雄は紙幣やコインに刻み込まれてきた。そういう国家的意

キューバのバティスタ政権が1942年に発行した
ラス・カサスの記念切手

ディエゴ・リベラ作「メキシコの歴史」のなかに描かれたラス・カサス

匠に反映させるような配慮がキューバでは見事に欠落している。チェ・ゲバラに傾きすぎている、と思う。

ラス・カサスが従軍した征服軍に果敢にゲリラ戦を挑んだカシケ（酋長）をアトゥエイというが、キューバ革命史で叙述されることはない。キューバは愛国熱情の詩人ホセ・マルティの活動を記して、革命史序章の栄光を担わせ、闘いの英雄をつづってゆくのだ。

私はすえた腐臭を鼻腔に吸い込むのを避けながら、ハバナの路地を歩きまわった。そして、近い将来、キューバの「革命」はなし崩しに融解してゆくのではないか、と思った。

革命後、フィデル・カストロの手にすべての権力が掌握されてからの半世紀は、共産主義という名の支配統治方式を選択したカウディージョ（統領）政治にすぎなかったのではないか、という気がしてくるのだった。

米国フロリダ半島の南端からサンゴの死骸が堆積して形成されたキー、スペイン語ではカジョ（Cayo）といわれる無数の小島が数珠つなぎになってキューバ島のすぐそばまで迫る。そんな至近距離に反カストロ派の亡命キューバ人が群れとなって住んでいる。彼らの後ろ盾となる米国の軍事力、経済力、そして文化の圧力を排してカストロ政権が生き抜いてゆくためには、冷戦の一方の生みの親、ソ連邦クレムリン政府の力を利用するのが最も実効的な手段にちがいなかった。しかし、それはカストロ議長にとって、けっして本意ではなかった。当時の国際情勢が強いた選択であったと思う。その選択にチェ・ゲバラは与《くみ》しえなかった。

エルネスト・チェ・ゲバラが工業相という要職を投げ出し、南米ボリビア行きを決意した理由は、思想的な根本倫理の潔白性、権力闘争の挫折、あるいは死に場所を求めての行動……、それぞれの立場からさまざまな〈証言〉が出ている。最も信じるに足りる理由は、カストロ議長がなし崩し的にソ連邦ブロックに参加して、革命キューバの「独立」を捨てたことだろう。そうした選択をしなければならなかった冷戦下の国際情勢はゲバラも充分理解し、納得していたはずだが、それはシエラ・マエストラの山中で、来るべきキューバ像として構築された予想図とは異質のものであり、ありうべき姿ではなかった。カストロ議長への不満・疑義、そしてとまどい、怒りは隠しきれない。あるいは小国キューバが生き延びるための苦渋の選択をしたカストロ議長への同情、または憐情もあったことだろう。

カストロ政権は、独立まもない新興国アルジェリアの国際会議場で声高くソ連邦を批判した政府高官ゲバラに、要職を継続させるわけにはいかなった。しかし、革命元勲《げんくん》としての同志ゲバラを切るわけにはいかない。そんなカストロ議長の心中を察すれば、ゲバラにはみずから退くしか選択肢は残されていない。キューバ国籍を返還し、要職を捨て、ふたたび困難なゲリラ戦に立つことを選んだゲバラだったが、それはカストロに対する激越な批評行為でもあったはずだ。それを一個人のヒロイズムとして伝説化することによって、カストロ体制内の内なる紛争はしめやかに封じ込められたのだ、という解釈も成り立つ。ゲバラ自身、自分が戦いで死ねば、革命キューバの下で伝説として〝生きる〟ことは想定していたのかもしれない。

ここで、数百年の時空を一気にワープさせて、ラス・カサスをゲバラと対比するのは軽率のそしりを受けるかもしれないが、最期まで自己の信念に忠実でありたいと、生命をいつでも投げ出す敢然たる決意を秘めていたという意味では同時代人である。

最高執権者カストロ議長に次ぐナンバー2という立場に充足していれば、ゲバラの生活はすこぶる安定したものであっただろうし、仮に政治の世界から足を洗っても文筆で大きな仕事を成し遂げた才能であったと思う。しかし、そういう生き方は彼にはできなかった。ラス・カサスもまた、現世の欲に無関心となり、鈍感であることを引き受けた人だ。

大洋の航海が命がけであった時代に、ラス・カサスは大西洋を幾度も行きつ戻りつして先住民の"人権"のために闘いつづけた。巨大な権力を前にして、政治的巧智、ペンでへりくだる術策も厭わなかったし、世間というものを知り尽くしていた俗人でもある。そんなラス・カサスは、カトリック教界のヒエラルキーを個人の私益に用いようとはむろん思わなかった。否、高位聖職者の地位を得ることによって、先住民の境遇を改善するための方策を実現できる道に立つことを考えたかもしれない。しかし、そのためには教会の位階制度の階段を馳せのぼるために費やされる労力、あるいは教会政治の汚れをみずから浴びるということも知っていたはずだ。そうした時間も余力もない、とラス・カサスは判断したと思う。現に生き、苦しむ先住民大衆の呻《うめ》きに後押しされるラス・カサスの活動は、教会政治の権謀術数から自由である必要があっただろう。

もし、チェ・ゲバラにラス・カサスについて触れた文章があれば、ここでぜひ引用しておきたいものだが、それは発見できないでいる。しかし、ラス・カサスとの出会いはあったはずだ。

メキシコでカストロ兄弟と出会う前、ゲバラは中米グアテマラで活動していた。当時、若く戦闘的なハコボ・アルベンス大統領が反米的な社会主義政策を実践していたが、脆弱な政権であった。だから、アルベンス政権を支援するため中南米各地から多くのボランティアが馳せ参じていた。それは後年、ニカラグアでサンディニスタ革命政権が樹立された際、多くの国際ボランティアが活動した光景に似ている。

ゲバラは、グアテマラで医療ボランティアとして活動していた。彼の鋭敏なアンテナは、国民の過半数をマヤ系先住民が占める小国の各地に、ラス・カサスの足跡が無数に残っていることを知っただろう。ラス・カサスの名を冠した村もある。若きゲバラにとって、グアテマラを理解することは、国民の大半を占めるマヤ系先住民が植民化以来、最下層の被抑圧階級に追いやられている現実を知ることであった。清廉さを身上とした青年大統領ハコボ・アルベンスの革命は、先住民の解放、具体的には土地なき先住民貧農に耕作地を与えることだった。それは、ラス・カサスがグアテマラで戦いつづけた事業を引き継ぐことであったはずだ。

ゲバラは、グアテマラ先住民と接しながら、この国の歴史で大きな紙幅を占めるラス・カサスの活動を知ったはずである。グアテマラ総督府時代の首府アンティグアにあるドミニコ会の修道院ラ・メルセー教会に居住しながら、ラス・カサスはその健脚で山村を伝え歩いた。ゲバラは、そんなラス・カサスの視線を借りながら、グアテマラ革命の困難を予見していたように思う。

アルベンス政権は、やがて米国CIA（中央情報部）の支援を受けた反革命軍に潰される。数機の米軍戦闘機の加勢を受けながら反革命軍は隣国ホンジュラスから侵入し、抵抗らしい抵抗を受けることなく首都に入った。アルベンスは国外追放され、生きてふたたび祖国の地を踏むことはなかった。そして、ゲバラは北に向かい、国境を越えメキシコへ逃げた。

カリブ式の大らかな社会主義、たとえば性に対して開放的なキューバであることは革命前から変わらない。女性の地位が向上したということで、それはより顕著になったと言えるかもしれない。けれど、政敵を容赦なく弾圧し、大量の政治犯を拘束し、劣悪な環境の刑務所に閉じ込め、懲罰することも辞さなかった、ということではスターリン的強圧性を踏襲した。いや、そこでわざわざ遠くスラブの独裁者を登場させる必要もないだろう。キューバにはそれまで悪辣な小独裁者たちは存在したのだから。むしろ、革命キューバの政治的弾圧は、ラテンアメリカ諸国に跋扈した独裁者たちが採ってきた統治手法の一変形としてみるべきだろう。

独裁者としてカストロ議長を見直すとき、クリストバル・コロンを断罪しない姿勢といったことはひとつの参考資料になるのかもしれない。カストロのコロン評価は寛容である。たとえばラテンアメリカの先住民人権組織や、カトリック教界でも最左派の「解放の神学」を選び取った司祭たちとは、まったく異なる見解を発している。それも一九九二年に……。

その年、北はアラスカのイヌイット族から南はチリのマプチェ族までが、スペインおよび西欧史観に対し、コロンについての歴史的認識を改めよ、と物言いを出している時期であった。カストロ議長は、「クリストバル・コロンを批判するにはあたらない。あの時代、コロンでなくとも早晩、〈新世界〉は西欧の航海者によって見いだされ、おなじようなことが起こったはずだ」という主旨の談話を発表した。

たしかに、そうにはちがいないのだ。しかし、南北アメリカ大陸の先住民諸団体は、コロンを名指しすることによって、彼が運んできた旧世界の〈文明〉の毒を批判しているのだった。一つひとつ取り上げていったらきりのない事柄を、コロンという歴史的人物に仮託して批判しているのだった。そうした先住民の心を、カストロ議長が汲み取ったとは思えない。

ボリビアで一ゲリラ兵士として死んだチェ・ゲバラがまずめざしたのは、アンデス高地の先住民の解放であった。いや、その前にゲバラは、カリブ諸島で絶滅に瀕した先住民に代わって「輸入」された西アフリカ人たちの故地での内戦に主体的に関わっているが、それは東西両陣営の〝代理戦〟であったし、ゲバラはそれを知っていた。おそらくゲバラは、アフリカの戦いに自分自身が関わったことに嫌悪している。再度の闘争の地に選んだのは貧しい先住民たちの国ボリビアであった。そして、その活動地域は先住民アイマラ族の共同体が散在する山地であったが、先住民出身の下級兵士を主力とするボリビア政府軍に敗れたのである。

そのボリビアの地に二〇〇六年一月、独立以来はじめてエボ・モラエスというアイマラ族の大統

領が就任した。ボリビアにはじめてチェ・ゲバラを讃える大統領が誕生し、キューバや、ウーゴ・チャベス大統領が推し進める「ボリーバル革命」下のベネズエラと連帯し、ラテンアメリカの急進的な反グローバリゼーションの枢軸を担うことになった。

クリストバル・コロンの事業が〝偉大〟だというなら、それは商業圏を地球大に拡大した先達者としてとらえるべきだ。コロンが、カトリックの布教といった修飾語で行間を埋めてイサベル女王に献策した「インディアス計画」とは、なにより交易による利益を最大の目的としたものだ。アメリカ大陸はその「計画」によって、最も手ひどいグローバリゼーションの先駆的な被害地として象徴されるのだ。

ラス・カサスは先住民擁護の活動と同時に、母国スペインが〈新世界〉で行なう経済活動そのものに疑問を突きつけた。征服初期、エスパニョーラ島では早くもイサベル女王が認可した経済政策に大いなる矛盾が生じていた。先住民をキリスト教化し、文明化することを植民者に義務づける代わりに、先住民を労働力として使うことを認めた「エンコミエンダ」といわれる制度だが、ラス・カサスは、これは先住民を恒久的に奴隷化するものであると、キューバでの「回心」説教で批判した。これを批判し改善を求める活動とは、植民地における経済政策の変更をも意味したのである。

ラス・カサスは活動の初期から、先住民擁護とともに、同胞の植民者たちが生き残れる経済活動をも創案しなければならないという現実主義的な視点をもっていた。ゆえにラス・カサスに課せられた仕事は、聖職者の領域にとどまることは最初からできない相談であった。

(1) エリック・ウィリアムズ『コロンブスからカストロまで II』川北稔訳（岩波書店、一九七八年）。

黄昏のハバナ

——ハバナ◉キューバ

「キューバの歴史はたえず東からやってくる」という言い伝えがある。

キューバにおける最初の世界史的出来事が、東方のはるか彼方の海の先から、ヘスス・クリスト（イエス・キリスト）の威光とカスティーリャ女王イサベルの威勢をかざして到着したクリストバル・コロンの三帆船であった。つづいて、東の隣のエスパニョーラ島ドミニカの地を出た三〇〇人の男たち、たぶん、健康状態はあまりよいとはいえず、こけた頬に髭《ひげ》をたくわえた餓えた兵士たちばかりで構成される征服軍によって、キューバ東部は侵略と抵抗の地となった。

時代はくだり、スペインの威勢がカリブ諸島全域におよばなくなると、エスパニョーラ島の西側三分の一は一六九七年にフランスに割譲され、サン＝ドマングと命名される。そして一八世紀後半、フランス植民地サン＝ドマングは闘争の地となる。フランス人経営のサトウキビ農園で酷使されていた奴隷たちは、一七八九年にはじまるフランス革命、そのテーゼとなった「人権宣言」を読み取った。奴隷たちのはげしい自由への渇望は一七九一年以来、武装蜂起となってフランス植民地軍との内戦に発展し、その過程でフランス人経営の農園は焼かれ破壊された。一七九四年、フランス本国の議会は植民地の奴隷制の廃止を決議するにいたる。そしてついに一八〇四年、史上初の黒人共和国「ハイチ共和国」が誕生し、翌年制定された憲法では奴隷制の廃止が謳《うた》われた。

その混乱から逃避するため、フランス人の多くは一家をあげてウィンドワード海峡を渡ってキューバ東部に落ちのびる。キューバ東部の第一の都市サンティアゴ・デ・クーバは、そうしたフランス人たちの趣味や嗜好が反映されて形成されていった。トリニダーに近いシエンフェゴス市の中心街の華麗と洗練も、フランス人たちの趣味を反映したものだった。

フランス革命における「人権宣言」(一七八九年)に先立つこと二七五年前、植民地キューバの小さな教会において、かぎられた会衆の前ではあったが、ラス・カサスは個人の熱情から発した〈人権宣言〉を行なった。一五一四年八月一五日の説教=第一回目の「回心」である。それは、リンカーンの「奴隷解放宣言」(一八六二年)が発せられるより三四八年も前のことだった。

そのリンカーンの「奴隷解放宣言」が米国南部諸州におよぼした影響を、スカーレット・オハラという魅力的な女性の視点を借りて描いたのが、マーガレット・ミッチェルの大河小説『風と共に去りぬ』であった。スカーレットの勝ち気はアイルランド人の血を受けてほとばしり、その美貌はフランス人の母方を継いだものと作者は設定したのだった。そして、スカーレットの母の出自もたどり、サン=ドマングのフランス農園で生まれ育った人となっている。

カストロたちの革命も、サンティアゴ・デ・クーバに駐屯するバティスタ政府軍のモンカダ兵舎に対する武装蜂起からはじまった。それは失敗し、カストロは多くの同志を失い、自身逮捕された。一九五三年七月二六日のことだ。

それから三年後の一九五六年一一月、メキシコ・ベラクルス地方の浜からセコハンのヨット「グランマ号」が隠密に洋上に出た。カストロ兄弟、チェ・ゲバラたち八二人を乗せて。キューバ上陸はバティスタ政府軍に感知され、有効な反撃もできず多くの同志を失った。しかし、生き延びた者

革命記念日のパレード

たちは東部マエストラ山脈に入り、深い森のなかに反乱の根拠地を築いた。上陸の際、カストロ兄弟やチェ・ゲバラたちの肉体を貫く銃弾が飛ばなかったことが、独裁者バティスタの命運を決めたといえる。

もうひとつ、キューバ文化の根幹ともいえる音楽とダンスは、東部地方から出てハバナに到達し、そこで洗練されて、いま私たちが聴くような、民族や風土を超えた普遍性をもつものに成熟したのだった。日本でも大ヒットした映画『ブエナビスタ・ソシアルクラブ』(ヴィム・ヴェンダース監督、一九九九年)に登場する老音楽家たちの出身は、大半がサンティアゴ・デ・クーバかその周辺である。映画の主題歌ともなったコンパイ・セグンドの「チャンチャン」は、東部地方からハバナまで歌いながら日銭を稼ぎ、旅をつづけた野心に満ちた若い音楽家たちが歩いた町や村の名がそのまま歌い込まれたものだ。キューバの歴史だけでなく、文化もまた東から西へと進んでハバナで完結するのだ。

『ブエナビスタ・ソシアルクラブ』の老音楽家たちは、革命下のキューバにあってはけっして暮らしに恵まれたものではなかった、と説明されていた。彼らの実力にふさわしい活動の場が失われていた、とも主張されていた。革命直後のキューバには、新しい時代の到来を告げる歌が必要とされ、伝統を踏まえつつ、歌詞に「革命」精神の息吹を吹き込める感性をもった若いライターたちが活躍する場となった。そうした「新しい歌(ヌエバ・カンシオン)」はキューバを出て、ラテンアメリカの若いアーティストたちに大きな影響を与えた。キューバの東から来た音楽は、革命下ではアメリカ大陸各地に放射状に拡散し、民衆の口から民衆へと広がっていた。

映画『ブエナビスタ・ソシアルクラブ』が世界的にヒットしてから、観光当局が制作するスポットCMは「チャンチャン」をメインテーマとするようになった。それ以前は「グァンタナメラ」、ちょっと凝ってカルロス・プエブラの「アスタ・シエンプレ」が使われたものだった。プエブラの曲は、チェ・ゲバラを追悼し、その英雄的生涯を最上級の詩的修飾語で謳いあげた歌詞をもち、グアヒーラのリズムで歌われた。みな、東から来た歌であった。

ソ連邦の崩壊で経済的に疲弊したキューバ政府は、苦肉の策としてドル解禁に踏み切った。民衆のタンスなどにひそかに隠されているヨレヨレの一ドル紙幣までかき集めなければならないほど追いつめられていた。と同時に、ドル解禁によって外資を呼び込み、まず観光産業を整備し、外国人観光客を誘致して外貨をしこたま落としてもらうという経済政策の実施も意味した。アマチュア娼婦もせっせと〝国策〟に貢献した。『ブエナビスタ』は最上のコマーシャル・フィルムとなったはずだから、キューバ政府はヴェンダース監督か、音楽を担当したライ・クーダーに勲章のひとつやふたつ与えてもよいだろう。

もともと観光資源の潤沢なキューバだ。受け入れ態勢が整えば、観光客が増加するのは明らかだった。案の定、政府の思惑は功を奏し、観光推進によって外貨収入は増え、雇用も促進された。煤《すす》けたハバナ旧市街はあちこちで普請がつづき、ホテルは改装され、次々とドル・ショップがオープンした。しかし、その光景はいびつなものであった。

ハバナ旧市街が切れるあたりに地上四階建ての凝った内装のショッピング・モールがある。ドル解禁となってからできた国営の大型店舗だが、ここに入店しようと思ったら、数枚のドル紙幣を用意しないといけない。それ以外の者は追い返される。そこには最新のオーディオ機器、液晶テレビ、パソコンにテレビゲーム、ディズニー・グッズ、フランスの高級香水と、キューバ民衆にとってはちょっと前まで奢侈《しゃし》品であったものがずらっと並んでいる。ドルを持たない市民は炎天下に並んでやっとありつくハバナ名物コッペリアのアイスクリームも、そこでは待たずにいつでも買える。

経済政策の転換は、キューバに大きな所得格差をもたらした。それは急成長著しい中国のように巨大な数字となって示されることはないが、人口一一三〇万足らずの小国キューバにとっては由々しき問題だ。革命の理念が毀損される。中国革命はとっくに大毀損されている。キューバ、とくにハバナでは、不平等はすぐ目の前にある現実となった。妬み、怒りの感情がいつ爆発するかもしれないという社会不安の種になりうる事態であると思う。

小学校教員の月給を、たとえば外国人観光客専用ホテルのドアマンは一日のチップで稼ぎ出してしまう、というようなことが起きた。ドルにアクセスしやすい者と、そうできない者との収入の格差は「極端」という言葉で書いてよいと思うが、それぐらい広がった。それは、沿海地方の都市部に住む豊かな市民と、内陸に住む貧農とのあいだに天文学的な経済格差が生じている中国の状況ほどひどくはないが、島国キューバの規模においてはたいへんな格差であることはまちがいない。そうした不公正が常態になれば、社会は不安定になる。しかし、社会不安の気配はあっても決定的な事態までにはいたっていない。不穏分子が事前に摘み取られる公安システムが有効に機能しているし、絶対的な飢餓を生じさせない分配システムがまだ機能しているからだ。貧しく不足がちであるとはいえ、ともかく配給制度は堅持され、医療制度も整っているし、公教育も充実し識字率は高い。統計は「独裁」政権にあっては操作されることは常態である、という疑念はいつでも持たなければいけないが、基本的に外国人の旅の自由が保証されたキューバでは、しようと思えば、いくらでも飛び込み取材ができる。市民の家に上がり込んで知る生活、不足と満足の比率、あるいは他のラテンアメリカ諸国の市民より基礎教養が高く、キューバをめぐる国際環境の認識力などによって、政府が掲示する数字を信頼させることになる。

社会的インフラが曲がりなりにも整ったキューバの「貧しさの平等」は、他のラテン諸国にはびこる絶対的な貧困状態「貧しさの不平等」と比較するとき、賞賛されてよいはずだ。

しかし、それでも、キューバに絶望する者が多いことは否定できない。それが人間社会だ。完璧な社会など絶対につくりようはないのだし、ユートピアは全知全能の彼岸《ひがん》にしか存在しない。

カストロ体制に見切りをつけた市民のなかから、生命を賭けて亡命を試みる者が出てくる。島国の国境は海上にある。徒歩で国境を越えられない貧しい亡命者の困難は、米墨国境地帯の闘争より熾烈なものだと思う。

キューバの浜から羅針盤を持たずに漕ぎ出す者たちの絶望は、筆者の想像を超える。小さな漁船はまだよいほうで、高波が来たら海底に呑み込まれてしまいそうな筏《いかだ》で繰り出す者たちも多い。みな、米国フロリダ半島の浜、米国領の小島をめざして漕ぎ出す。それは母国に対する激越な批評行為である。命を賭けてサメだらけのカリブへ漕ぎ出す人々の絶望はあまりにも深いと言わなければならない。カストロ体制は、そうした〈絶望〉の質量を切り捨てること、あえて無感覚になることによって成立しているものであるかもしれない。


崩壊寸前のソ連邦を二度、首都モスクワから南の地方都市へと歩いたことがある。北はレニングラード（現サンクト・ペテルブルク）から南はコーカサス（カフカス）のグルジア、アルメニアの小都市まで。都市には大なり小なりドル・ショップがあったが、その店の佇まいは例外なく控えめなものであった。外貨を持つ市民なんてかぎられていたし、外国人観光客もたいていガイドつきで訪れるところだから、目立つ必要はなかった。分をわきまえて市街地に沈んでいるという印象だった。

ところがハバナでは、ラテン的な開放性といえば聞こえはよいが、旧市街のくすんだ一角、およそ「観光」には縁のない場所にもドル・ショップがある。まさに市民から根こそぎドルをかき集めようという当局の強い意思がうかがえるものだった。

そんなドル・ショップの窓ガラスに両手をついて物欲しげに覗き込む子どもたちの姿は、少なくとも「革命」キューバでは見たくないものだ。

ペレストロイカ下のソ連邦の町にはどこでも〝不良〟少年がたむろし、外国人観光客からドルをせびっていたり、キャビアやイコン（聖像画）を売ってドルを稼ごうとしていた連中がいた。しかし、ドル・ショップのウィンドウに額をすりつける貧しい子どもの姿だけはなかった。

ハバナ市街、アイスクリームのコッペリア本店のある公園前にはいつも古本を並べた露店が出ている。表紙がずれ、退色したものがほとんどだが、発行部数の少ない本ばかりで、それなりに貴重なものだ。スペイン語を理解できると思ったのだろう、ひとりの青年が声をかけてきた。

「俺は病気なんだ。薬を買う金をぜひ融通してほしい」と、折れ筋のたくさんついた紙を広げて見せた。「治療証明書」のようなものだろうが、速筆のペン字を完全に読み取るのは難儀だから、無視した。

露店で、ラサ・カサスについて触れた本、スペイン人たちが入植する前の先住民社会や文化について書いた本はないかと探していた。ラス・カサスに関する本はなかったが、モノクロ版で先住民の石器や土器を紹介した本があって、それを買った。

「これを読んでくれ」と言う青年の瞳は虚ろだった。

「俺には医学用語を理解するほどの力は、残念ながらないよ」

夕陽が投げ出す長い影のような男だった。

私は新たな本を手にとった。表紙のずれたキューバ音楽史に関する本だ。

「いまではけっして手に入らないよ、その本」と露店主が言った。

「そんな本を読むことができるなら、これも読めるだろう」と影の薄い青年。

「辞書を片手にやっと読める程度だよ」

タイノ族の出土品を解説した本と合わせて五ドルで買った。

生活のために蔵書を切り売りしているのだ、と露店主の男は言っていた。

私は歩きだす。青年が追いすがってくる。青年は、左足を引きずるように歩いていることに気づいた。

「仕事がないから金がないんだ」

「この国では医療はタダだろう」

「そんなことはない」と青年は目尻を上げた。そして、振り切るように歩く私の腕に触れながら、

「政府は嘘つきだ」と言った。なにか殺気立った気配を感じた。それに気《け》おされたわけではなかったが、やっかい払いをしたくなって、ポケットに手を入れた。右のポケットに米セント硬貨、左にキューバ硬貨を入れ、使い分けていた。そんなバラ銭をかき集め、青年の手に押しつけた。セント硬貨とキューバ硬貨が混じり合って鈍い音を立てた。合わせれば数ドルになるはずだ。青年は、

「グラシアス（ありがとう）」と一言つぶやいて角を折れた。

少し先で、少年たちが舗道の礎石を棒で叩きながらプエルト・リコのポップスグループのヒット曲を見事なアカペラで歌っていた。コインを少し残しておくんだった、と思った。

砂糖で栄えた町で
――シエンフェゴス◉キューバ

五度目のキューバ入りに際し、当初よりハバナで車を借りて日程が許すかぎり田舎をまわろうと決めていた。しかし、キューバのレンタカーは割高。米国から経済制裁を受けているため、値段はメキシコの倍か三倍。すべて輸入車であるのは当然だが、目と鼻の先のフロリダ半島から中古車が入ってくることはない。冷戦が終わったいまも、執拗な経済制裁をつづける米国の対キューバ政策は、フロリダの反カストロ一派のロビー活動が功を奏しているからだ。しかし、ラテンアメリカ諸国との善隣友好を本気に考えるならマイナス要因である。もっとも、経済制裁が解かれることによる経済的な混乱をキューバは覚悟しなければならない。そしてカリブ商圏は、カリブ最大のキューバ島を中心にして劇的な変化が起こるだろう。

猟銃で自殺したヘミングウェイの終《つい》の棲家のあるキーウェストには、ハバナに最も近い米国の小港がある。そこはたちまち二国間貿易の拠点となって、車にかぎらず日常雑貨など米国で売れ残ったもろもろがどっとキューバ国内を洗うことだろう。キーウェストはマイアミより、直線距離でハバナの方が近いのだ。そして、フロリダ半島にキューバ人が入り込み、マイアミとタンパ両市を中心にスペイン語族はますます分布図を拡げるだろう。まあ、そんな日が来るまで待ってはいられないから、ハバナで割高レンタカーを借りた。

頻繁にタクシーを利用するより、やはりレンタカーのほうが割安になる。だいたいこの国のタクシーは基本的に豊かな外国人観光客が利用するもの、と念頭に料金設定してあるから高い。キューバ市民の利用は微々たるもので、客一人でふんぞり返っている図というのは見たことがない。

ハバナ市内の仕事はふたつあった。本筋ではないので詳細は省くが、簡単に記しておくと、映画『ブエナビスタ・ソシアルクラブ』に登場した老音楽家たちの古い音源を保有する国営音楽公社EGREMに足を運び、輸入できるCDのリストと卸価格を提示させること。東京の某音楽雑誌社から頼まれた用事だ。もう一件は、キューバ・フラメンコ界の実情を知るためにハバナ旧市街の一角に建つガルシア・ロルカ劇場内で取材を行なうことだった。アポなしで突然、訪ねた。「貴国の電話事情を批判するわけではないのですが、メキシコからうまくつながらなかったので、こうして無礼とは知りつつ、突然訪ねました」と前置きして、担当者に取り次いでもらった。

このあたりはラテンである。中米でも幾度かやってきたことで、担当者が不在であれば、出直せばよいだけの話だ。事前に電話でアポをとって見事にすっぽかされた体験を重ねると、突然訪ねてもおなじことだ、と思うようになる。

車は借りたが、さて道路地図がない。メキシコで買ったガイドブックに掲載された小さな地図があるだけ。それきりで不安なく運転できる国は、ラテンアメリカではキューバぐらいなものだろう。ハバナから東に延びる道路を探せばよい、とハンドルを握る。行きあたりばったりだ。

途中、シエンフェゴス市郊外の団地に住むという女子大生を拾った。助手席に乗せ、それとなく当世女子大生気質などを聞きだす。キューバで車を持つことの利点は、日本では考えられないがガールハントが容易であるということ。時間がかぎられているから(?)、よこしまな心は捨てないといけないが、若い女の子たちを、その気になればよりどりで拾えるというより、向こうからためらいなく乗り込んでくる。その前には、離婚したての若いバツイチ嬢も乗せ、ヘミングウェイのボートが繋留されていたハバナ郊外の港町にある自宅まで送っていき、食事をご馳走になった。で、その日は、マドリッドで購入したスペイン語版ガイドブックのなかに、キューバ中南部の中心都市シエンフェゴス市を説明するページに一行、「一五一四年、バルトロメ・デ・ラス・カサスが創建」とあったので、車を飛ばしたのだ。

もっとも、「創建」とはあっても、足を運ぶに値する史跡が残されているわけではない。「創建」当時の面影はかぎりなく淡いはずだ、というのは確信であって、それを訪ねようとは思っていなかった。なぜ、史跡などないと事前に確信したか？　シエンフェゴスから東へ七〇キロ、カリブ海を眺望するなだらかな丘の起伏を這うように市街地が広がる古都トリニダーがある。一八世紀中葉のコロニア様式の建造物が町の中心にそのまま残っているのだ。その歴史的風致地区は映画の撮影などに活用される。郊外に残る植民地時代のサトウキビ農園とともにユネスコの世界遺産にも登録されている。シエンフェゴスは、そのトリニダーよりも二〇〇年以上前に創建された町なのだが、ユネスコから無視されている。ということは「史跡」など皆無、存在しないことを意味していた。けれど、私にはそれなりに訪れる理由があった。市街地を横たえる土地、地形、寄せては返す浜……、それらはラス・カサスがはじめて足跡をしるした当時と変わらないはずだった。水平線を眺望しながら太陽を浴びてみたい、と思った。


「私たちが使えるパソコンでは外国へはアクセスできないのよ」

「ふーん。学生は信用されていないということ？」

「信用？　そうかもしれないわね」

「教授たちのパソコンは？」

ハバナ市内にて

「できるようね」
「なるほど」
といった会話をしているうちに、シエンフェゴスの郊外に着いた。
「グラシアス（ありがとう）。ブエン・ビアッヘ（よい旅を）」と私の頬にブチュッと接吻して、彼女は降りた。車内に濃い香水の匂いを残さないのは、キューバ女性の特徴だろう。キューバの女性はまだシックである。

濃い緑に覆われた陸地に囲い込まれるように、カリブの海が小さな湾のなかに引き込まれ、自然の良港をつくっていた。征服時代のスペイン人たちがいかにも好みそうな地形だ。湾がもっと奥に引き込むところ、水ぎわからはじまる町がシエンフェゴスである。

この町に、スペインの詩人ガルシア・ロルカはしばらく滞在した。私とおなじようにハバナから陸路でやってきた。キューバ東部の中心都市サンティアゴ・デ・クーバに向かう途上に寄った町だったが、ロルカはサンティアゴでの講演の約束をすっぽかしてシエンフェゴスに滞留してしまった。恋をしたようだ。

街の中心部には風通しのよい長方形の心地よい広場があった。熱帯樹林の繁茂が制御され、穏やかな花壇で覆われた品の良さを感じさせるホセ・マルティ広場である。ハバナの同名の広場をいつも満たしている喧騒はここにはまったくなかった。広場を囲むようにカテドラル（中央大聖堂）や市庁舎、劇場などが配されているところは、他のラテン都市とおなじだが、この街の現在の姿を創ったのはスペイン人ではなく、フランスのサトウキビ農園主や貿易商たちであった。

ロルカを迎えた頃のシエンフェゴス中心街は富裕層たちが専有していたはずで、今日のように商店街が広場に接しているということはなかっただろう。古雅な佇まいが保たれ、夜の広場を徘徊していた音楽はアフロ系のリズムが勝《まさ》ったものではなく、弦のアンサンブルであったことだろう。

市街地から湾内の水面を左右にかき分けるようにして伸びる公園がある。ホテルやレストラン、野球場もある市民のためのリゾートゾーン。そのほぼ突端に小奇麗なホテルがあったので、思わず一泊してしまった。背の高い熱帯樹林に囲まれたホテルで、隣接して擬ムスリム様式のパラシオ・デ・バジェ（谷間の宮殿）と命名された華麗な公共施設があった。ガイドブックによれば、キューバ革命によって追われた独裁者バティスタの親族が建てたらしく、カジノを中心とした社交場として殷賑《いんしん》をきわめていたらしい。現在は市が管理し、市民の文化サークルが日替わりで利用しているということだ。

シエンフェゴスを徘徊して、キューバの地方都市のかつての豊かさというものを発見したといってよい。たとえ街の中心が富裕層の排他的な趣味で飾られていたにしろ、そういう空間が維持されるためには、「趣味」を知る下働きの人たちがたくさんいたということだ。外国人観光客の誘致にほとんど無関心なシエンフェゴスであるから、海に面したリゾートゾーンももっぱら市民が活用する場である。だから、町にはタクシーは少なく、環境にやさしい馬車がパカパカと広いリゾートゾーンをエコロジカルに駆け抜けていた。そこに真っ赤なレンタカーはまったく悪趣味である。それを運転する私はまったく景観から浮き、市民の好奇の視線を浴びる存在となってしまった。ここで、「チーノ！」とラテン諸国で遭遇する東洋人蔑視の言葉を投げつけられても、私は甘受したであろう。しかし、キューバでは「チーノ」攻撃はほとんどない。これは率直に気持ちのいいことだ。

ホセ・マルティ広場に面した瀟洒《しょうしゃ》なトマス・テレェイ劇場の正面に、手書きで「今晩八時開演」で創作劇の上演が行なわれると告知されていたので、出かけた。夜、町はどんな厚化粧をするのか知りたくもあり、劇場内の装飾も見たかったのである。演劇を聞き取るほど私のスペイン語は成熟していない。芝居は付け足し。植民地時代、この町を豊かにした砂糖によって劇場が創建されたことはまちがいないのであった。それはアフロ系労働者の血と涙の結晶にはちがいない。けれど革命後の歳月で、そうした歴史の傷はすっかり快癒されているように思った。

しかし、劇場内の調度はかなりくたびれていて、ほこりが四隅に沈殿していた。積年の経済的窮迫に、保全は後まわしになっているように思えた。保全に要する資金は、保全に関わる者たちの生活の「保全」にまわされているにちがいない。

翌朝、シエンフエゴス市「創建」の由来を確かめるべく、ホセ・マルティ広場を囲む一角にある市立博物館を訪ねた。

期待するものはなにもなかった。客観的にみて、アメリカ史に貢献する文物もなければ、キューバ史においてもかけがえのない文物はなかったと思う。ローカル史に充足している施設であって、文物や解説パネルに足を止めさせるものはほとんどなかった。中米のマヤ文明圏で暮らした私にとって、博物館といえば、それがいかに小さく貧しげな施設であっても〈発見〉があるものだった。そこにはまぎれもなく古代マヤ期に生きた石器や土器などが置かれていたのだ。たとえほこりを重ねていても、その下から覗く地肌の光沢からは数百年、あるいは千年を超える歳月を生き抜いてきた誇りを宿しているものだった。

しかし、先住民文化の乏しいキューバの地方博物館施設は、総じて「革命」が主人公である。それは意図的なものであって、カストロ革命政府の強い意志である。地域の児童・生徒が「革命」を学び、感得する場であった。たとえば、キューバ革命を転覆すべく一九六一年四月、米国の支援を受けてヒロンの浜に侵攻してきた反革命軍を、内陸に侵入させることなく革命軍は打ち負かした。その戦場で、捕虜となった反革命軍から捕獲し、やがて反故《ほご》となった武器などは各地方の博物館に配られ、「米帝国主義の侵略に備えよ！」という教材になるのだ。トリニダーの歴史博物館の内庭には、一九六二年一〇月のいわゆる「キューバ危機」の際、キューバ軍がミサイルで打ち落とした米空軍偵察機U―2の残骸が展示されていた。おそらく、同機の残骸、破片はキューバ国内各地に格好の生ける教材として配られたのだろう。そう、米帝国主義の野心を英雄的に打ち砕いた革命記念品はあっても、人権の闘士バルトロメ・デ・ラス・カサス司教の事績は語られていないのだった。

玄関口の壁に寄りかかり、広場を行き交う人を手持ちぶさたに漫然と眺めていた初老の女性職員に、

「この町はたしかバルトロメ・デ・ラス・カサス司教が拓いた町でしたよね」

と、単刀直入に切り込んだ。

「ノー、セニョール。ちがいますよ」

彼女は断定的に言った。中米ニカラグアのビオレッタ・チャモロ元大統領に似た育ちのよさ、知的な雰囲気をもった人だった。髪型まで似ていた。

「でも、このガイドブックには……」と関連箇所を指で示すと、たちまち彼女の自信が揺らいだのか、少し離れた場所に立っていた男性職員を手招いた。

活字で定着された情報は、それだけでささやかな権威となる。

半袖《そで》白シャツで素肌を覆いながら一点の汗染みもつくっていない男性職員は、該当箇所の前後も読み取ったうえで、厳かに宣言するように、

「セニョール、この記述はまちがっています」と言った。

そして、私の得心のいかない様子をみてとったか、今度は雄弁に自説を語りはじめた。

「たしかに、ラス・カサスが植民地時代にこの地方を訪れたようですが、町の創建にはなんら関わ

っていません。いま、セニョールが目にしているこの町の基礎は、フランス人植民者がつくったものです。一八世紀の半ば、キューバで最初のサトウキビ栽培が郊外ではじまりました。そして、その砂糖の積み出し港として発達したのが、この町です。ラス・カサスとはなんら関係ありません。ほら、広場にホセ・マルティの像がありますね。その前の敷石に創建者の像が描かれています。確認してみてください」

おそらく、クリストバル・コロンに関わる事跡をもつところであれば、それがささやかなものであれ、足跡という事実の重みは観光客をひきつける。しかし、ラス・カサスでは呼べない。したがって、ラス・カサスに誘引されて時間を割き、少なくない金をつかっていると思われたであろう私は、まったく珍重すべき存在であった。

博物館職員は、「ヘンな東洋人」というあからさまな視線をぶつけてはこなかったが、「珍しい東洋人」ぐらいには思っていたにちがいない。

ラス・カサスと関係ないと知ってからは、男性職員が広場の教会や劇場などを指さしながら述べるシエンフェゴス縁起譚は白々しい。興味はたちまち失せてしまった。それでなくても性能の悪い翻訳回路はすっかり停滞し、私の喉から発せられる音は、「Ｓｉ」という相槌だけであった。

ひととおり話を終えるのを待ってから、私は新たな質問を向けた。

「では、なぜまちがったラス・カサス創建説がこうしたガイドブックに記述されることになったのでしょうか。なにか思いあたることはありませんか？」

「さぁ……。私の推論ですが、シエンフェゴス湾口に植民初期に建造されたハグア砦という遺跡がいまも残っていますが、この本の著者はおそらく、その砦の建設をシエンフェゴス創建前史とみなしているのでしょう。キューバの歴史とは見解がちがいますね」

「しかし、ハグア砦は一八世紀の建造とガイドブックに書いてありますが」

「いや、ラス・カサスはハグアを訪れているはずです。征服時代のごく初期から、ハグアにはスペイン人が入ってきていました」

市立博物館前の道路に駐車していた車は、早くも天頂に上がった太陽の直射光を受けて熱の貯蔵庫となっていた。車内に充満した熱気を追い出すために四つのドアを全開にして、近くの木陰に入って午後の行程を思案した。

車を借りるとき、「エアコン付き」であることを書面で確認したが、試すことを忘れた。怠ったというべきか……。「付き」でも、故障で役立たずだった。しかし、ここはキューバ。ハバナ歴史風致地区の一角で「渋滞のシミュレーション」といった程度の混雑をすり抜ければ、車はいつも快適に走らすことができる。カーマニアには上機嫌な国である。都市をつなぐ幹線道路に出れば飛ばし放題、制限速度なんて存在しない。戦争にそなえてサトウキビ畑の真ん中をつき抜ける直線道路は、一端急あれば滑走路に変化する。ジェット戦闘機が離着陸できるように整備されているのである。中米にもこんな道路があった。一九九〇年代の内戦中に、エル・サルバドル軍政府は、米国の資金援助で首都郊外にそんな道路をつくった。その片端には軍事基地があって、たぶん管制塔の役目を果たすことになったのだろう。

というわけで、車を飛行機の離着陸の速度で飛ばした私である。速度違反で捕まることはまずない。事故を起こせばもちろん自己責任。大破した乗用車の残骸にドキッとはする。けれど、いったんスピードに酩酊すれば、限界まで挑戦したくなるものだ。こんな機会は日本ではない。白状すると、二十代の私はいささかスピード狂であって、中米に来てからはスピード違反がないのをいいことに飛ばしつづけていた。たまに乗せてあげる日本人旅行者が肝を冷やしている様子がみてとれて愉快。地元のグアテマラ人に、「キヨシの運転はインキエット（わんぱく坊主）」と言われるぐらい

サトウキビを運ぶトラクター

フラグア原発の建設現場

であった。

要するに、窓を開けて走れば、エアコンなしで快適なドライブを満喫できる。サトウキビ畑を吹き抜ける風はさわやかだ。その風に誘われて、シエンフェゴス市街地から車で二〇分ほど南に下ったところにあるフラグア原子力発電所の建設現場に出かけた。収穫期には、刈り取ったばかりのサトウキビを満載したトラックがこの道を製糖工場に向かって走るのだろう。収穫期の畑に面した場所では、道路に刈り取ったばかりのサトウキビが散乱していて、車はブスブスと潰しながら走る。

やがて、原発建屋の突端、丸いドームが原野のなかに忽然と現われた。ソ連邦の技術援助で九〇パーセントまで完成したところで、勧進元が斃《たお》れてしまい中断の憂き目に遭った。建屋の手前には従業員の居住地となる鉄筋の公団住宅も並び、いつでも建設再開できるぞ、といった感じで佇んでいるのだが、人の気配はなかった。

資金不足で中断したことは確かだが、この原発がウクライナで事故を起こしたチェルノブイリ原発と同型であることから、フロリダ半島の反カストロ派のキューバ人たちが率先して騒ぎだし、キューバ周辺の島国、中米地峡諸国からの建設反対の声も高まるなかで、カストロ御大も、「カリブ海初の原発」と讃えることができなくなった。この原発建設を当初、「キューバ二〇世紀の仕事」と命名し、国家的事業と位置づけたのであったが……。

しかし、ソ連邦崩壊によって石油の輸入が滞《とどこお》り、もともとあった油田の開発が再開された。油田の場所は確認していないが、このシエンフェゴス地方のどこかにある。

シエンフェゴスとは「一〇〇の火」ないしは「数百の火」という意味だが、この地をはじめて望見したスペイン人が、海上からおびただしい火が見えた地ということで命名したものだそうだ。その火が、先住民がかざす松明の火であったか、露出した原油が自然発火したものか、それはわからないが……。その地名縁起を知るまで、私は勝手にカストロ兄弟やチェ・ゲバラとならぶ革命英雄カミロ・シエンフェゴスを讃えて命名されたのだろうと思っていた。かつてのソ連邦にあったレニングラード、スターリングラードのたぐいかと思った。しかし、そうではなかった。大航海時代に遡る由緒ある名だったのだ。そして、シエンフェゴスの「火」はカリブ圏初の原発の「火」を象徴するものになるはずだったが、その「火」は点火されることなく封印された、いまのところ……。

シエンフェゴスから北上して最初の大きな町がサンタ・クララだ。

エルネスト・チェ・ゲバラに率いられた革命軍がバティスタ政府軍の軍用列車を脱線させ、サンタ・クララを占拠することによって革命戦争の帰趨を制した。その脱線現場はいまはメモリアル・パークとして革命の聖地になっている。チェ・ゲバラの遺骨はサンタ・クララの郊外に眠る。本書の主題ではないから、サンタ・クララについてはこれ以上、書くまでもないだろう。

書くなら、サンタ・クララからハバナに向かう途上にある町マタンサスを語るべきだろう。なぜなら、スペイン征服軍が西進しながら次々と先住民集落を破壊、略奪し、殺戮をつづけた時代に名付けられた地名である。マタンサスとは「虐殺」を意味する。ラテンアメリカにはこうした奇妙な、というか異様とも思える地名があちこちにあるのだが、なかでもマタンサスは象徴的だ。「虐殺」というのだから、それはスペイン征服軍による先住民に対する仮借ない殺戮を意味したと考えるのは正常な感覚であるわけだが、命名の意図は相反する。じつは、先住民たちによる「虐殺」事件を刻んでいるのだ。先住民は海を渡ってきた〈野蛮人〉たちの破壊、殺戮に怒り、捨て身で抵抗した。ラス・カサスは『インディアス史』のなかで、その事件に遭遇したスペイン人女性から直接聞いた話として次のように記している。

〔スペイン人たちの一隊は〕向こう岸へ渡りたいとおもって、インディオたちと一緒に数隻のカノーアに乗り込んだ。ところがその湖の真ん中まで来ると、インディオたちはそれらのカノーアをひっくり返した。エスパーニャ人〔スペイン人〕の中で泳げる者は少なかったので、みんな溺れてしまった。しかもインディオたちはこのとき櫂《かい》をつかって、エスパーニャ人たちがこの世から出て行くのを手伝う有様であった。(1)

スペイン人の犯した残忍さからみれば、大海の滴のような先住民の残忍である。しかし、スペイン人たちは見すごさない。

「この地でわれわれの同胞たちが悪辣なインディオによって無惨に虐殺された」

永遠に忘れるな、と記銘したのだ。こういうのを鉄面皮《てつめんぴ》というのだが、スペイン人たちは、マタンサスに対する反撃、あるいは報復としてさらに征服戦争を正当化していった。そもそもスペイン人たちは、すでにエスパニョーラ島で報復の掟を定めていた。

インディオたちが数人のキリスト教徒を殺害するのは実に希有なことであったが、それは正当な理由と正義にもとづく行為であった。しかし、キリスト教徒たちは、それを口実にして、インディオがひとりのキリスト教徒を殺せば、その仕返しに一〇〇人のインディオを殺すべしという掟を定めた。(2)

地名の読み取りは至難である。地名は記号化するが、歴史的な内実はけっして消えない。余談だが、このマタンサスで一九二〇年代に創設され、以後、代替わりをくり返しながら、一時はキューバ大衆音楽の前衛に立ったグループ「ラ・ソノラ・マタンセーラ」が創設されている。彼らの活躍は、キューバからメキシコに出て、さらにラテンアメリカの美空ひばりともいうべきセリア・クルスがボーカルとして脚光を浴びたこともあって、マタンサスは汎ラテン圏でよく知られる地名となってしまった。

そのセリア・クルスは、革命期にメキシコで活動中だった。そして、そのまま残り、活動拠点を米国に移し、二〇〇三年に亡くなるまで一度も祖国キューバに帰ることなくラテン諸国で歌い歩きながら、米国で逝った。それでも、キューバ政府はセリアを追悼することをためらわなかった。カストロ政府はセリアに嫌われたが、キューバ大衆はセリアを愛することを隠さず、政府もまた歌手としての偉大さを顕彰することにいささかも抵抗しなかった。そうした公平性はいわゆる旧ソ連邦・東欧圏にはみられない柔軟かつ開放的なものである。米国の目と鼻の先に、仮にも社会主義を標榜する国が存続していられるのは、キューバの開放性にもあると思う。ここではいまもキューバ音楽の構成要素である〈愛〉は至上であり、政治に勝るものなのだ。ならば、ラス・カサスの〈人類愛〉をもっと讃えてよいはずなのだが……。

シエンフェゴスからトリニダーに向かう道に先住民の立像がある。下方にカリブ海を眺望できる丘陵であったが、そこにラス・カサス像があっても全然違和感はないはずだ——。

(1) ラス・カサス『インディアス史』第三巻第三一章、長南実訳(「大航海時代叢書」第Ⅱ期二四、岩波書店、一九九〇年)。
(2) ラス・カサス「エスパニョーラ島について」『インディアスの破壊についての簡潔な報告』染田秀藤訳(岩波文庫、一九七六年)。

シエンフェゴスからトリニダーに向かう道路脇に建つ先住民の立像

「平和的植民計画」の挫折

——クマナ◉ベネズエラ

一九九一年、クリストバル・コロンが冒険航海に出た際の旗艦「サンタ・マリア号」が復元され、同年七月にスペイン・カタルニアの首府バルセロナの港から、コロンが一四九二年一〇月一二日に最初に〈発見〉したとされるサン・サルバドル島（英連邦バハマ）へ向けて大西洋横断の旅に出帆した。復元船の勧進元は日本の出版人・角川春樹氏で、氏みずから「隊長」として〝冒険〟航海に乗り込んでの船出であった。(1)

ユニークな出版企画者、低迷する日本映画界に渇を入れるような企画を持ち込んで幾多のヒット作も生んだ名プロデューサー、そしてみずからもペンを執るという春樹氏の行動力は貴重なものだが、復元船「サンタ・マリア号」はいただけなかった。

翌年のバルセロナ・オリンピック、セビージャ万博と、スペインの国家威信をかけた巨大イベントに便乗する、強いていえば時代錯誤の企画が復元船「サンタ・マリア号」による大西洋横断であった。このニュースを私は中米グアテマラの国内紙で知り、カリブ海にたどり着いてからの航路も、いくつかの西語紙を眺めながら追走することができた。

春樹隊長の復元船は、コロンの冒険的〈発見〉航海に敬意を表してサン・サルバドル島からサント・ドミンゴへとカリブ海を巡り、やがて、ラス・カサスの時代には「ティエラ・フィルメ」と呼ばれていた南米大陸北岸部に入った。ティエラ・フィルメ（Tierra Firme）とは「不動の大地」という意味で、大陸部のことを指した。いくつもの河口が海に注ぎ出ていることを発見したスペイン人が、広大な後背地があることを早くから認知していたところだ。当時の地理学的知識は曖昧模糊としているので、どこからどこまでをティエラ・フィルメと称していたのか明確にはわからないが、現在の中米地峡国ホンジュラスとニカラグアの国境あたりから、南米大陸のコロンビア、ベネズエラ、そしてガイアナの一部を含むカリブ沿岸地域を指していたらしい。復元船「サンタ・マリア号」は、そのティエラ・フィルメのほぼ中間地にあるコロンビアのカルタヘナ港に入った。

コロンは第三回航海で、はじめて大陸部に接触する。その航海で現在のベネズエラ沿岸部、オリノコ河口を発見し、沿岸に上陸した歴史的事実があるわけだが、復元船はベネズエラではなくカルタヘナ港に入った。その理由は知らないが、マスコミ効果を考慮すればなるほどと思う。カルタヘナは現在、スペイン植民地時代の遺構がたくさん残る世界遺産都市であり、コロンビアの文化的中心地であるからだ。同国出身のノーベル賞作家ガルシア＝マルケスの業績を讃える国際会議も開催されたし、国際的認知度は低いがラテンアメリカでは有名な国際映画祭の開催地でもある。同国は、コロンビア革命軍（FARC）という反政府武装組織を抱え、米軍が支援する政府軍と拮抗した戦いをつづけている内戦国だが、カルタヘナまでは影響はおよばない。そのカルタヘナを大陸部最初の寄港地に決めた復元船だった。しかし、友好親善と信じて入港したはずだったが、そこで待っていたのは「寄港反対！」「打倒、五〇〇年祭！」の怒りのシュプレヒコールだった。同国の先住民人権組織によって、復元船はコロンの〈発見〉ではじまる侵略史を肯定、賛美する帝国主義的デモンストレーションと受けとめられたのだ。

春樹隊長にはまったく予想外のことであったようだが、それで先住民の心に思いやるという姿勢を見せることはなかった。航路をふたたび北へ、そして西に向けてパナマ運河を抜け、やがてコロンがめざして行き着けなかったジパング（日本）へと快走しつづけたのであった。

二九〇日間、三万五〇〇〇キロメートルの航海を終え、日本に無事到着した復元船は、「歴史的」役目を終えると、神戸港の海洋博物館の館外展示物として神戸市に譲り渡された。神戸市が税金を投入し、観光資源として「永久保存」する計画を立てたことに対し、一部の市民が「アメリカ大陸の先住民の尊厳回復のため、彼らとの連帯をめざして異議申し立てをする」といった主旨で、反対行動を起こした。けれど、それは小さな声として無視されたようだし、市民組織そのものも怒りのエネルギーが足りなかったようだ。それが日本におけるコロンに対するふつうの認識であり、アメリカ先住民は「観光」のなかで充足しているフォトジェニックな被写体にしかすぎないのだろう。


コロンビア先住民は今日、総人口約四五六〇万のわずか一パーセントにすぎない。西アフリカを祖地とするアフロ系市民でさえ四パーセントを占めている。この国の先住民はほとんど目立たない。しかし、この国の主要人口であるメスティーソ七五パーセントの血のなかに先住民の血は溶解して生きてはいる。

春樹隊長の「サンタ・マリア号」に「NO！」を突きつけたのは、わずか一パーセントの小さな人権組織の精鋭であった。しかも、彼らはたいてい都市部から離れた辺境部に住んでいる。どのような経緯で入港阻止活動を組織したかは不明だが、そんな小さな民族集団の一部が横断幕を携えて、「サンタ・マリア号」に怒りの言葉をぶつけたのだった。コロン〈発見〉五〇〇周年に沸くスペインですら机上にのらなかった企画を、日本の企業家がそれを成すというのは恣意的な〝道楽〟にすぎない。経済大国の奢りといってよいだろう。

その新装帆船は、すでにコロンゆかりのカリブ諸島を巡ってきたのだったが、反友好的な出迎えに遭うことはなかった。コロンビアであったことがなぜ、カリブ諸島でなかったのか、という検証

神戸で屋外展示されている復元船「サンタ・マリア号」

もむろん行なわれなかったことだろう。
コロンの〈発見〉行の翌世紀には、カリブ諸島ではすでに、先住民の共同体は小島にわずかに残っているにすぎなかった。侵略先行の島で生き残っていたわずかな先住民は植民者に隷属していた。スペイン植民者は急減する先住民労働力を補うため西アフリカから奴隷を運び入れた。

南北アメリカ全域の文化を語るとき、カリブ諸島圏は多様な「音楽」で象徴される。それは、抜きん出た特色だ。その「音楽」の土壌のほとんどは舞踊の伴奏から出ている。そして、その起源のほとんどは西アフリカ沿岸部を発祥とする土俗的なダンスから来ている。そのダンスを活気づけるリズムはそのまま現代カリブ音楽の多彩なバリエーションの土壌となった。メラング、メレンゲ、ボンバ、カリプソ、ズーク、プンタ……、ジャマイカのレゲエもそうなら、米国ニューヨークのプエルト・リコ系バリオで発展したサルサも、もともとはカリブ音楽が起源となっている。コロンビアのカリブ沿岸地帯にはバジェナードという音楽が伝承されている。ガルシア＝マルケスの『百年の孤独』のなかにも、バジェナードの実在の名手が登場する。

さて、このティエラ・フィルメの地続き、現在のベネズエラにあたるカリブ沿岸地域において、ラス・カサスは「平和的植民計画」に取り組んでいる。

ベネズエラのカリブ海に面した海岸線は三〇〇〇キロメートルにおよぶ。これは、世界で最も監視がむずかしいといわれる米墨国境地帯の距離に等しい。そして、この海岸地帯の主要人口はアフロ系住民である。彼らの祖先は、奴隷としてこの地に強制連行されてきた人たちだ。ベネズエラの沿岸部には西アフリカの密林のフィエスタに似合いそうなタンボールという音楽が伝承されている。

スペイン人は入植初期から、開発の労働力として先住民を奴隷狩りした。スペイン人の増加と先住民の減少は比例する。現在のベネズエラの総人口は約二七〇〇万だが、先住民はわずか二パーセントにすぎない。コロンビアとほぼ同じ比率だ。

一五二一年、三七歳になるラス・カサスがベネズエラ入りしたとき、ここにはまだアフロ系奴隷の姿はなかった。ラス・カサスはみずから策定した「平和的植民計画」を携えて、この地にやってきたのだ。カリブ沿岸のクマナという地である。同年七月、ラス・カサスは聖職者を含む数人のスペイン人と、すでに平定されていたカリブ諸島の先住民一〇人とともにサント・ドミンゴを出発し、途中、サン・フアン島（現プエルト・リコ）に立ち寄った後、八月中旬にティエラ・フィルメのクマナへ向かったのである。「平和的植民計画」とは、伝道師が中心となって「平和的」に入植を行ない、同時に先住民の改宗を進めていこうとするものであった。

それに先立つ六年前、キューバでの「回心」の二カ月後の一五一五年九月、ラス・カサスはモンテシーノス司祭とともにサント・ドミンゴを発ち、セビージャへと向かっている。そして、スペインに到着するとフェルナンド王に謁見《えっけん》し、インディアス先住民の悲惨な境遇の改善を訴えた。だが、すでに病に臥《ふ》していた国王は翌年一月に死去する。そこで、新国王カルロス一世にインディアスの実情を報告するため、一五一六年三月、モンテシーノスらの協力のもとに「一四の改善策」と題したインディアス改革案を作成し、トレド大司教のシスネロスに提出、先住民の強制労働の中止を訴えた。

そうしたスペインでの政治活動の結果、ラス・カサスは「インディオ保護官」という官職の肩書きが与えられた最初の人物となり、同年一一月、セビージャを出立し、サン・フアン島経由で翌一五一七年一月にサント・ドミンゴに戻った。しかし、エスパニョーラ島では植民者たちの不平不満が募り、「新しい統治官たち（ヒエロニムス会士）に対して反乱を起こしかねないほど、不穏な空気[2]」が漂うようになり、改善策はなにひとつ実現できなかった。ラス・カサスは事態の打開を図るため、同年六月にはふたたびセビージャへ向かう。

スペインに帰国したラス・カサスは、「平和的植民計画」の実現に向けた活動に奔走することになる。そして、一五一九年一二月にスペイン王室は「計画」を承認し、翌年五月には協約書の締結にこぎつける。

この「計画」に賛同し、渡航しようとする農民に与えられた条件はかなりよいものであった。農具一式を無償で支給し、税の免除などさまざまな特権を約束する国王の勅令であった。国王お墨付きの好条件にひかれたのだろうか、植民地の実態に疎い農民たちであったと思われるが、七〇名ほどが集まった。その農民たちを引率するように、ラス・カサスや同僚の聖職者は一五二〇年一二月、セビージャを後にし、サン・フアン島へと向かった。翌年二月にサン・フアン島に到着すると、ラス・カサスは一カ月のあいだ、新たにクマナの植民参加者を募集するが、それに応じようとする者はほとんど現われなかった。

すでに植民地経営の基盤ができていたサン・フアン島やエスパニョーラ島とはちがって、渡航地クマナは先住民の抵抗がつづく、いわば物騒な地であった。征服は途上であり、平定までどれくらいの歳月を要するのか誰にもわからない。先行したスペイン人たちは、労働力の確保のために先住民を襲い、奴隷狩りを強行し、そのため先住民反乱の地となっていた。農民たちが尻込みするのも当然である。結論を先に言えば、クマナでの「平和的植民計画」は見るも無残な結果に終わるのだが、その失敗の芽は、すでにこのときからはじまっていたといえるだろう。ラス・カサスはスペインから引率してきた農民をサン・フアン島に残し、いったんサント・ドミンゴへと戻った。

一九九〇年代半ば、プエルト・リコの東端の海上に浮かぶ小島ビエケス（島の半分以上が米軍の軍事演習場となっている）で、低地マヤ文明圏で制作された翡翠《ひすい》細工が出土した。現在のメキシコ・ユカタン半島、中米のマヤ遺跡からよく出土するものと同種の工芸品であった。どのような海路を経《へ》巡《めぐ》ってビエケス島までたどり着いたのかは、いっさい不明だが、マヤ人の海上交易網の広がりがあらためて確認された発見であった。最も順当で安全性の高い経路として、ベネズエラ沖から小島が点在し、数珠つなぎのようになっている小アンティール諸島を経由していけば、貧弱な船でも充分たどり着くことの可能な距離である。その海上交易の道はまた、逆に、スペイン人の侵略がどのようなものであるか、その実際を大陸部の先住民に知らせる情報の道ともなりえた。先住民に対するスペイン人の貪欲で悪辣な行為の数々は、小アンティール諸島を南下しながら大陸部へ情報として届いていた可能性が高い。ティエラ・フィルメの先住民たちは、海上はるか向こうの島々で先住の民が殺され、あるいは奴隷となって苦しんでいる、ここで生存権を賭けて戦い抜かねば子々孫々悔いを残す、と果敢に抵抗し、「民族的戦争」を起こしたとも考えられる。しかし、その抵抗は組織化されたものであっても、武力の差はいかんともしがたく、残された正史としてのスペイン語資料は、先住民の抵抗を彼らの「民族的戦争」とは語らない。おびただしい戦闘のひとこまとして処理されているだけだ。

カリブ海をめぐる植民初期時代を、先住民みずからが語った証言はいっさいない。すべてスペイン側の資料に依拠しなければならないということで、私たちは絶えず想像力をもって先住民の視線を見つめなければいけない。ビエケス島のマヤ装飾工芸の発見は、ビエケスだけでなく、プエルト・リコをはじめ一六世紀にはほぼかき消されてしまった、アンティール諸島にかつて生き、独自の習俗を育んでいた先住民の生きた証である。その翡翠工芸を愛《め》でた彼らの審美眼を借りて、現在を眺める視線をもたなければいけないのだ。

さて、サント・ドミンゴに戻っていたラス・カサスが半年ぶりにサン・フアン島に到着したとき、島に残していたスペインから来た農民たちの姿はすでになかった。彼らは「平和的植民計画」に反旗を翻し、近隣諸島の奴隷狩りなどに馳せ参じたのである。

結局、参加する農民を集めることができず、当初のもくろみより縮小し、強いていえば失敗の可能性も高くなった「平和的植民計画」をもってラス・カサス一行は、クマナに上陸した。その「計画」の実際はどのようなものであっただろうか？　情報として、クマナ周辺地域に先行して入植していたスペイン人たちの所業、先住民に対する過酷な扱い、それに起因する先住民の組織的な抵抗がある、と知悉《ちしつ》していたはずだ。それでも乗り込んだラス・カサスは、ある意味、自信過剰であったかもしれないし、楽観的に過ぎたとも思う。案の定、先住民を平和的に改宗させる布教活動をはじめるどころの騒ぎではなかった。食糧の確保すらままならなかった。スペイン人の横暴によって先住民たちは内陸部へと逃げ、労働力を失い、せっかく切り拓いた農地も荒れていた。一行は、自分たちが生き延びるための食糧をまず確保することが求められた。かつて一七歳のラス・カサス少年がはじめてサント・ドミンゴに来てから直面した困難と似たような事態に、二〇年後にふたたび遭遇したのだった。しかも、戦闘的な先住民たちが植民地を遠巻きにしている状況は、二〇年前のサント・ドミンゴより始末の悪いものだった。

クマナの近くにあるクバグア島は、一五〇〇年、スペイン人による南米域における最初の定住地サンティアゴ・デ・クバグアがひらかれたところだ。真珠貝採取のために設けられたのだが、その苛酷な労働に酷使されたのも、もちろんのこと先住民であった。

先住民と真珠貝と聞いて、私はすぐ、メキシコで一九四七年に制作された映画『真珠』（エミリオ・フェルナンデス監督）のことを思い出した。ヴェネチア国際映画祭で撮影賞および「独創的な映画賞」を受賞した名作で、日本ではじめて公開されたメキシコ映画でもあった。素もぐりで真珠を採集する貧しい先住民たちの暮らしを抒情豊かに描いた作品だった。メキシコでは二〇世紀に入っても素もぐりの真珠採りは先住民が担っていた。しかし、高価な真珠も、先住民たちは商業的知識に疎いため、仲買人の言い値で買い叩かれていた。売却に自由意志があったとはいえ、その搾取構造は過酷なものだった。ラス・カサスの時代はもっとひどいものであったことは当然で、「インディオを無理やり力ずくで真珠採りに駆り立ててゆくスペイン人の悪逆無道ぶりは、その手口の残酷さや罪深さからして極めつけのものの一つに数えられる」(3)とラス・カサスは糾弾している。

サンティアゴ・デ・クバグアは水の補給が不便な島部に設けられていたため、スペイン人たちは淡水の確保が容易なクマナに出入りしていた。その際、労働力として奴隷狩りも行なっていたらしい。こうした事態は、先住民改宗事業を優先させたい教会にとっては脅威であり、許しがたい蛮行であった。

あるとき、私〔ラス・カサス〕の所属するドミニコ会の修道士たちが、……彼ら〔インディオ〕をキリスト教徒にしようと思い立ち、まず手はじめに、神学に造詣が深く徳の高い聖なる聖職者一人に、同伴者として平修士を一人つけた先発隊をおくり、彼ら二人に現地の事情を探らせ、住民と接触し、修道院を建てるのにふさわしい土地を見つけ出すよう指示した。聖職者たちが到着するとインディオは彼らを、天からの御使いを迎えるように受け入れ、……その説教に耳を傾け、感じ入ったように聞き入り、喜びを身体中であらわすのだった。ところが、聖職者たちを運んだ船が帰ったあと、そこにスペイン船が一隻到来したのである。彼らスペイン人は、このときもいつもの極悪なる手口を用い、聖職者たちに気づかれないようにして、ドン・アロンソという名をもつその地の首長をだまして船に連れ出した。……〔ドン・アロンソは〕だまされたとも知らず、妃の他に一七人の臣下をつれて船に乗りこんできた。彼らは、自分たちの土地には聖職者たちもいることだし、彼らがいればスペイン人たちも不正なことなどいっさいできまいと安心しきっていたのが仇となった。そういうことでもなければ、インディオらはスペイン人を信用するはずもなかったからである。こうしてスペイン人はインディオを裏切り、彼らが船に乗り終るとみるや、直ちに帆をあげ、エスパニョーラ島に赴き、そこで彼らを奴隷として売りとばしたのだ。一方、土地の人々は皆、自分たちの首長やお妃が連行されたと知ると、直ちに修道士のもとにおしかけ、彼らを殺害しようとした。(4)

ラス・カサス滞在中にも、スペイン人居留地が先住民に襲撃され、三人が命を落としている。修道院や農園も攻撃の対象となった。こうした一連の事件のなかで、スペインからラス・カサスに同行してきた聖職者たちも次々と命を落としていった。

あるとき、ドミニコ会士二人と、フランシスコ会士一人が殺されるという事件がおきたが、これもまたインディオが、邪悪なるキリスト教徒たちによる身の毛もよだつような数々の悪逆無道に苦しめられたあげくに起こったことである。私自身危うく殺されるところを奇蹟的にまぬかれた人間であり、それを証言できる場にいるのだ。その件に関しては語るべきことが余りにも多く、ことの重大さからしても、その惨状からいっても、読者の想像を絶するものがある。だが、その証言は長大なものとなるので、ここでは控え、しかるべき時、つまり神の最後の審判が下され、事態がさらに明らかになる日のためにとっておきたいと思う。(5)

そして、牽強付会《けんきょうふかい》というか、ラス・カサスらしいというのだろうか、「奇蹟的」に命ながらえたのは、「さらなる平和的植民改宗事業をつづけよ」との使命を神が自分に託された証というふうに解釈するのである。後年、『インディアス史』のなかでクマナでの失敗を次のように記している。

聖職者〔ラス・カサス〕は、それを自分に下された神の裁きと考えた。つまり、彼は、〔植民地官吏や植民者が〕自分を援助し支持したのは、神への奉仕やあの地方で死に絶えた人々〔インディオ〕の魂を獲得することへの熱意ではなく、ひたすら富を得て裕福になろうとする欲望に駆られてのことだと知りながら、彼らと手を組んだため、神が罰と苦しみを与えようとなされたのだと考えたのである。彼はひたすら神への奉仕を願って求めたきわめて精神的な企てと目的、すなわち聖職者を助け、彼らとともにキリストの信仰と教えをあの人々に説いて光明を与えるという、清らかな目的を、人間的な、いや、非人間的で、イエス・キリストの定めた方法とはまったく不釣り合いな、穢れた、不浄な世俗的な手段を用いて汚したので、神の怒りを買ったのである。(6)

三人称で書かれた告解のような文章であるが、具体的事柄に言及していないものの、事業を拙速に進めようとして、既存の植民者たちの利益も考慮し、つまり協力を仰ぎ行なった結果、無惨な始末となった、と書いているのだ。

ともあれ、半年ももたずにクマナから撤退したラス・カサスは、サント・ドミンゴに戻ると轟々たる非難の的となり、政治的な駆け引きが必要とされた布教計画を棚上げし、つまり現世的な損得世界の汚濁のなかでの活動を控え、一五二二年九月頃からドミニコ会修道院のなかで匿われるように信仰生活に身をおくことになる。そんな静穏な生活のなかで神との対話をつづけ、翌年には修道士に叙品された。ラス・カサスの評伝では、これを第二回目の「回心」、すなわち一五一四年のキューバにおける「回心」につづくものと位置づけている。現世的な政治活動の第一線から身を退いたラス・カサスは、その後、四十代を通して修道院での比較的穏やかな生活をつづけることになる。

第一回目の「回心」後、ラス・カサスがめざした「平和的植民計画」は、植民者やスペイン王室の利益も考慮しつつ改宗でも効果をあげようという二兎を追うものだった。二兎を追って一兎も得ずの故事どおりの失敗をみたラス・カサスは、二回目の「回心」以降、神の意志に二兎はありえない、至高の目的のために貪欲な植民者の利益を考慮することの愚かさを悟り、「平和的植民計画」は純化された、ということになっている。

しかし、ラス・カサスその人も時代の限界のなかでしか活動できない。インディアスの先住民と西アフリカから連れてこられたアフロ系奴隷を平等にとらえることはできていなかった。先に述べた「一四の改善策」以降の諸活動において、先住民を強制労働から解放するかわりに、アフロ系奴隷を積極的に導入すべしと提案しているのだ。

このあたりの事情は、ラス・カサス研究家の著述より、カリブ圏のアフロ系歴史学者による指摘のほうがはるかに鋭い。たとえば、ベネズエラの沖合いに浮かぶ二つの大きな島を中心としたトリニダード・トバゴ共和国の独立初期に大統領を務めた歴史学者エリック・ウィリアムズのラス・カサス批判にためらいはない。

ラス・カサスとプランターは折り合いがついた。インディオの労働については厳しく対立し、一触即発の危機にまで陥った彼らであったが、ニグロ労働力に関しては以心伝心と評してよいほど完全に意見が一致したからである。インディオの問題では犬猿の仲だった彼らが、ニグロの問題となると手のひらを返したように和解したのだ。インディオに対する正義が、アフリカ人への不正義を代価として買い取られたのである。「戦闘的なインディオの護民官〔保護官〕」ラス・カサスは、ニグロ奴隷制と奴隷貿易の——創始者とはいえないまでも——慈悲深い推進

者と化したのである。(7)

インディアスの地で懸命に、先住民の「保護官」として寸暇を惜しんで活動していた当時、ラス・カサスはアフロ系奴隷たちの境遇に関しては、無関心と言ってよいほど考慮してこなかった。彼の慈悲深い視線も、アフロ系奴隷に対してはまったく冷淡、過酷なものであったと言わざるをえない。

ラス・カサスは晩年の著述『インディアス史』において、みずからが犯した過ちを悔いる告白をする。

昔、製糖所が設けられるよりも前は、この島〔エスパニョーラ島〕に住んでいたわれわれに共通の見方として、黒人は縛り首にでもするのでなければ決して死ぬことはない、というふうに考えていた。というのは、黒人が病気で死ぬのを、われわれはそれまで一度も見たことがなかったからである。黒人たちにとってこの島は、たとえば柑橘類の果樹〔にとって〕と同様に、非常に好適の地であったことは確かで、むしろ彼らの生まれ故郷のギネーア〔ギニア〕以上に自然であったと思われる。

その後司祭〔ラス・カサス〕は、黒人奴隷を導入するという意見を、自分が最初に具申したことに対して、浅慮《せんりょ》の責めを負わねばならぬとみずからを裁き、深刻なる悔恨にさいなまれた。それというのも、黒人が捕獲される際の状況も、インディオが捕囚の身となっている状態と等しく、不正義の手段によるものであることを、司祭はあとで調査し判明したからで、それについてはもっとあとで明らかにされるであろう。黒人たちが〔ポルトガル人たちによって〕捕虜にされたのは、正当なる戦いによるものであろう、と司祭は想像していたからであったが、しかしながらインディオを解放する目的で、黒人を導入するようにとの進言をしたことは、思慮のある救済策などではなかった。それにしても司祭は、この点についての真相を初めは知らなかったし、もともと善意にもとづく行動であったが、だからといって神の御裁きの御前から自分が罪を免かれるであろう、と確信したわけではなかった。(8)

ラス・カサスにあっても、スペイン植民者の横暴によって次々と病に斃《たお》れてゆく先住民にくらべ、「ニグロ奴隷」はなんと頑健であるのか、これほどこの地の労働力にふさわしい存在はありえない、と認識していたわけである。しかし、このラス・カサスの記述には無理がある。事実から目を逸らしているか、あるいは善意に解釈したとしても、事実を忘却しているとしか思えない。

ウィリアムズは次のように書いている。

一五〇五年にはエスパニョーラ〔島〕の銅山で働かせるために一七人〔のニグロ奴隷〕が送り出され、数カ月後には国王はさらに一〇〇人を送ると約束した。一五一〇年にも五〇人の奴隷を送れという命令が出された。しかし、ニグロはインディオ同様にあっけなく死んでしまい、人びとを驚かせた。たとえば、一五一一年、国王はエスパニョーラ〔島〕にいる一官吏に、「かくも多数のニグロがどうして死亡したのか、理解に苦しむものである。奴隷の管理には十分心致すべし」と書き送っているほどである。(9)

そうした事実をラス・カサスが知らないわけはなかったであろう。とするなら、晩年の仕事、畢《ひっ》生《せい》の大作であることはまちがいない『インディアス史』にしても、ラス・カサスの弁明的な弱さが

郵便はがき

料金受取人払郵便

本郷支店承認

307

差出有効期限
2010年3月
31日まで

113-8790

377

〔受取人〕
東京都文京区本郷
2-5-12

新泉社

読者カード係 行

◆本書の発行を何でお知りになりましたか？

1. 新聞広告　2. 雑誌広告　3. 知人などの紹介
4. 小社の図書目録　5. 書評　6. 店頭で

◆本書に対するご批評・小社への企画のご希望など…

このカードをお送りくださったことは　ある　なし
★小社の図書目録を差上げますか　いる　いらない

※ご記入いただいた個人情報につきましては、弊社からお客様へのご案内以外には使用致しません。

本書名

購入書店名　　市区町村

ご購読の新聞雑誌名
新聞　　雑誌

あなたのご専門
または興味をお持ちの事柄

ご職業
または在校名　　年令　　才

〔郵便番号〕

ご住所

ご氏名
ふりがな

●このはがきをご利用になれば、より早く、より確実にご入手できると存じます。

購入申込書　お買いつけの小売書店名と　ご自宅の電話番号を必ずご記入下さい。
ご自宅〔TEL〕

〔書名〕　　〔部数〕　部

ご指定書店名	取次	この欄は書店又は当社で記入します。
住所〔区・市・町・村名〕		

この申込書は書店経由用です。ご自宅への直送は前金で送料一回分290円です。

入り込んでいる著述と言わなければならない。

そもそも、アメリカの歴史家ルイス・ハンケは、「一五四四年という年になってまだ彼〔ラス・カサス〕は数人の黒人奴隷を所有していた」[10]と記している。ウィリアムズも、ラス・カサスは一五三一年の時点においても、スペイン政府に対して五〇〇ないし六〇〇名のアフロ系奴隷をインディアスへ送るよう要請していたと記す。ウィリアムズの言葉を借りれば、「彼〔ラス・カサス〕がニグロ奴隷の問題に気付いたのはあまりにも遅く、ついに「ニグロの護民官」にはなりえなかった」のである。

だが同時に、ウィリアムズの秀逸な著作は、時代の限界のなかにあったラス・カサスの活動の価値を、冷静に評価することも忘れていない。

彼〔ラス・カサス〕が晩年に行なったこうしたニグロ奴隷制批判は、かつて彼がインディオ抑圧者に浴びせた雷鳴の如き罵倒に比べれば、蚊の鳴くようなものでしかなかった。しかし、いかに迫力のないものであったにしろ、これが奴隷制廃止論につながる見解の、史上最初の表現であった事実に変りはない。[11]

二一世紀初頭の現在、この地ベネズエラは反米主義者の急先鋒として、その歯に衣を着せないブッシュ米大統領批判が大きな話題となったウーゴ・チャベス大統領を戴くが、彼の自慢はみずからの体内を流れる熱い血だ。「自分のからだのなかには先住民、アフリカ人、そして白人の血が流れている」と誇り、自分こそがベネズエラ人だと標榜する。

先にベネズエラのアフロ系住民の数は先住民人口をはるかに上まわると書いた。総人口の約一〇パーセントが皮膚の黒い人たちだ。先住民とともにこの国では最下層に位置づけられてきた人たち

記念切手「ベネズエラの500年間」(1998年)

でもある。チャベス大統領の支持基盤は、独立前から虐げられてきた貧困層に拠って立つ。そして、社会平等を実現するための「ボリーバル革命」を指導、推進している大統領として大衆的な人気を集めている。

「革命」推進の資金源は、アメリカ大陸第一位の埋蔵量を誇る石油によって得られた潤沢な外貨である。その外貨収入の大半は米国からのものだ。米国はベネズエラ石油を買いつづけ、そのドルでもって「革命」事業は進み、チャベス大統領の米国批判の舌鋒はさらに強くなるという、おかしな状況を呈している。これも経済のグローバル化が生み出す悲喜劇のひとつかもしれない。チャベス大統領の最初の大きな事業は、石油資本を多国籍企業の手から奪う、国有化であった。その困難な事業も、米CIAが後ろ盾となった二〇〇二年の軍事クーデターなどによって再三妨害された。チャベス大統領自身、親米派の軍人たちに拘束され、密殺される瀬戸際に立たされたこともある。

ベネズエラ石油は長年、欧米資本が牛耳り、膨大な富は国外に持ち去られた。国内に還流する外貨はひとにぎりの特権階級に滞留され、圧倒的多数の貧困層は放置されてきた。そんないびつな国のあり方を抜本的に変えなければいけないと考えた人たちが、チャベス政権を支える人的資源となっている。ベネズエラは独立後二〇〇年近く経ってから、はじめて先住民、アフロ系の血に誇りを抱く大統領をもった。

エルネスト・チェ・ゲバラの娘アレイダ・ゲバラのインタビューに答えて、チャベス大統領はこんなことを語っている。

高校を卒業して士官学校に入学した。一年間学んだら退学して野球をしようと計画していた。私は歴史や読書を通じて、先住民に何が起きたのかを学んだ。バルトロメ・デ・ラスカサスらの史書を読み、史実を知った。侵略者は私たちの祖先を殺したのだ。この史実を知ったことにより、私は自分の人生としばしば衝突せざるを得なくなった。士官候補生だったころ、ある病院の前にあったコロンブス像の前をいつも行進させせられたが、私は仲間たちに「いったいなぜ侵略者に敬意を表さなければならないのだ」と言ったものだ。実際、たまらなかった。[12]

さらに、コロンの像に敬意を払う者はもういない、と語り、「いまや私たちは、先住民抵抗運動の指導者だったグアイカイプーロを讃えている」と宣明する。一五六〇年代、スペイン人侵略者に抵抗した先住民テケ族の指導者である。チャベス大統領はさらに、先住民抵抗運動の指導者たちの名を連ねる。「グアイカイプーロ、マナウレ、マムウン、タバカレス」——、ラス・カサスの最晩年期に生き、英雄的に死んでいった者たちだ。

晩年、マドリッドのアトチャ修道院にあったラス・カサスは、一五六四年二月に遺言書を作成しているが、それからまだ二年あまりの思索と著述の日々がつづく。しかし、ティエラ・フィルメの先住民抵抗運動の詳細に言及することはついにできなかった。

（1）瀬島龍三氏を会長に据えた「財団法人サンタ・マリア号協会」を船主とし、スペイン政府の協力のもと、バルセロナで復元建造された。プロジェクト全体の総支出は約一八億円におよんだという（財団法人サンタ・マリア号協会編『サンタ・マリア号の復元と航海』角川書店、一九九三年）。
（2）染田秀藤『ラス・カサス伝』（岩波書店、一九九〇年）。
（3）ラス・カサス「ペルラス海岸、パリア海岸、トリニダー島について」『インディアス破壊を弾劾する簡略なる陳述』石原保徳訳（現代企画室、一九八七年）。
（4）同前。
（5）同前。
（6）ラス・カサス『インディアス史』第三巻第一五九章（染田、前掲書、所収）。
（7）エリック・ウィリアムズ『コロンブスからカストロまで　I』川北稔訳（岩波書店、一九七八年）。
（8）ラス・カサス『インディアス史』第三巻第一二九章、長南実訳（「大航海時代叢書」第Ⅱ期二五、岩波書店、一九九二年）。
（9）エリック・ウィリアムズ、前掲書。
（10）ルイス・ハンケ『アリストテレスとアメリカ・インディアン』佐々木昭夫訳（岩波新書、一九七四年）。
（11）エリック・ウィリアムズ、前掲書。
（12）ウーゴ・チャベス＆アレイダ・ゲバラ『チャベス――ラテンアメリカは世界を変える！』伊高浩昭訳（作品社、二〇〇六年）。

Ⅳ

大陸への道程

消えた繁栄

——ノンブレ・デ・ディオス◉パナマ

パナマへの三度目の旅で、はじめてノンブレ・デ・ディオスの浜に立った。

「おい、ここで降りてもなにもないぞ」

と、ワゴンバスの赤銅色の運転手が忠告めいて言った。

そこは小さな、生きているのがやっとといった感じの村である。穏やかな浜に面してひとかたまりの集落があるだけの村。けれど、その村の衣食住をかろうじて支える、ささやかな仕事はあるはずで、小邑《こむら》の入口には切り出したばかりの木材が無造作に積まれていた。村の背は熱帯雨林だから、そこから太くまっすぐな樹木を切り出す零細な林業があるのだろう。小船を繰り出す沿岸漁業もあるはずだ。

「なにもないぞ」とは、外国人観光客が親しく見るようなものはなにもない、という意味だ。遺跡もなければ風光明媚な景勝地があるわけではない。遠くからわざわざ来たのだ、そんなことは資料でとくと確認ずみだ。なにもないことを確認したくて、バスを乗り継いでやってきたのだ。

「知ってるよ、大丈夫だ」

「帰りのバスに注意しろよ」と運転手は言った。まともな宿泊施設のあるカリブ沿岸の都市コロンに向かうバスは、「これから一本しかないぞ」と言うのだ。

走り去るバスの後輪が砂ぼこりを浴びせてきた。

中米諸国を旅していて、ときどき観光と取材の境が曖昧になることがある。しかし、ノンブレ・デ・ディオスは純粋に「取材」であった。「取材」というより、歳月がもたらす風化のありようを確認しに来たのだった。五感に感じ取りたいと思って来たのだ。メモ用紙をまったく埋めない、観想の取材か……。

ワゴンバスの後部座席に座った痩《や》せた少年が、泥で汚れた窓越しに、好奇心の視線をいつまでも私に送っていた。

誰だって、外国人旅行者がなにもない場所で降りようとすれば、注意するのは道理である。降車するところをまちがっているのではないかと、親切に確認させているのである。

バスが停まった場所は集落の中心部らしく、暗い土間に雑貨品を並べた商店と、客のいない簡易食堂がひっそりと佇んでいた。その近くに、アフロ系のポリスが戸口に背中をもたせかけ、腕を組んでいた。私にチラッと一瞥を送ってきた。当然だろう。さりとて誰何《すいか》するわけではない。訝《いぶか》るでもなかった。

挨拶がわりにポリスに質問を発しようと思った。沈黙しているより、言葉を交わすことは大事なのだ。怪しい者ではない、と確認させる必要があると思った。とはいうものの、「こんなところになにしに来た」という疑いは晴れそうもないが。

ポリスの面構えは、ハリウッドのアクション映画にでも登場しそうな精悍な感じで、顔を左右に仕切る鼻梁《びりよう》が厚かった。

「セニョール、私は日本から来た旅行者だが、この村でなにか植民地時代の跡が残っているところはないですか?」

だからなんだ、とうさんくさそうに私を眺めていた精悍なポリス氏は、唇の厚い口を開き、

「なにもない！」と、撥ねつけるように言った。

「なにも……」

「……」

無言で、私の瞳を冷たく射抜く。

「しかし、この浜は歴史的に……」

「ノッ！　なにもないんだよ」

まったくけんもほろろ、とりつく島もない。

こんな辺境の地でくすぶっている俺は、お前ら気軽な外国人観光客など相手にするほどお人好しではないんだ、と〈不遇〉のバリアを張っている印象だった。もっとも、〈不遇〉ではなく、小さな村の権力としてけっこう充足しているのかもしれないが、そのあたりはわからない。

私はあきらめた。不用意にラテンの権力者の最末端に位置するセニョール・ポリスを苛立たせてはいけない。ガルシア＝マルケスが描くように、権力中枢から忘れられた男の焦燥と悲哀ほどペシミズムに満ちたものはないのだ。ただし、ひとつだけ確認しておかねばならないことがあった。帰路のバスの時間だ。

「今日はもうない」

「……ない？」

「……」

ポリスの言葉を待ったが、表情ひとつ変えず沈黙をまもった。

「さっきのバスの運転手はもう一本あると言ったが」

「ない！」

「まったく……」

「とっくに通り過ぎた」

そう面倒くさそうに言うと、小屋の暗がりに去った。

「アディオス（さようなら）……」と、私はその小屋の戸口に向かってつぶやいた。

いざとなったら道路に飛び出し、トラックでもなんでもつかまえてヒッチハイクすればよい。ドル紙幣でなんとかなるだろう。運が悪ければ、身ぐるみはがされる恐れはあるが、確率は低いものだ。

私はノンブレ・デ・ディオス（神の名）というたいそうな名をもつ集落を突っ切る砂の道をとぼとぼと歩きはじめた。

海にそそぐ澱《よど》んだ流れがあり、小さな橋が架かっている。橋の向こうに、この集落では唯一のコンクリート建造物と思われる細長い建物が見えた。とりあえず、そこを目標に歩いた。行き交う者はいない。みんな午睡のなかに沈黙しているのだろうか。ガラスのない窓は、木製の板を跳ね上げて風を通していた。そこから吐き出されているのは屋内の暗がりだけだった。人の気配がまったく希薄な村だった。ひとつの窓から疲れた犬のようにデレッと顔を突き出している老いた女性がいた。その視線は動かず、私を見ていない。虚空の一点を凝視したまま動かない。

いきなり、上半身はだかの少年がどこからか飛び出してきて、私の足もとまで迫ったが、「チーノ！」と東洋人に対する蔑称を口にして囃《はや》すということもない。ただ、よそ者の顔をちょっと確認しよう、というだけの行為であった。感情のうすい瞳が私を見る。そして、それだけ。一瞬、身構えた私は腰くだけとなった。ぶつかってでもくれれば、それで友好の足がかりとなる。子どもはそんなふうに不器用にコンタクトしてくるものだ。どこかで冷たい飲み物を買っておごれば、道案内にはなるのだったが、少年はまた脱兎《だっと》のごとく、路地に走り去ってしまった。そして、深い沈黙……。

橋を渡ってコンクリートの建物を確認すると、そこは学校であった。授業はもう終わったらしく誰もいない。校庭に遊ぶ子もいない。その学校と川のあいだの狭い広場にはブランコと滑り台があって、その横に掘っ立て小屋の雑貨店があった。軒下に新聞や雑誌が並んでいればキオスクと呼べる規模だが、この村には国際ニュースはもとより芸能人のゴシップも不要の商品なのだろう。日よけに張り出した大きな跳ね上げ式の木扉の下で、半ズボンひとつ身につけた素足の若者がまずそうにコーラを飲んでいた。赤茶けた髪は、中米ではしばしば栄養バランスの悪い子どもたちに現われる身体的特徴のひとつである。グアテマラやエル・サルバドルのスラムでは、そういう赤茶けた髪をもつ少年少女たちがたくさん暮らしている。

「ウナ・コカ、フリア（冷えたコーラ一本）」と言うと、暗がりからコーラのビンがヌッと差し出された。

広場にはもうひとつ生きものの呼吸があった。これもひっそりとしたもので、壊れかけたベンチに座り込んだまま動かない老いた男である。影もなくした老いは、彫像のように動かず、暗く穿《うが》たれたふたつの小さな穴はなにも見ていなかった。

まったく村全体が愛想というものに欠け、コンニャクのようにつかみどころがない。まるで、つげ義春の漫画に出てくる鄙《ひな》びた得体の知れない寒村のようだった。湿度は高く熱いのだが、背筋の一線に流れる汗は冷たいのだった。

私は浜に向かって歩きだした。浜には倦《う》まない生動がある。風があり波音があり、椰子《やし》の葉のざわめき、一歩踏み出すごとに受け入れる音がある。汐の香りも濃い……しかし、浜は乾いていた。退色した絵葉書のなかにあるような薄っぺらな浜だった。弓なりに広がる浜の線は長く、彼方の熱帯雨林の鬱蒼《うっそう》のなかまで延び、ひっそりと溶け込んでいた。けれど、浜にキラキラと舞うような、カリブ特有のサンゴが砕かれ堆積した白い粒子が呼吸する輝きがない。まるきり凡庸、詩的形容を拒否するような灰色に煙っているのだった。白濁した木の根が転がり、手づかみすれば音もなく解体しそうな木片が散らばり、割れた椰子の実は砂と同化しはじめていた。

遡ることラス・カサスの時代――、カリブ諸島から大陸部へと進出していった植民都市のなかで、一度は「繁栄」という文字が植民年代記に記されたこともあった、ここノンブレ・デ・ディオスである。

年代記で一度は「繁栄」と記された都市のなかで、かくまで見事に、完璧に時の流れに無惨に漂白されてしまった町はノンブレ・デ・ディオスをおいて他にない。私はその漂白されたさまを親しく実見するため、バスを乗り継いでここまで来たのだった。しかし、ここまで〈無〉になってしまっていることを知ると、貴重な時間を費やしたことまで悔やまれるような徒労感を覚えるのだった。

波打ちぎわに沿って歩きつづけながら、観想もなかなか湧いてこない。気がつけば、最終バスのことが気になっているのだった。

まわれ右をする。「さて、帰りはどうしたものか」とつぶやいてみる。村を歩いて宿泊施設などないことは明らかだった。車も拾えず、夕闇が迫れば、村の家を訪ねて一夜の寝床を借りるための交渉をしなければならないだろう。緊急避難でポリス・ボックスの軒下を借りることも可能だろうが、あのポリスの目と付き合う気にはなれなかった。

「一五三七年、カール五世、一一月にノンブレ・デ・ディオスの名を授ける。一二月には「私の名で私を手伝え」といった意味をもつ紋章も受ける」と年代記にある。[1]

王室から命名された名誉をもつノンブレ・デ・ディオスが廃亡の憂き目に遭うのは一五七二年六月、英国の海賊フランシス・ドレークが陣頭指揮する略奪隊の襲撃を受けてからだ。しかし、それまでのあいだ、わずか四〇年足らずの歳月であったが、この町はアメリカ大陸部における最大の交易港として殷賑《いんしん》をきわめたのである。

それがまったくの〈無〉、完璧な漂白。繁栄とはかくももろいものなのか……?

俳聖芭蕉は、毛越寺で奥州藤原氏の繁栄と衰亡を対比して、「夏草や兵《つわもの》どもが夢の跡」と詠んだ。「跡」は、大伽藍《がらん》を支えた礎石となってそこにあり、浄土を夢想して設けられた池の水は枯れず、平泉文化の痕跡はそこに色濃く這っているのだった。芭蕉は池のほとりに腰をおろし、「笠打敷て、時のうつるまで泪《なみだ》を落し侍りぬ」と書きとめたが、ここノンブレ・デ・ディオスは「神」にも見捨てられ、そうした感興も浮かんでこないのである。「夢の跡」はなにもなく、ただただ太古からの悠久普遍の打ちては返す波の音だけであった。まったくの拒絶、であった。織りなす歴史の感傷すら拒んでいるのだった。

フランシスコ・ピサロのインカ帝国征服によっておびただしい金銀財宝がアンデス高原から下った。そして、太平洋沿岸沿いに北上し、パナマ・シティまで運ばれた。ここで馬かロバの背に乗るように梱包し直され、地峡の熱帯雨林に細く穿たれたカミーノ・レアル(王の道)と命名された道を通ってノンブレ・デ・ディオスに運ばれ、集積された。このたいそうな名をもつ道も、いまではほとんど痕跡が見いだせない。旺盛な繁殖力をもつ熱帯の植物の根によってかき消された。いや、そこに人跡の流れがあった頃から、植民者と絶えざるせめぎ合いを演じていたのだ。道はぬかるみ、熱帯病を媒介する虫が人の肌をうかがって葉裏から飛来する。最も往来が頻繁だった時代にも、荷を背にしたロバがかろうじてすれちがうほどの道幅しかなかったという。しかし、太平洋側から運び込まれた荷はいずれもスペインの貴重な財源となった。

ノンブレ・デ・ディオスは、彼ら〔フランシスス・ドレーク一派〕の出身地プリマス〔イングランド〕よりも大きい町で、街路や市場が整備されており、石造りや木造の建物が並び、海側を除いて

ノンブレ・デ・ディオスの浜

塀が作られており、王の道が入るところだけに門があった。[2]

海賊ドレークに襲われた当時のノンブレ・デ・ディオスの様子である。ドレークの暴虐の嵐が去った後、この町は海風に吹かれるまま朽ちるにまかされ、現在のようにうらぶれた。

木造の建物は襲撃の際に焼き尽くされただろう。石造の建物は破壊され、再建が放棄されたあと、二五年後、ノンブレ・デ・ディオスから西へ約四〇キロほどの入江ポルト・ベーロに建材として運び去られた。そこはコロンの最終航海となった一五〇二年の第四回航海のときに見いだされたところで、コロンの船が投錨《とうびょう》したといわれるが確証はない。この航海のときにコロンは、航海の無事を神に感謝して、現在のニカラグアとホンジュラスの国境をカリブ海で分かつ岬をグラシアス・ア・ディオス岬と命名した。「神に感謝」岬である。ノンブレ・デ・ディオスもそうだが、この時代、大洋に繰り出すのは命がけの難業苦行であったから、航海の無事は人智を超えた神の御心《みこころ》次第と思われても仕方のない時代であった。グラシアス・ア・ディオスとコロンが誠心感謝したのもよくわかる。そして、航海が命がけであった時代にコロン以上の航海を重ね、命を失わず健康にも恵まれたのがラス・カサスであった。彼の仕事はそうした頑健な肉体で育てられた知性と正義感のなせる業であった。

ポルト・ベーロの入江でしばしの休暇をとったコロンは、ふたたび、その海を囲む一辺に存在すると思い込んだジパング（日本）への航路を求め、なお探索行に出るが、まったく〈発見〉できずに最後の航海を終える。栄光の第一回航海から早くも一〇年、頑健なコロンの身体もたび重なる冒険航海のなかで持病の痛風を悪化させ、視力も衰えていた。そして、〈発見〉航海の眼目であった、日本を中心とする東アジア諸国との交易路の開拓はまったく達成することなく、失意のうちに一五〇四年一一月、帰国した。このとき、コロン五二歳。彼より一歳年上だったイサベル女王は、この年、五三歳で亡くなった。〈発見〉航海事業の予算をほとんど独断で計上させたイサベル女王である、コロンにとって最大の援助者の死は災厄であった。当然、コロンの生活にも影を落とす。帰国から二年、コロン自身も失意のなかで病没したのだった。

コロンに天然の良港と見いだされたポルト・ベーロも、一六六八年六月に英国の海賊ヘンリー・モーガン一派の奇襲を受け占拠される。ポルト・ベーロには四五〇人の兵士からなるスペインの駐屯部隊が配備されていたといわれる。当時、モーガン一派は九隻の船に四六〇人の戦闘員を乗せていた。砲門を湾口に向けた要塞を三方に配したポルト・ベーロは頑強な抵抗むなしく陥落した。当時の戦闘の常識では、頑強な要塞に立てこもる兵士一人の戦力は、攻める兵士の五人ないし一〇人分以上に相当したはずだが、ほぼ同数の兵力でスペイン側が敗れている。これは如何としたことだろう。戦闘の常識では考えられない。よほどモーガン一派の士気が高く、戦略に富んでいたということであろう。確かなことは、当時、カリブ諸域のスペイン領は後発の勢いのある英国の海賊によって少しずつ、しかし確実に富を失っていた、ということだ。モーガン一派はポルト・ベーロからレアル金貨二五万枚を戦利品として引き上げる。ポルト・ベーロの没落のはじまりである。金貨二五万枚と記したが、これはたいへんな量である。数年後、モーガン一派はベネズエラ沖のトリニダードも襲い、ここでは金貨一〇万枚を奪ったと記録にある。ポルト・ベーロはその倍以上の金貨を失ったのだ。それは、町の住民を数年、食べさせていける財力であっただろう。それが失われた。創建からわずか七〇年足らずでポルト・ベーロの優位は根底から崩された。

ラス・カサスがノンブレ・デ・ディオスの浜にはじめて立ったのは一五三五年一月、五〇歳のときである。ラス・カサスの四十代の大半はサント・ドミンゴのドミニコ会修道院での生活を中心に営まれた。一五二三年九月、三九歳のとき、第二回目の「回心」でドミニコ会修道士となったラス・カサスにとっては、比較的に穏やかな日々が過ぎていたが、五十代に入りそんな生活が激変することになる。五〇歳といえば、当時にあっては相当な高齢にちがいないが、ラス・カサスに年齢を考慮する自愛的な欲はない。

ラス・カサスの大陸部への再出帆は、それより三年前のフランシスコ・ピサロによるペルー征服、インカ帝国の滅亡にうながされた。アンデス高原で捕縛された先住民たちが、はるばるサント・ドミンゴにも送られてきた。それを知ったラス・カサスは、スペイン人たちの大陸部での植民地経営の実際を見る使命にかられた。

新たにスペイン領に編入されることになったペルーの現状は、植民初期の混沌のなかにあると思われた。この最初期にきちんと正義が行使できるシステムを布《し》くことの重要性を覚えた。スペイン人と先住民族の関係性を正しく先導する絶好の機会ではないかと考えられたのだ。

ノンブレ・デ・ディオスの名が王室から与えられたのは一五三七年だから、ラス・カサスが到着したときは、そこはただ無刻の浜であったわけだが、しかし、インカ帝国の財宝はすでに運び込まれ、浜に沿ってにわかに建築ブームに沸いていたことだろう。そういう植民者たちの活気にあふれた浜のなかにラス・カサスははじめて立ったのだ。それはどこだろう。踏査などできるはずはないのだが、ラス・カサスのサンダルが食い込んだ砂浜の一点を探したくなる。

その浜に立ったラス・カサスを待っていたのは、植民者の冷たい視線であっただろう。一五一四年八月、キューバ島の先住民に対するスペイン植民者の暴虐をとがめる説経を行なってからすでに二一年も経ていた。ラス・カサスの名は野心に満ちた植民者から蛇蝎《だかつ》のごとく嫌われていただろう。人ひとりの時間としてけっして短くない歳月を、ラス・カサスは植民地とスペインとのあいだを生涯に五往復し、先住民の救済のために奔走する。パナマ入りまでに、ラス・カサスはすでに大西洋を三・五往復していた。一五一六年には、王室の諮問機関インディアス審議会から「インディオ保

●社会思潮

ハワード・ゼア 著　西村春夫ほか 監訳

修復的司法とは何か
──応報から関係修復へ

ISBN978-4-7877-0307-1

応報的司法で置き去りにされてきた被害者の救済，加害者の真の償いと更生，コミュニティの関係修復をめざす新しい試みを紹介し，その理念を追求する。

A５判・312頁・2800円＋税

春原昭彦 著

日本新聞通史 四訂版

ISBN978-4-7877-0308-8

1861年から2000年まで140年間にわたる大事件史，社会風俗史であると同時に，貴重なマスメディア発達史の書。ロングセラーの「一大新聞クロニクル」。

A５判・416頁・3800円＋税

西原和久 編

水・環境・アジア
──グローバル化時代の公共性へ

ISBN978-4-7877-0705-5

グローバルな環境問題の解決に向けて，水俣，琵琶湖，メコン川での取り組みから実践的アプローチを考察。宇井純，嘉田由紀子，羅紅光各氏の講演を収録。

A５判・192頁・2000円＋税

戸田 清 著

環境学と平和学

ISBN978-4-7877-0309-5

環境学と平和学は21世紀の人類にとってきわめて重要な実践的学問である。直接的暴力と構造的暴力の密接なつながりを分析し，平和創出の要件を探る。

四六判上製・336頁・2800円＋税

池本廣希 編

地産地消の経済学
──生命系の世界からみた環境と経済

ISBN978-4-7877-0806-9

市場原理から環境原理へ──。地産地消を掲げた循環型農業による地域再生と環境への取り組みを紹介し，21世紀に必要な「環境と経済の学」を構想する。

四六判上製・272頁・2500円＋税

毛利和雄 著

世界遺産と地域再生
──問われるまちづくり

ISBN978-4-7877-0812-0

石見銀山，平泉，尾道，鞆の浦……。各地の実情を紹介し，世界遺産登録をめざすまちづくりと地域再生のあり方を提言する。映画作家大林宣彦氏推薦

A５判・224頁・1800円＋税

〈表示価格は税抜〉

護官」という肩書きを与えられている。その「保護官」に支払われた俸給はけっして高額ではなく、与えられた権限も曖昧なものでしかなかった。しかし、なけなしの金で渡航費をつくり、着の身着のままで船底に潜り込んで〈新世界〉にやってきた名もないスペイン人にとっては、新天地でも衣食住に不自由しない、ただらやむべき高給取りに映ったかもしれない。そういう自己存在としての「権力」を、ラス・カサスは困窮する植民者を前にして、どれだけ自覚的であったか……。それはわからない。

カリブ海に接する南米大陸北岸部の新植民地クマナにおいて、武力に頼らない「平和的植民計画」を立案し、先行者たちに実践させたこともあるラス・カサスであった。それは、無惨に失敗し、挫折、焦燥、無理解に暗然とする日々の多い歳月であった。それから一五年を経てふたたび、今度はインカの地での「平和的改宗事業」を企図して出帆し、ノンブレ・デ・ディオスの浜に立ったのだ。そして、太平洋岸のパナマ・シティから南下し、ペルー入りして「平和的改宗事業」を遂行しようと企てていたのである。

ノンブレ・デ・ディオスの浜を歩きつづけているうちに小さな製材所の前に出た。そこは二股に道が分かれていて、一方は村のなかに消えていき、もう一方は村の外を迂回して熱帯雨林の根元に消えていた。私はそこでポルト・ベーロに向かう車をともかくつかまえようと思った。車ならなんでもいい、牛車だろうが、救急車だろうがなんでも停めてやろうという覚悟だ。この村で一夜を過ごすことに妙な不安を感じていた。村の〈無〉のなかで、身体が溶かされてしまいそうな感じだった。私がこの地に来ていることを知る人間といえば、乗り合いバスの運転手と客たち、それに、この村人。身ぐるみ剝がされ、海に投げ込まれ、サメの餌食となれば永遠の消滅……、それだけだ。こんな僻遠の地にやってきてしまうと、想像力がマイナスに作用してしまうようだ。

しかし、どうにかなると思っている。熱帯雨林を土ぼこりでぼかす車の影は全然見えないのだが、それでも焦燥感はない。煙草の吸殻だけが増える。まだ、熱帯の日は高い。ここに闇が忍び寄ってくる前に絶対に出なければいけないと思っているが、日が暮れるまで、まだ一時間以上あるだろう。熱帯の日の高さに感謝する。煙草にまた火をつける。時間の流れをせき止めるつもりで、煙草はゆっくり吸わなければいけない。

「……あれは！」

煙草を思わずもみ消す。重いエンジンを揺るがす音が立ち上ってきた。砂利を踏みしめながらゆっくり回転するタイヤの動きまで手に取るようだ。「よし！」と、私はバックパックを鷲づかみして道路の真ん中に出る。四輪駆動の白い車が右に左にゆっくり揺れながら村から出てきた。手を上げる。しかし、車は悠然と通り過ぎる。私は小走りして、「アルト！　ポルファボール！（頼むから、停まってくれ！）」と叫ぶ。車はそれでも無視してゆっくり走りつづける。追う……、その気《け》迫に気おされたか、ゆっくりブレーキペダルが踏み込まれ、停まった。車全体が「やれやれ」と、うんざり加減である。

息を整えながら言った。

「ポルト・ベーロ、の方向、に、向かう、なら、行ける、ところ、まで、乗せてくれ」

すると、義眼のような目で私を睨んだのは、くだんの無愛想なセニョール・ポリスだった。

「このあたりをパトロールするだけだ。ポルト・ベーロには行かない」と言い捨てて、アクセルを踏み込んだ。まったく、ホスピタリティの欠如した公務員だった。

二股になった場所まで引き返し、切り株に腰を下ろす。すると一〇分も経たず、ワゴンの小型バスが、定刻どおりといった感じでのっそりと走ってきて、二股の路肩に車を寄せ、手ぶらの数人の男たちを降ろした。ポリスは嘘をついたのか……？

「ポルト・ベーロまでだ。コロンへのバスは、ポルト・ベーロで探してくれ」

と運転手は言った。

むろん、ポルト・ベーロまで行けばなんとかなるだろう、宿はなくても、中国人の食堂があったな、と思う。東洋人のよしみで一泊、世話になってもよいだろう、などと考える余裕がたちまち出てくる自分がおかしかった。

熱帯雨林を切り拓いた肉牛用の放牧場の柵に沿って道は走る。緩慢に草を喰らう牛の多くは、ハンバーガー・ショップの食材として出荷される。


車輪から絶えずアナーキーな振動を伝えるバスが、いきなり静かになった。ポルト・ベーロの町はずれに走り込んだのだ。ここから先、パナマのカリブ海側最大の都市コロンまでは快適な舗装道路がつづく。

バスは、スペイン植民都市だった当時の税関兼倉庫であった赤レンガの建物の前にある小さな公園に横づけされた。ここから、コロン行きのバスは一時間に一本程度は出ているはずだった。

その税関兼倉庫は、一九九三年だったたか、ポルト・ベーロに最初に訪れた当時はまだ廃墟で、スペイン政府の援助で再建工事に手がついたばかりだった。いまは、この地方の歴史と文化を物語る博物館となっている。ポルト・ベーロの教会は、「黒いクリスト（キリスト）像」が奉られている聖堂として、この国では有名なところだ。セマナ・サンタ（聖週間）のときには、その「黒いクリスト像」が屋外に持ち出され、善男善女の先頭に立って町を練り歩く。それを先導し、「黒いクリスト像」を台にのせて担ぐ男たちはきらびやかな聖衣をその日だけまとう。その聖衣が博物館のなかに展示されているのだ。博物館の切符切りが、ひときわ鮮やかな聖衣を指さして、「あれはボクシングのワールド・チャンピオンの××××が寄贈したものだ」と、私の知らないボクサーの名を言った。

バス停近くの中国人食堂は、その博物館が完成した頃、この町にできたと思う。再建工事が行なわれていた当時、彼らはいなかった。コロンの〈発見〉五〇〇周年イベントは、ポルト・ベーロに中国人を零細資本の企業家として招来させた。ここのアロス・フリトー（チャーハン）は美味しく、コーラはぬるかった。

（1） Ernesto J. Castillero R., *História de Panamá,* Republica de Panamá, 1989.

（2） デイヴィッド・ハワース『パナマ地峡秘史』塩野崎宏訳（リブロポート、一九九四年）。

世界遺産のポルト・ベーロ要塞

虚構の繁栄

――パナマ・シティ◉パナマ

パナマ滞在時の「徳高き司祭」ラス・カサスを描いたという長編小説が一九九二年、クリストバル・コロンの〈新世界発見〉五〇〇周年の年に邦訳されている。

一八世紀のフランスの作家ジャン＝フランソワ・マルモンテルによる『インカ帝国の滅亡』。前半部分で、慈悲深き聖職者としてラス・カサスを言葉を尽くして褒めあげている。「お父さん」というのがラス・カサスである。原語は、教会用語としての「パアドレ」だろうが、訳者は世俗的な意味に近い語感で訳しているようだ。遠藤周作らのキリシタン物の文学をもつ日本では、そのまま「パアドレ」と使ってもよかったように思う。

……一人のインディオが切り出した。「私たちを慈しみ哀れんで下さるお父さん。私たちの惨めな境遇を改善するために、お父さんがこれまで、どれほど手を尽くして下さったか、私たちはよく知っています。ところで、山に住む仲間たちを喜ばせてはいただけませんか？　仲間は、私たちがお父さんに会ったことを知っています。仲間の首長のカパナは、お父さんに一目会うためなら、命の十年分でも差し出すでしょう。カパナに会ってやって下さい。カパナの隠れ家に通じる道は、あちこちで急流や断崖絶壁にはばまれる狭い険しい山道です。でも、つるで編んだハンモックにお乗せして、私たちが交代で、お父さんをお運びします」。

この言葉を聞くと、ラス・カサスの両の眼から、はらはらと涙がこぼれ落ちた。インディオのために、新大陸と本国との間を何回となく行き来したことも、神父の背負いこんだ数知れぬ苦労も手間も、こうしてすべてが報われたのである。(1)

といった具合だが、史実はラス・カサスに一五三五年の一月中旬から一カ月ほどしかパナマに滞在させていない。いくら超人的な活動を展開し、先住民のために骨身を惜しんで活動したとしても、新天地パナマの先住民を慰撫するような信頼関係は築きようがない。しかも、当時のラス・カサスはペルー行きという大きな仕事を抱えてのパナマ入りであったから、パナマ先住民と親しく接したくとも、時間は思うようにまかせなかったはずである。

一八世紀の非現実的なロマン主義的文飾で味付けされ、歴史の現実が抱える苦渋はまろやかに研磨され、それでよしとされた時代の小説である。

マルモンテルの意図は、こうした小説を書くことによって、当時フランスに吹き荒れていた宗教弾圧に警鐘を鳴らすことだった。国家権力を背景としたカトリック教会が、「神の名」を御旗《みはた》としてプロテスタントへの迫害をつづけていた。これを諫め牽制し、批判することが、マルモンテルがペンを執った主たる動機である。作家にとって、一六世紀のラス・カサスの言動は、宗教の狂信、不寛容な精神がもたらす犯罪を身を挺して告発したかけがえのない先駆者として映っていたのだ。

ラス・カサスの著作のなかで、最も社会的影響をもたらしたとされるのは、言うまでもなく『インディアスの破壊についての簡潔な報告』である。その影響とは、スペインより周辺諸外国の言語に訳され流布したことによる広範な影響力をいう。

スペインに遅れて大航海に出帆し、植民地再編に乗り出した英国やフランス。彼らの動機は、

〈新世界〉の富をスペインに独占させるものかという強欲であり、国家意思を反映するものだった。自分たちの新たな進出＝侵略、植民地経営＝略奪の正当性を主張し、かつ、自分たちの動機がすこぶる疚《やま》しいところから出ていることを知り尽くしていたから、それを隠蔽ないしは糊塗《こと》すべく、ことさらスペイン人の非人道性を喧伝するためにラス・カサスの『報告』を活用したのだ。

スペイン帝国と対立するヨーロッパ諸国（とくにオランダやイギリス）は、このパンフレット『報告』を歓迎し、それをみずからの政治目的に利用しようとしたのである。彼らは、ひとり罪をスペイン一国に限定し、ラス・カサスの告発が、そのまま自国の世界政策にも向けられてゆくものであることを理解しようとしなかった。[2]

ラス・カサスの著わした『報告』は、一六世紀中にオランダ語版が三版、フランス語版が四版、ドイツ語版が二版、英語版とラテン語版が一版、一七世紀にはさらに多くの版が出版されたという。[3]それは、ラス・カサスには預かり知らぬことではあった。しかし、『報告』の流布によってスペインのカトリック両王時代の輝きを毀損し、「黒い伝説」を撒き散らした責任を一方的に負わされた。

マルモンテルのラス・カサス評価は、そうした地平からはるかに飛翔しており、今日の世界情勢をにらむ現代性すらもっている、と思う。旧ユーゴスラヴィア解体からはじまった宗教の峻別を民族紛争のなかに取り込んだバルカン半島諸地域の陰惨。なかでもボスニア・ヘルツェゴヴィナ紛争は、今後数世代におよぶ禍根《かこん》を残した。そうした宗教的不寛容がからんだ民族紛争はソ連邦の解体直後、コーカサス（カフカス）の回廊で起きた。アゼルヴァイジャンのなかのアルメニアの〝飛び地〟ナゴルノ・カラバフにおける紛争が嚆矢《こうし》だろう。おなじコーカサスのチェチェンやオセティアで起きた紛争も事情は変わらない。東南アジアにおいても、フィリピンで、インドネシアで、東ティモールで、ミャンマー（ビルマ）で、中国西方のウイグル自治区、チベット、国境を超えて西に進めばウズベキスタンのフェルナガ盆地でのトルコ族に対する弾圧……、二一世紀初頭の現況にこそ、われわれはマルモンテルの著作に注意深く耳傾ける必要があるのだろう。ラス・カサスの事跡は、そんなふうに現代に蘇生させることを真摯に要請されているのかもしれない。

マルモンテルは、キリスト教となんら接点などもたない先住民の習俗を認め、かつ尊重しつつ、平和的布教の試みを実践したラス・カサスの存在を、一八世紀に暖衣飽食するカトリックの精神世界の権力者たちにぶつけたのだ。フランスで制作された宗教戦争を背景とした酸鼻な権力暗闘劇ともいえる映画『王妃マルゴ』（パトリス・シェロー監督、一九九四年）などを観れば、当時の血も泪《なみだ》もない弾圧のすさまじさを知ることができるだろう。ジャンヌ・ダルクの聖劇も、いわば英国とフランスのあいだに横たわる権力闘争にキリスト教の政治性が介入した時代背景を抜きにしては語れない。当時の西欧社会に横たわる不寛容な宗教的風土の犠牲者として、ジャンヌ・ダルクの悲劇を読みとることも可能だろう。ドーバー海峡を越えて交戦した英国とフランス、その一方の英国ではいまだに、カトリック風土の北アイルランドを、移植の宗教でしかない英国国教会の権力で抑えつけようとしている。そうした植民地主義への反撥として出てきた反政府武装闘争の根はまだ生きている。世界は、宗教的不寛容がもたらす心の荒廃に直面し、解決の糸口さえ見つかっていない。

マルモンテルの視点はいまも必要だが、ラス・カサスを崇めたてまつる文飾は鄭重に削除しなければいけない、ということだ。

マルモンテルが目的意識的な作為のなかで描く柔和な慈父ラス・カサス像も、あながち的はずれだとも思われない。パナマ入りする以前、ラス・カサスの日々は比較的穏やかなものであったと思う。サント・ドミンゴの教会施設に腰を落ち着けての日々に、血の臭いは遠ざかっていた。スペインに送りつける無数の煩雑な書類の作成など政治的な取り引きもこなしてはいたが、それでもかつてなく瞑想と思索に多くの時を割くことができただろう。神との対話の日々、その清涼な時の累積は、ラス・カサスをして柔和で慈父のごとき聖職者に高めたかもしれない。しかし、マルモンテルの描くような、人前はばからず「はらはらと涙をこぼす」涙腺のほそい人間ではなかったはずだ。ラス・カサスの〝感傷的〟な涙は、少年時代、父を〈新世界〉に送り出したときに流されていただろうし、ドミニカ入りしてからの日々では涙の枯れ切る体験を送ったであろうことは想像に難くない。

キリスト教徒たちは、村々におし入り、子供や老人ばかりでなく、妊婦や産後間もない女性までもその標的とし、手当り次第腹を引き裂き身体を切りきざんだ。それは囲い場にいれられた羊の群を襲うのとなんらかわるところはなかった。このとき彼らは、インディオを一刀両断したり、一撃で首をはねるかと思えば内蔵を露出させたりして腕を競い合い、それを賭け事として楽しんだ。母親の乳房にしがみついている赤ん坊の足をつかまえて引きはがし、岩にその頭をたたきつけるものもいた。また、げらげら笑いながら面白半分に赤ん坊を仰向けに河に突き落しておいて、水に浮かんでいる格好を見て、「こん畜生、まだピクピク動いていやがる」と嘯《うそぶ》くものもいたかと思えば、幼児を母親もろとも剣でつき殺すものもいた。彼らの目に入るものはすべて、このような運命を免かれなかったのである。(4)

エスパニョーラ島やキューバ島などで、ラス・カサスはこのような残忍きわまりない場面に幾度も遭遇してきた。遭遇、というより、幾度かは従軍司祭として積極的にそうした惨劇の場に出て行っている。そうした殺戮の現実に対する圧倒的な無力感。個人的な正義感などなにも通じない、という焦燥が、政治的な策略すら用いなければ何事も前進せず、解決しようがないという徹底的なリアリズム精神を根底にすえた政治性をラス・カサスに獲得させたのだ。感傷の涙を出し切ったラス・カサスの瞳孔にあるのは、レンズのゆがまない冷徹な視線だけである。「はらはらと涙をこぼす」ような事態こそ、慎重に排除されなければいけないのだ。
「人間」ラス・カサスとは、当時の西欧社会にとって、一級の武器を携えた植民軍の頭領たちに対して素手で立ち向かった剛毅《ごうき》な精神をもつ徳高い古武士像なのである。そこではテロリズムの携行武器でひとりふたり、人間性を喪失した獣としての頭領を殺傷しても何事も変わりはしない、という柔《やわ》な感傷の排除。理論武装し、言論の人として権力の頂点に向かい、神の声を適宜、活用しつつ闘うしか手段はありえない、とみずからに命じる。ラス・カサスは言葉を駆使して、神の代弁者の高みに上ろうとする。神の言葉を媒介する舌はアルコールに酔わせてはいけない。美食にたわんでもいけないし、女たちとの接吻で痺《しび》れさすことも拒む必要があった。妻帯してはならなかった。神の声を真率に告げる舌を守るため、ラス・カサスは聖職者にとどまっていなければならなかったのだ。

神の聖性を宿す熱をおびなければ、ラス・カサス一個の小さな肉体はなんら価値はない。背後から一突きされればそれで朽ちる肉体しかもたない。しかし、ラス・カサスはそれをさせない。刺され流れる血が殺害者の良心に苦悶を強いるものでなければいけない。それゆえ、ラス・カサスの戦法は醒めていなければ有効性をもたない。明晰に冷徹な思索の人であり、権謀術策《けんぼうじゅつさく》に長けた戦略家であり政治家であらねばならない。一六世紀の前衛的知識人にはそれができた。それが彼らの身の処し方であった。ルネサンス人のレオナルド・ダ・ヴィンチやミケランジェロが、現実政治の渦中のなかで制作の日々を闘い取っていた事情と似ている。ルターはもとより、フランシスコ・ザビエル、コペルニクス、モンテーニュ……、みなラス・カサスとおなじ気流の流れに乗った知性と汚濁を呼吸した者たちだ。時代は、ラス・カサスを聖堂の瞑想のなかに安住はさせなかった。

ラス・カサスに涙をぬぐう暇あれば、先住民擁護のために具体的な建策を構想し、練り上げ、王室に送る文飾を整え、慎重に作文していた、という言い方も感傷なのかもしれない。すでに、「人間」ラス・カサスは先住民の境遇に対していちいち涙腺をゆるくする感傷の泉は枯れていた。そうして、非人間的存在、人性をみずから削り取ることによって、神の無言の意志をよく聞き取ろうとする。

——と、このようなラス・カサス像をいくら表出しようとも、中米各地では、柔和な慈父として描かれることはくり返される。それは認めないわけにはいかないし、そうした像の作者たちの心根の真実を無視するわけにはいかない。私は、中米地峡の〝蚤《のみ》の国〟といわれるほど小さな国、エル・サルバドルの首都サン・サルバドルの教会に建つ、慈愛に満ちた穏やかな表情のラス・カサスを内戦の混乱のなかで見いだした。おなじような像は、陰惨な殺戮がつづくグアテマラでも親しむことができた。殺戮のなかでは、怒れる司祭像は戦いの熱を沸騰させるだけなのかもしれない。

ラス・カサスが滞在したパナマ・シティははるかな昔に瓦礫と化している。朽ちた聖堂の瓦礫、回廊、石橋……、市街地の痕跡がそこかしこに残り、繁殖力の旺盛な雑草のなかで朽ちようとしている。それをとどめているのは、外貨獲得の手段である「観光」資源としての価値だろう。それで生きながらえているようなものだ。

太平洋を下方に眺める平たい高台に創設されたのが初代のパナマ・シティ、現在パナマ・ビエホと呼ばれている遺跡公園である。スペイン人たちは、海からの侵略にそなえて高台に建設したのだったが、英国の海賊ヘンリー・モーガン一派はカリブ沿岸の植民都市ポルト・ベーロを侵略した余勢をかって、一六七一年、陸の無防備な背後から急襲した。

ノンブレ・デ・ディオスもポルト・ベーロも、そしてパナマ・シティも焼き尽くされ占拠された

かつてのパナマ・シティの廃墟，パナマ・ビエホ

が、それは一時的なもので、海賊の後を英国の行政官が出てきて新しい植民地経営を企図することはなかった。中米地峡地域で唯一、グアテマラ総督府の辺境を奪って植民地事業を持続的に行ない、今日の英連邦に組み込んだのはベリーズ一国だけだ。元の英領ホンジュラスである。

海賊たちが引き上げた後、パナマ市民は八キロほど離れた小さな岬に新たな市街地を建設した。これが現在、カスコ・ビエホと呼ばれる政府政庁、大統領官邸、カテドラル、国立劇場といった主要施設が凝縮する地域である。しかし、ここはなんとも狭苦しい。広場も数箇所設けられているが、息苦しさは払拭できない。緑も少ないし、海にひらかれた建物の窓以外からは、水平線すら眺望することもできない。スペイン南端の港町カディスの中心地を知る者なら、そこを思い出すだろう。

そういえば、カディスも一度、フランシス・ドレーク一派による襲撃を受けている。まさに大西洋を股にかけた長足の海賊であった。新興の英国の活力は、ドレークやモーガンたち、まぎれもない海賊によって象徴される。彼らは、祖国では英雄として国史に名をとどめる。海賊行為も、スペインに「不当」に流れる金銀財宝を、「不当」に横取りしただけということなのかもしれない。「不当」な行為は、より「不当」な行為によって中和し、〝英雄的〟な経済活動となって英国史に記載される。そして、ドレークやモーガンはスペインの植民地経営を確実に疲弊させることに貢献し、英国軍の本隊が進出してゆくことを助けた。ゆえに、国家的な英雄となったのである。

英国王は一六七四年、モーガンをナイトに叙し、その後、ジャマイカ代理総督に任命したほどだ。たとえばモーガンはトリニダードを襲い、レアル金貨約一〇万枚を奪っていることを鑑みれば、爵位も強奪の金で購入したとも言えるわけである。ポルト・ベーロの金貨も役に立っているかもしれない。

廃墟となったパナマ・ビエホを歩きながら、モーガンのつぶやきが聞こえてくる。海賊モーガンは、燃える市街地を眼前に不敵にささやいたことだろう。「ここへ来たのは嘆きや泣き声を聞くためではない。黄金を手に入れるためだ」と。

スペインの口承に、「フランス語は女を口説く言葉、ドイツ語は野蛮人の言葉、そして、英語は海賊の言葉」というのがある。スペイン人たちはいかに英国の海賊を恐れ憎んだか、そんな口承で歴史的遺恨を晴らしているように思える。むろん、その口承は、ドレークやモーガンの時代に発している。……そして、スペイン語は「神と対話する言葉」なのである。しかしその時代、「神と対話する言葉」の実質を体現した者はひとにぎりのスペイン人しかいなかった。その象徴がラス・カサスなのである。

ラス・カサスはパナマ・ビエホの荒廃を知らない。ラス・カサスが知るその町は、太平洋の南から送られてくる財宝を蓄積するごとに膨張してゆく新興都市の活況を呈していたのだ。その賑わいを知るにつけ、ラス・カサスは一刻も早くペルーに赴かなければならないと焦燥にかられたかもしれない。賑わいの底からラス・カサスが聞き取るのは、インカの民衆の叫びであった。

ラス・カサスは新天地ペルーでの平和的布教の手立てを模索する。マルモンテルの小説のように、その地で先住民との精神的交流もあっただろう。それは詳《つまび》らかではないが、中米地峡では現在も、グアテマラに次いで先住民種族の数の多い国がパナマである。中米地峡諸国で唯一の先住民自治区「サン・ブラス」がある。その地の統治者はクナ族。各地のカシケ(酋長)たちが集まる議会があり、そこから自分たちの代表二人をパナマ国会に送り込んでいる。クナ族の自治権は一九二五年の組織的な武力闘争によって勝ち取られたものだ。パナマの先住民比率は約一〇パーセントだが、白人と先住民の混血メスティーソは六五パーセントといわれる。メスティーソたちが自分たちのアイデンティティをどちらに傾けるかで、この国の未来像は左右されるはずだ。そんな現状の国であってみれば、ラス・カサスが生きた時代、より多くの先住民が生活していたのは当然である。しかし、幾多の文献には彼らの姿が「見えない」のだ。

ラス・カサスは、パナマで南の海を越えて入ってくる情報を収集する。

「……聞けば、インカの地には高度な文化をもつ人々が暮らしているというではないか。この海の向こうに広がる未知の民、彼らが非情な征服軍の刃に倒され、エスパニョーラ島やキューバの地でインディオの姿が日ごと消えていったのとおなじような破壊は止めさせなければいけない。なんとしても手を打たなければ……。この凪《な》いだ静かな海にはじめて足を浸したのは、エスパニョーラ島で奴隷たちを使って農園を経営していた男バルボアであった。エル・オセアノ・パシフィコ（太平洋）と名付けた彼は、ダリエンの総督ダビラによって斬首されている。罪なき人々の小さな富を根こそぎ奪って私欲を肥やす破壊者にふさわしい末路といえるが、それにしてもむごたらしいことだ。エルナン・コルテスはこの狭い地峡のことをすでに知っているらしい。運河を通して、略奪した富を円滑に運ぶ水路を夢想していると聞こえる。その掘削事業に哀れなインディオたちをまた投入しようというのか。地峡を無垢な人たちの骨の捨て場にしようというのか……」

パナマ滞在中に、ペルーに向かう船に乗り込む人たちの人選も行なわれたらしい。ラス・カサスと三人のドミニコ会士を除くおよそ三〇〇人のスペイン人たちは、インカの富を虎視《こし》眈々《たんたん》と狙う飢えたハイエナの群れであった。そんな船中にラス・カサスは乗ったのだ。

コロンの〈発見〉以後、なんと多くのスペイン人たちが大西洋を越えてやってきたことか。そして男たちは一時の性欲の捌け口に先住民女性たちを襲い、父なき混血の子どもたちをそこかしこに残してゆく。ラス・カサスたちの仕事には、そうした子どもたちの救済もあった。

パナマ地峡に運河を通す計画を最初に机上に乗せたのは、アステカ帝国の征服者エルナン・コルテスであったといわれる。当時から、地政学的に重要な地と認識されていたのである。

しかし、この地峡が掘削され、船の通航が可能な運河の建設がはじまったのは一九〇三年のことだ。一九一四年にようやく完成をみたパナマ運河建設こそ、二〇世紀最大の土木工事であっただろう。パナマ市街から六キロほど郊外に位置するミラフローレス閘門《こうもん》は、その巨大運河に関わる技術を集約してみせる場所である。巨船が鉄製の巨大な門扉・閘門の開閉によって上下動するさまは、SFXのトリックではなく本物の迫力がある。米国にとって、ここは先人の偉大な事業が稼動しつづける現物の実証体として賞賛するメモリアル施設でもある。立派な観覧施設、附属博物館を設けていても、入場料を取るようなケチくさいまねはしていなかった。ケチくさくないぶん、そこは米国の保守層にとっては、「運河を手放すな」と声高く主張する場、軍事的要衝であった。一九七七年、運河施政権と広大な運河地帯を一九九九年一二月三一日正午をもってパナマ共和国へ返還することを決めたカーター元米国大統領の勇断に対して日々、声高く拒否を発しつづける場所であるように思えたものだった。ブッシュ元大統領（父）もできうるなら返還したくはなかった。ベネズエラに強硬な反米チャベス政権が誕生したことで、ブッシュ大統領（息子）はパナマ運河地帯にあった米軍南方方面軍の巨大な基地機能が失われたことを、はかり知れない喪失と思ったことだろう。カーター元大統領はパナマ運河の返還を実現したばかりか、中米の、米国に役立つ独裁者たちの息の根を止めてノーベル平和賞を受賞した。「国益を損ねて授賞した〝国賊〟だ」と、ブッシュ一族はカーター元大統領につばを吐きかけたい思いであろう。

コンテナを満載したパナマ船籍の日本船を背にして、観覧施設から出てくると、クナの女たちが土産物を売りつけに寄ってきた。モラという独特の意匠の手芸品を上着の上から胸と背に縫いつけた女たちは、スペイン語をよく話さない。言葉に巧みでないほうが異国情緒を醸し出すという寸法だ。パナマ・ビエホでも、クナの女たちは露店を並べて観光用モラを売っている。モラは、クナ族の自治区「サン・ブラス」にとって貴重な〝輸出産物〟であるのだが、もし、パナマが自国製の紙幣を発行していたら、他の中米地峡諸国がそうであるように、クナ族の特徴ある民族衣装は国のランドマークとして運河とともに描かれていることだろう。しかし、この国には紙幣というものが存在しないのだ。米ドル紙幣を「バルボア」と呼び替えて使用している。むろん、紙幣のドル表示の上に「バルボア」と刻印するわけでなく、そのまま使用している。実態のないバルボア紙幣だが、新聞の経済欄には存在し、日々のレートが明示されている。こういう国もある。

クナ族の自治区に入るには、どのような名目になっているのかはよくわからないが、「入国」税が徴収される。領収書はない。クナ族の決まりでは、クナ語でもっともらしい名が付けられているのかもしれない。カメラもうっかりクナ人へ向けてはいけない。民族的プライドが強くもあり、観光客の好奇心を満足させる金のなる風俗であることも知り、さらに無遠慮な観光客を牽制する意味もあって、写真を撮るには規定料金（あいまいだが）を払わなければいけない。パナマは米ドルを勝手に流通させている国だから、その撮影料はグアテマラとくらべると割高感が強い。しかし、民族の決まりには従わなければいけない。条例のようなものだが、ここではカシケ（酋長）が承認した〝法〟なのだ。

通貨名「バルボア」は、カリブの浜から太平洋に出た最初のコンキスタドール（征服者）、すなわち征服時代の冒険的植民者にして軍人であったバスコ・ヌニェス・デ・バルボアのことである。「太平洋（el Oceano Pacifico）」の発見者、命名者として西欧史観の世界史に名をのこした人物。パナマでは国家的英雄とされ、パナマの浜に大きな像が建っている。だから、ドルを「バルボア」と呼び替えることが認証されたのだ。もちろん、ラス・カサスにとっては糾弾されるべきスペイン征服者のひとりにすぎない。

さて、ドル、いやバルボア紙幣だが、途上国パナマの物価は米国よりも当然安いわけだから、小

クナの子どもたち

パナマ運河返還前の米南方方面軍基地

額紙幣の流通量を増やしたい。だが、限界はある。そこで、硬貨だけ自前で鋳造、発行し、流通量を増やして市民の要望に応え、かつ消耗率の高い紙の金より長持ちさせている。その自前硬貨（パナマ・センタボ硬貨）は、当然、米国セント硬貨との互換性が必要とされるので、材質はもとより大きさ、厚み、手触りまで似せて作っている。もっとも、デザインはパナマらしさを象徴することを忘れていない。しかし、バルボアを描いても、マルモンテルの描く慈悲深くパナマ先住民にも愛されたラス・カサス像が刻まれたことは、まだない。ラス・カサス像は、中米地峡の北の端グアテマラの一センタボ硬貨にしか見られない。ラス・カサスがグアテマラにたどり着くまで、まだ幾多の紆余曲折がある。

二〇〇〇年八月、パナマ運河がパナマ共和国に返還されてはじめてカリブ海側から客船で太平洋に抜けた。かつて運河地帯のそこかしこに林立していた星条旗は一掃され、ひときわ大きなパナマ国旗がはためいていた。そして、閘門をコントロールする建屋の外壁には、「運河の新しい千年期」と晴れがましく大書きされていた。運河と同時に返還された運河地帯の一角に広大なバスターミナルが建ち、米空軍基地が国内空港になり、パナマ・ビエホを望む海上に、国際空港とパナマ中心街をつなぐ中米地峡国初の高速道路が開通していた。

パナマにあったラス・カサスは、そのときを利用してフランシスコ・ピサロのインカ征服について丹念な聞き取りをしていたようだ。一五三五年一〇月、ペルー征服のいっさいを糾弾する書簡をスペイン宮廷の要人に書き送っている。ラス・カサスにとって最初の公的なピサロ批判である。

インカ征服はスペイン王室に新たな富をもたらすことになるのだが、その征服の初期の段階で、ピサロは不正に財宝を詐取したとの疑いがもたれた。そこで、王室はエスパニョーラ島のドミニコ会士でサンタ・クルス管区長であったトマス・デ・ベルランガに真相の究明を命じる。これに同行してペルーへ向かうことになったのがラス・カサスのパナマ入りの事情であり、ペルーへの渡航目的であった。

むろん、ラス・カサスの真の目的は、そうした財宝の不正詐取問題よりも、ピサロによってはじまった先住民統治の実際を見聞し、先住民擁護のためになにをなしうるかを見きわめることであった。しかし、ペルー行きの船は凪《なぎ》に阻まれ、南下することはできなかった。

（1） ジャン＝フランソワ・マルモンテル『インカ帝国の滅亡』湟野ゆり子訳（岩波文庫、一九九二年）。
（2） 石原保徳『インディアスの発見――ラス・カサスを読む』（田畑書店、一九八〇年）。
（3） 染田秀藤『人と思想　ラス＝カサス』（清水書院、一九九七年）。
（4） ラス・カサス「エスパニョーラ島について」『インディアス破壊を弾劾する簡略なる陳述』石原保徳訳（現代企画室、一九八七年）。

フンボルト寒流と日本人

――リマ◉ペルー

ラス・カサスの大西洋横断航海は、一攫千金を夢みた最初の航海から数えて生涯のあいだに五往復におよぶ。これに、サント・ドミンゴを出航地とするカリブ諸島、ベネズエラのカリブ沿岸地域、メキシコ湾岸、中米地峡などへの船旅が加わる。しかし、太平洋の航海はたった一度きりしかない。その太平洋航海でラス・カサスははじめて海の怖さ、生死の境をみることになる。大西洋でカリブ海で一度もハリケーンにも遭遇しなかった強運の持ち主であったラス・カサスが、太平洋では穏やかすぎる海に苦しめられた。

パナマ出航後まもなく、ラス・カサス一行を乗せた船は凪《なぎ》状態に苦しめられ、ペルーへの航路を進むことができなかった。二カ月近く船は赤道付近で漂い、飲料水と食糧不足に悩まされて、三〇〇名の乗組員は餓死寸前の状態に追い詰められた(1)。

当時、大洋に乗り出す航海は文字どおり命がけだった。クリストバル・コロンの第一回目の〈発見〉航海でも、船団長コロンを乗せた旗艦サンタ・マリア号でさえ座礁し放棄されているし、さらに帰路の旅では僚船とはぐれている。

映画『タイタニック』ではないが、大洋の横断航海は二〇世紀に入ってもなお海難事故による人命の損失は大きかった。レーダー装備前の船舶は、タイタニック号のように霧幕に隠された氷山を察知できずに衝突したり、座礁をくり返していた。であれば、一六世紀の装甲もやわな木造の帆船、今日の目で見れば、なんとも頼りないほどの大きさでしかなく、計器類も原始的な技術のもので大洋に繰り出すのは冒険であった。気まぐれな天候はそれこそ大海の藻屑《もくず》のような船を翻弄した。

――にもかかわらず、ラス・カサスの船旅は恵まれていた。少なくとも、パナマからペルーに向から赤道を越えようかという太平洋南下の船旅までは、記録に残すような悪天候に遭わずにすんでいる。しかし、さしもの強運も太平洋での初航海で途絶えた。

二〇〇〇年一二月初旬、ラス・カサスの太平洋南下の航海をたどるように、パナマ・シティのバルボア港からペルーの海の玄関カヤオ港まで客船に乗る機会に恵まれた。四歳の娘の手を引いた二人旅である。

ラス・カサスを訪ねる旅であったが、この船旅とペルーでは彼の足跡をたどることはできない。ラス・カサスを乗せた船は凪のために舵を北に反転させ、中米ニカラグアの浜へ回航、避難してしまったからだ。「凪」と書いたが、現在の地理学で言うところの「赤道無風帯」に苦しめられたのだ。

この南下の旅以降、ラス・カサスは再度ペルーをめざすことはなかった。しかし、ラス・カサスを追う旅である以上、私もパナマから船に乗らなければならない。洋上からパナマ市街地を眺望するのもラス・カサスの視点の獲得である。けれど、夜、出航した船上から眺める市街地のなかに、ラス・カサスを逗留させたパナマ・ビエホの姿はない。光のなかに埋もれてしまっているのだろう。目をひくのは中米一といわれる高層住宅街の連なりだ。それはまるで洋上の蜃気楼《しんきろう》のように映える。

地峡の反対側のカリブ沿岸にはクナ族の原始的な集落がある。パナマは、そんな両極端とも思える文化を狭い地峡のあっちとこっちで共存させている国なのだ。

高層住宅の林立の陰にマネーロンダリングあり。パナマに世界中の主要銀行が支店を設けている。政府から機密保持が保証され、自由な商業活動が許されている。自由のなかには〝犯罪〟も含まれる。麻薬密売などで儲けた金の出所をくらますためのマネーロンダリングの舞台となっているのが、パナマ各支店であることはまちがいないのだが、「機密保持」の壁は厚く高い。そして、膨大なマネーロンダリングのおこぼれがパナマに落ちる。

フランシスコ・ピサロのインカ帝国征服によって、この街の基礎ができた。インカの財宝がまず、街づくりの資金を提供したのだ。南米太平洋沿岸地方に進出してゆくスペイン人たちのベースキャンプとして発展していった。

スペインの国力が落ちてから、米国がパナマに進出してきたのは必然だった。パナマ運河建設の六〇年前、一八五五年にはパナマ・シティとカリブ沿岸の都市コロンをつなぐ鉄道を完成させている。一八六九年に米国に大陸横断鉄道が開通するまでは、同国の東海岸と西海岸を結ぶ大動脈として、船と鉄道でパナマ地峡を経由するルートは旅客の大量輸送においても非常に重宝された。ゴールドラッシュの時代、パナマ地峡を横断する鉄道はカリフォルニア金鉱へ向かう多くの労働者を運んだのだ。

運河の施政権がパナマに返還された後、パナマの公共施設は著しく充実した。支配者米国がパナマ各地に残した施設がそのまま移管されたからだ。香港以上の広さをもっていた運河地帯に散在する無数の建造物が、そのままパナマのものになったのだ。

船はゆっくりとパナマから離れてゆく。洋上から眺めるパナマ市街地の下方に、左右に走る光跡がある。運河返還後に建設された中米初の高速道路だ。市街地の混雑を避け、浜の上に架橋された。

パナマ市内のスラム

パナマの空の玄関トクメン空港と市街地を短時間で結ぶ必要から生まれた。

現代の客船は凪をまったく問題にしない。重油を燃料とする船は凪など無関係に進むのだから、苦難の追体験など願ってもできない。この航路には海賊もいないし、いまのところ沿岸に紛争を抱えた国もない。凪はむしろありがたい。揺れずにすむ。五〇〇年の科学進歩の懸隔《けんかく》はあまりにも大きい。ゆえに船旅は気楽、ペルーでも大した取材はないのだからと娘を連れていった。

この船旅およびリマ滞在記にラス・カサスの出番はほとんどないだろう。しかし、ラス・カサスがペルーをめざして船に乗らなかったら、私の船旅もありえなかったという意味において、この旅もまたラス・カサスの磁力に引きつけられたものだ。しかも、この旅は現代日本を批評する絶好の機会となりえたのだった。そう、ラス・カサスが書かせたものである。

客船でカヤオ港に入り首都リマに滞在したときは、アルベルト・フジモリがペルー国会で大統領職を罷免された直後であった。

ラジオのスイッチをひねれば、「ドンデ・エスタ！（〔お前は〕どこにいるんだ！）」と、中南米ポップスの定番リズム、クンビアに乗って短いフレーズが飛び出していた時期である。「お前」とは、フジモリ政権の陰の部分、独裁的手法が民意とそぐわなくなっていた政権の黄昏《たそがれ》に暗躍したモンテシーノス国家情報部顧問のことだ。政権を延命させようと不正をはたらき、人権犯罪すらためらわなかったモンテシーノスが行方をくらました。彼の証言が得られればフジモリ元大統領の犯罪行為も暴かれると、反フジモリ派は行方を追っていた。「ドンデ・エスタ！」のラジオは、今回のフジモリ罷免、日本での逃亡生活、そしてモンテシーノスの犯罪などなど、「俺にも意見を言わせろ」「ぜひ私の主張を聞いてちょうだい」とリスナーがスタジオに電話し、それをそのまま電波に乗せたにわか番組だが、時勢を反映して聴取率は高いようだ。政庁前広場では、フジモリ政権の人権犯罪を追及するいくつもの市民組織がテントを張って長期戦の抗議行動を展開中だった。しかし、リマの町は平穏そのもの。フジモリ罷免で一段落がついたといった落ち着きのようなものがみられる。フジモリの不在も政争を弛緩させてもいた。

クリスマスのイルミネーションが輝く町は深夜まで賑わって、「とっても楽しかった」と娘が言った。私も同感。

船上で出会った日系二世のツネシゲ・フクダさんは、日本語も流暢な七十代の元気な人だった。ペルーの海の玄関口であり、リマ都市圏の一角を成すカヤオ市内で獣医院を開業しているという。彼は、『ペルー日系人の歴史』という電話帳並みのボリュームのある大著を一九九九年、移住一〇〇周年記念事業の目玉として企画し、無償で労力を提供した。著述だけでなく、消えゆく初期日系移民の遺品などの収集、保存にも尽力した。

第二次大戦中、米国政府の要請を受けたペルー政府は、日系人、在住日本人を「敵性外国人」とみなし、一七七一人を収監、米国の強制収容所へ送る措置をとった。ペルーを離れる際には短期間で資産を整理することを強いられた。足下を見たペルー人は、彼らの資産を〝強奪〟するような価格で買い取った。日米開戦によって日系ペルー人の資産は事実上、消滅したのだった。セニョール・フクダ十代の多感な時期にあたっている。その時期のことを聞くと、「私は、（ペルー人になりきろうと）エスパニョール（スペイン語）を一生懸命勉強していましたよ」という言葉でしか答えてくれなかった。

他人にはうかがい知れない辛いことがあったことは確かだろう。感傷的な想像はやめよう。セニョール・フクダの言葉に耳傾ければ、そこに真実がみえてくる。向日《こうじつ》性の性格でないと異邦での成功などおぼつかない移民、その二世として育ち、誠実な獣医としての実績を積み上げてきたセニョール・フクダも、父母から楽天的な美質を受け継いだはずだ、と思うことにする。

私が七年間住んだメキシコでも、大戦中、日系人を強制収容所に収容せよ、との強請が米国からあった。しかし、メキシコ政府はこれを拒んだ。ただし、連合軍として参戦したメキシコだから、まったく米国の意向を無視するわけにはいかない。そこで、各地に居住する日系人を首都およびその周辺に集めた。だが、収監するようなことはなかった。最南部州チアパスに暮らす榎本殖民団の末裔たちも日系人にはちがいなかったが、メキシコ人として扱われ、首都に召集されることもなかった。

各地から集められた日系人たちも、戦時下だから限界はあったはずだが、新たな状況を生き抜くための仕事を選択する自由は保障された。子どもたちの就学も保障された。米国への国境は陸つづきで搬送は容易だったが、強制送還された日系人はひとりもなかった。メキシコ民族主義のプライドは、米国の横やりに真正面から反撥したともいえる。

メキシコ・シティのリセオ・ハポン（日本人学校）に日系二世の初老の校医がいた。彼は少年時代が大戦期にあたった。当時、少年は家族とともに北部の僻遠地に住んでいたが、首都に強制移住させられた。しかし、それは彼にとっては幸運なことだった。

「あの米国の命令で、私は強制的に辺境から首都に出てくるチャンスを与えられたようなものでした。そして、はじめてまともな教育を受ける機会が得られたのです。メキシコ政府には大恩がありますし、皮肉になりますが、米国にも感謝していますよ。戦争で亡くなられた方には申しわけないですが、私にはありがたい戦争でした。メキシコの日系人のなかには、私のような体験者はほかにもたくさんいたでしょうね」となる。

ひとくちに中南米に住む日系人といっても、居住国の時の外交方針によってずいぶんとちがった処遇を受けている。米国と中南米諸国との外交関係における自立性という問題でもあるだろう。当時、メキシコは石油産業や鉄道を欧米資本から取り戻し国有化に成功した時代で、民族主義が高揚していた。メキシコには当時、「いちいち米国の指図は受けない」という気概が国内に満ちていた。しかし、ペルーは米国に寄りかかって経済が支えられていた。

中南米諸国の日系人のなかで、最も過酷な扱いを受けたのはパナマで生活していた人たちだ。そのなかのひとりが、後年、ペルーのプレ・コロンビア期の優れた文物を蒐集《しゅうしゅう》し、国外へ流出し四散するのを防いだ天野芳太郎であった。貴重な文化財はいま、天野が創設し、その名を冠したリマの博物館に収蔵展示されている。

その天野は戦前、パナマで一財産をつくり上げた。しかし、「敵性外国人」として資産を没収されてしまい、強制収容の憂き目に遭う。ペルーでの事業は戦後、一からのやり直しとなったが、天野の商才はペルーの国宝級の遺品を集めさせるほどの成功をおさめた。

天野は戦時中、強制収容ののちに日米交換船で帰国した際、その体験を綴った『我が囚はれの記』（汎洋社、一九四三年）という本を上梓している。そのなかで、日米開戦に伴い、中南米諸国から集められた日系人たちが呉越同舟《ごえつどうしゅう》、米国西海岸へ移送され、強制送還される過程をくわしく書いて一級の資料とした。そこで天野はパナマ組の悲惨を他とくらべ、次のように記述している。

事実、〔日米交換船の〕船中の誰彼の服装を見てもパナマ組のごとく見すぼらしい服装はなかった。私のごときは、ローレンソ・マルケス〔アフリカの現モザンビークの首都マプト〕へ着くまで、バルボア〔パナマの港〕以来の囚人服を着て歩いていた。着替えるにも着替えがなかったのだ。パナマ組の婦人のうちには甲板へ出られない人も沢山あった、服を持たなかったからである。

所持品のごときも、多くの人々は立派なトランクやスーツケースを沢山もって来ていたが、私たちはアメリカ軍部から支給された頭陀袋《ずだぶくろ》一つしかなかった[2]。

しかし、ここで急いで付記するとすれば、それは日米開戦必至という情勢のなかで、天野がパナマ市内でアマチュア写真クラブに属し、運河地帯をさかんに撮影していたことだ。これは米軍も知るところとなり、スパイの嫌疑をかけられた。撮影された写真は日本に送られ、海軍におけるパナマ運河地帯攻撃計画立案に際して有力な参考資料となったのではないかともいわれる。その攻撃計画は大型潜水艦の建造、潜水艦から離陸できる特殊攻撃機の開発、そして建造、さらに演習段階まで進んだ。しかし、特殊潜水艦は太平洋を横断することなく、攻撃機も発進する前に戦争は終結した。パナマ組に対して米軍がきびしく対処したのはそれなりの理由があるということだ。

話をフジモリ元大統領に戻すと、彼は選挙のたびに、中南米諸国では典型的な日本人に対する「勤勉・誠実・礼儀」という正のイメージでまず〝武装〟した。ペルーにおいては、たぶん天野もセニョール・フクダもそうした日本人に対する肯定的イメージの醸成に大いに貢献した人材であったはずだ。

フジモリ元大統領はポピュリズムの政治家として大衆のなかに積極的に分け入っていった。伝統政党の支持基盤のない候補は浮動票をかき集める算段をしなければならない。そして、浮動票の票田を圧倒的多数派の貧しい都市労働者と先住民に求めた。伝統政党に疎外された人たちである。彼らの積年の憤懣《ふんまん》を吸収するかたちでフジモリは不動票をさらった。アンデス高地に先住民村落を訪ね、放し飼いされているラクダ科のアルパカの毛を素材として織られた民族衣装を身につけて、付け焼刃の民族舞踊のステップを披露することすらためらわなかった。

フジモリのしたたかさは、それにとどまらない。

中南米諸国でアジア人一般に対する差別的言辞に「チーノ」というのがある。直訳すれば「中国人」ということだが、そこにはさまざまなニュアンスのグラデーションがある。遠いアジアからやってきた異面異相のモンゴリアンは、総じて「チーノ」とくくられてしまう。中国人・台湾人はもちろんだが、日本人も韓国人もあるいはベトナム人もタイ人も「チーノ」である。ハワイあたりから来た日系米国人も「チーノ」なら、たぶん中央アジアあたりからやってくる遊牧民も「チーノ」だろう。もっとも、日本人だって、白人を見て「アメリカ人」と連想してためらいのないことでは、どっちもどっちである。ただ、「アメリカ人」と日本人が言う場合、なんとはなしの憧れのニュアンスが込められているが、「チーノ」にはいわく言いがたい差別的トーンが隠されている。そこが全然ちがう。

ラテンアメリカ人の「チーノ」観を総合すると——、遅れて〈新世界〉にやってきた貧しい中国人は寸暇を惜しんで働き、カトリックに染まらず、伝統を保守し、朝早くから夜遅くまで土日も満足に休まず、服装にもあまり頓着せず粗衣粗食に甘んじていた。そして、気がつけば、いつしか一財産をつくっていた。かつて蔑んでいたにもかかわらず、いつのまにか自分たちの頭の上にいて、指図されていた……といった反感から、蔑視と嫉妬が複雑にからみ合って「チーノ」という独特のニュアンスとなった。

セニョール・プレジデンテ・フジモリは、野卑な政敵が浴びせる「チーノ」攻撃を逆手にとることに成功した稀有な政治家である。これは中南米で活動する日系の政治家たちの系譜のなかで特筆されてよい事項だ。「チーノ」と攻撃されたとき、フジモリは「そう、まぎれもないチーノだ」とスポンジのように吸収した。スポンジは押されても元に返る。その反発力でフジモリは切り込む。「そう、チーノであるゆえに自分は勤勉であり誠実である。そして、礼儀正しい」と売り込むこと

世界遺産マチュ・ピチュへ向かう大勢の観光客が訪れるクスコの市場

に成功したのである。アジア人一般に対する〝正〟の部分だけを抽出し、うまいところ取りし、「だから信頼して票を投じなさい」という文脈に転化させた。フジモリにとって「チーノ」は自分を売り込むフレーズであった。

しかし自身の不正蓄財、人権犯罪の疑惑にまみれた。引きぎわの悪い、あまたの権力の系譜におさまって小物となってしまった。

「パナマを出てから私は毎朝、甲板に出て海を眺めています。この航路は、私の父母が移民船でペルーに入ったときとおなじですね。海を眺めながら、父母はどんな思いで祖国を後にし、長い航路でなにを思ったでしょうか……。想像のペルーと実際に見たペルーとはずいぶんとちがったものでしょう。ペルーでの生活をどのように築こうと思っていたのだろう、と私は想像します。期待、希望……、でも不安のほうが多かったのではないでしょうか？　船でペルー入りすることなどいまはほとんどないですからね、貴重な機会です。もう、こんなことは体験できないと思って、私は毎朝、甲板に出ているのですよ」

スペイン語まじりの日本語でセニョール・フクダは語った。

パナマのバルボア港を出て二日目、海の表情――気配というのだろうか――が全然ちがうことに気づいた。船を包む大気も熱帯のそれではなく、風に吹かれていれば重ね着をしたくなるほどの冷気を感じるのだった。

霧がいくつもの層になって水平線を隠していた。船はフンボルト寒流の流れに逆らって南下しているのだった。海面はとても穏やかだが、時折、ガッンといった感じで船が小さく揺れる。おそらく広大な寒流のなかに、北上しながらもいっこうに周囲となじまない冷たい水の団塊があって、それは当然、比重がちがうから、これが船底に突き当たると振動し、小さな揺れを船体に刻むのだろう。また、その冷たい団塊は南極沿岸から潤沢な魚群を伴ってくる。チリやペルーが世界有数の漁獲高を上げるのはこの寒流のおかげだ。そして、首都リマは赤道直下と言えるような位置にあるにもかかわらず、寒流のために穏やかな気候に恵まれることになった。

フンボルト寒流を南下してインカ帝国を滅ぼしたフランシスコ・ピサロの船隊の航海士たちは、むろん寒流の存在を知らない。熱帯の海に乗り出したピサロの船隊がはじめて寒流に遭遇した際、この冷涼な海をどのように迎えたのだろう。こんなとき、船乗りたちは自然科学の知識で対応するより、神意をさぐることで解決していたと思う。ピサロの船隊に参加した書記官のなかに、寒流に対する印象を記述した者はいなかったようだ。もし、合理的な推論をピサロ一隊が行なっていれば、一九世紀のドイツの博物学者フンボルトの名ではなく、「ピサロ寒流」とでも命名されていただろう。アメリカが「発見者」コロンではなく、地理学的な知識で〈新大陸〉であることを示唆したイタリア人探検家アメリゴ・ヴェスプッチの名から採られた事情と酷似している。

パナマを出て三日目の午後、カヤオ沖の赤茶けたサン・ロレンソ島が船室の丸窓いっぱいに広がった。

一八九九年（明治三二）二月、ペルーでの新生活に夢抱く日本人移民七九〇名を乗せた佐倉丸が横浜を出航した。約二カ月の航海の後、はじめて目にしたペルーがいま、私の目の前に現われた。それは、一木一草見あたらない荒涼とした赤茶けた巨大な塊であった。新天地に大いなる希望と野心を抱きつつ、けれどふつふつと胸底から吹き上がってくる不安と闘っていたであろう移民たちは、その光景をどのように呑み込んだことだろうか……。

赤道直下の熱い大気は緑錆色《りょくしょう》の寒流によって冷やされ、重く分厚い霧を発生させる。わずかな光が射し込むだけで陰鬱な光景が広がる。白昼も涼しい。夜もまた星の輝きは少ない。

サン・ロレンソ島の横を通過する頃には、前方にカヤオ港の全景が広がった。私を乗せた客船は、韓国海軍の練習艦二艘が灰色の船体を横たえた埠頭に同居することになった。簡単なスペイン語を話す若い水兵がいた。練習艦は、世界各地に在住する韓国人同胞が手にする国旗に出迎えられ、交流しながら世界周遊をつづけているという。

メキシコの自宅に戻ってから、書棚にあった日本人によるペルー紀行をいくつか調べてみた。ペルーへの移民事業が開始された後、筆者の手もとにある最も古い紀行文は法学者の田中耕太郎による一九三九年のものだった。すでに旅客機での旅であった。洋上からリマ空港に降りてゆき、帰路も洋上に飛翔してゆく航路で、寒流と対話をするにはいたらない。フンボルト寒流が豊かな漁場と指摘するも、それは資料類で知り、リマ人に確認した知識にすぎず、海そのものは描写していない。当然だろう。戦後いちばん最初の紀行は一九五五年、ジャーナリスト大宅壮一によるものであった。彼もまた飛行機の旅である。超多忙であった大宅が、航空便があるのに船便を頼るわけがない。手にしうるものはすべて空からのものだった。ペルー移民船の海路を訪ねた記述はなかった。

「リマの町は全然心配いらないですよ。日秘文化会館の周りには二四時間やっている大きなスーパーマーケットもあれば、たくさんの店があります。なにも困らないですね」

二〇〇〇年一一月、フジモリはブルネイで開催されたAPEC首脳会議の帰途、突如来日し、東京滞在中に大統領職の辞意を表明した。だが、ペルー国会はファックスによる辞表を受理せず、「道徳能力の欠如」を理由に付した罷免決議案が提出され、賛成多数で可決された。解職されたフジモリは強制送還を恐れ、もうひとつの日本国籍を持ち出して「日本人」として在留し、事実上の亡命生活を送ることに成功した。

そうした一連の事態に、「ペルーでは〝反日感情〟が高まっているので旅行は自粛したほうがよい」といった報道が日本では出た。だから、カヤオ入りした客船の日本人船客は、フジモリ失脚直後のリマを、不慣れな者が出歩いて大丈夫なものかと心配していた。日本のマスコミはいい加減なもので、現地での取材もろくにせず、「政争」＝「危険」という定式を前提に報道する。日本大使館なども、よけいな仕事が増えるのが嫌だから、全然実態に合わない「危険度」の指数を上げる。そうしたことは中米暮らしでさんざん見てきたことだ。たとえ「内戦」国ではあっても、グアテマラやエル・サルバドルで日本人家族はみな滞りなく生活していたのであったし、いまペルーの日系人たちは日秘文化会館が主催するさまざまな行事に、日本人性を強調しながら、しげく出入りしているのだ。私自身、四歳の娘の手をつないでリマの旧市街をぶらぶら散策していた。

セニョール・フクダは、カヤオ港に着く前から複数の日本人に、「日本人にとって不穏ではないのか？」云々の質問を受けていた。そして、セニョール・フクダはその意味がよく理解できず、先のスーパーマーケットの賑わいで「平常」を強調したのだった。

日秘文化会館とは、日系ペルー人たちが親睦のために設立した総合文化施設だ。日系ペルー人の歴史を伝える資料館やホール、診療所、旅行代理店、茶室、そして日本庭園など多彩な機能をもち、終日、人の出入りが絶えない地元に密着した公共施設である。私が訪れたときは、庭の芝で日系の老人たちがゲートボールに興じていた。会館のなかでは、新年を前に日本製カレンダーの即売会をやっていた。売り子のおばさんに、「日本で買うよりずっと安いんだから」と押しつけられそうになった。「リマまで来て、日本のカレンダーを持ち帰る日本人はいないでしょう」と言う私の冷やかしに、おばさんが応えたものだ。

セニョール・フクダにかぎらず、日系人社会のフジモリ元大統領に対する評価、というか人物評の公約数は、「不正蓄財で追及されようが、人権犯罪の咎《とが》で刑務所に収監されようが、それは自業自得であって、われわれにはあずかり知らぬこと」というものだ。二十代の学生のひとりが、「彼はペルーに戻って弁明すべきだ。しかし、彼はいさぎよく——と言うんでしょう日本語で——、そういう人間ではないと思います」と言うと、また別の女子大生は、「私は彼が大嫌い。最初の数年だけね、評価できるのは」と言った。そこで私は、「ペルーでは、フジモリは日本政府に守られている、と思われているでしょう。そのことで、あなたたち日系人に不利益になるようなこと、たとえば嫌がらせを学校で受けるとか、そういうことはないの？」と訊いてみた。「どこでもおかしな人間はいるものでしょう。サカウラミ、ですか、そんなことを考えたり、脅迫しようとか考えている者もいるかもしれませんが、でも、そんなことを考えている人は圧倒的に少数でしょう。問題ではありません」と最初の学生が言った。

私はこの旅に娘を連れてキューバのハバナから乗船し、パナマで仕事がてら遊び、そしてカヤオに着いた。カヤオからリマまでは乗り合いタクシーで出た。

基本的にわが家の旅はどこへ行くにも子連れである。乳母車を押してジャングルのぬかるみを転がした。爆雨という熟語をあてたいスコールのなか、雨合羽に二歳の娘を抱いて、やり過ごすこともあった。日本のじいさん、ばあさんが聞いたら腰を抜かしかねない旅をつづけてきた。

しかし、リマの治安には多少の不安があった。無知に民族的な偏見がからんだ人間の暴力ほど怖いものはない。しかし、これは長年の勘としか言いようがないが、タクシーでカヤオ港からリマのセントロ（中心街）に出て、新市街のミラフローレスで降車するまでの三〇分間ほどの行程のなかで車窓から嗅ぎ取られた雰囲気は、「思った以上に穏やかだ。セニョール・フクダの言葉にまちがいはない」というものだった。

リマを離れる前夜、新市街で深夜一一時過ぎまで娘の手を引いて食事をし、街路に面したカフェテリアで過ごしていた。クリスマスのイルミネーションがまばたき、人の往来は尽きない。南国の夜である。人だまりのできる交差点付近では、数人の両替屋がペルー通貨ソルの札束を鷲づかみにして米ドルとの交換をつづけていた。メキシコにかぎらず、中米諸国では考えられない光景だ。しかも深夜、武器も携行せずに……。予想以上、というよりメキシコよりはるかに治安がよい。日本のマスコミは、こうした実地検証をせずに大使館に電話したりして二次情報で書いている。私は日本のメディアよりもCNNの報道に重きを置いてみているが、それは現地支局員がこうした街頭から「現在」を速報できる態勢を国連加盟国のほとんどでできることだ。しかも、英語放送とスペイン語放送の二つのチャンネルに対応できるように通常二人のスタッフが常駐している。日本のマスコミ機関が中南米に支局を設けている国は、たった二カ国しかない。支局員は平常、オフィスでつけっぱなしのCNNのニュースを片目で追いながら仕事している。

フジモリ政権の大きな功績のひとつは、治安の回復だろう。これは賞賛されてよいと思う。通貨も安定している。インフレは格段に改善された。しかし……というグレーゾーンが大きい。そこが問題にされた。しかも、そこに幾多の若い命の損失という悲劇性があって、これは遺族には拭えない記憶なのだ。フジモリ評価は、そこで下落する。

時間がかぎられた旅だったので町の移動はタクシーを利用した。その車中で運転手と積極的に会話を重ねた。その際、「日本からの旅行者だが」と断ったうえで、フジモリの今回の態度をどう思うか、との質問を発したところ、一〇〇パーセント否定的な答えだった。だが、日本人たる客の私から、たとえば運賃をボルような卑劣なことをする者はひとりもいなかった。

「フジモリはフジモリ、あんたはあんた」とペルー人、いやラテンアメリカ人はよい意味で個人主義者なのだ。北朝鮮による日本人拉致問題に絡んで、なんの関わりもない朝鮮籍の子どもたちに嫌がらせをしたり、脅迫したりする卑劣な輩を放置する日本社会のほうがよほど病んでいる。

切迫感はないが、大統領官邸前でテントを張って寝起きしながら、鉄の鎖を（必要に応じて）自分の身体に巻きつけ、フジモリ政権の人権犯罪を告発する婦人団体がいた。娘の手を引いて、彼女たちと対話した。そこでは、まったく常套的な意見が返ってくるだけで「取材」という意味では新味はないが、私を疎《うと》んじている気配はない。ふと、彼女たちは日当をもらって動員されている人たちではないかという思いが脳裏をかすめてしまった。だって、カメラを向けると、あわててそばに転がしている鉄の鎖を身体に巻きつけようとしたのだから。もっとも、邪魔な重い鎖をずっと巻きつけていたら肩もこることだろうから、無理のないことなのだが。

リマの町は、外電が伝えるような「政治的季節」の気配は希薄で、むしろ市民の主たる話題は、「南半球のペルーはいまが盛夏なのに、エル・ニーニョのせいか天候異変で例年になく涼しい」というものであった。インターネットがかくも普及した今日でも、町の現地感覚、大気や気配を逐次的に伝えるのは至難なのだ。

ラス・カサスの時代、一通の文書がサント・ドミンゴからスペインに届くまで数カ月かかったことだろう。海難で失われる可能性も大きい。復路にもまた時間がかかる。そんな無為な時間のあいだにも、先住民たちは植民者の強欲に囚われ、命を縮めているのだ。ラス・カサスの焦燥は強い。しかし、日々起きているそうした悲劇に逐一、思い煩っていては大局を見失うことも知る〈政治家〉ラス・カサスでもあった。彼は非情な忍耐に生きることを覚悟し、自明として受け入れた聖職者であった。ほぼ同時代、自滅覚悟で禁教の日本入りして、一度も説経する機会すらなく捕縛され、ただただ拷問を受け、棄教を迫られて命を落とす修道士たちの法難の恍惚《こうこつ》は、ラス・カサスにとってみれば愚かなことであったはずだ。ラス・カサスはそうした宗教的殉教の甘美に酔うことを否定する。それは、彼にとっては現実逃避以外のなにものでもなかった。

身体に鎖を巻きつけてフジモリに抗議する女性たち

涼しいリマのセントロ（中心街）は植民初期に創建された歴史的な建造物が折り重なっているところだが、街路は狭く、始終、車が渋滞している。途上国によくある光景だが、それぞれの車が一寸先を競って仁義なき割り込み攻防をくり返す。その壮絶にして滑稽な攻防戦はアクセルとブレーキの間断ないペダル踏みだから、けっして安くないガソリンを不必要に消費し、不経済でもあるし大気汚染の原因になる。しかも、数台追い抜いたところで目的地への所要時間が変わるわけでもない。メキシコ・シティではもうこんな無用な攻防戦は展開されない。

一寸先を競うタクシーの運転手は、「ここは食べものがうまいんだ」と、まずは食自慢をし、次いで「リマは暑くもなければ寒くもない、こんな人間の生活に適した町はないさ」と、アクセルとブレーキーをせわしく踏み替えながら言った。

「だけど、ガソリンが値上がってたいへんさ。独身者はいいが子持ちは苦しいよ。なんとか食ってはいるけどね」

カーラジオから、また「ドンデ・エスタ！」がクンビアのリズムで飛び出した。「モンテシーノスは、ガラパゴスにいるらしいぜ」と、運転手は隣国エクアドルの絶海の孤島の名をあげた。確証があって言っているわけではない。そんな噂が流れている。典型的なガセネタのたぐいだ。

もしもガラパゴスに入島すれば、袋の鼠《ねずみ》になることをみずから志願したようなものだ。逃げ出す便船を都合よく調達できないのがガラパゴスだ。そもそも、この世界遺産の絶海の諸島には一度に入れる人数制限というものがある。自然を守るための予防措置であって、潜伏しようと思ったなら（その前提で言うのだが）エクアドル海軍を買収しなければできない相談だ。

逃げるのならば、人の海のなかだ。絶海の孤島ではない、都市の雑踏のなかである。まあ、そんな反論をしたところで運転手に通じる話ではないので、暮らし向きをくり返し質問する。リマのタクシー運転手は総じておしゃべりでよく話す。貧乏話も厭わないのが気持ちよい。

しかし、聞き捨てならない情報もあった。運転手からではなく、反フジモリ派のラジオが、日本特有の政体、つまり立憲君主制（憲法学者による解釈はともかく、外から見た姿として）に絡めて、「日本は天皇に支配されている帝国主義国家であり、フジモリは天皇に庇護されている」と言っているのだ。これをくり返し流していた。スペイン語で立憲君主制をmonarquia institucinalという。こんな名詞はほとんど使わないし、だいたいに日本人の多くが立憲君主制などとは日常意識していないのだから、辞書を引くこともなく、よほど意識的でないと暗記していないものだ。いま、「あれっ、なんだっけ?」と辞書を引いた私である。

天皇は政治的実権をもたない日本国の象徴である、と主張したところで、「天皇」をスペイン語で書けば「エンペラドール（Emperador：皇帝）」なのであって、他に訳しようがないのだ。一八世紀の先住民反乱の指導者の名を組織名に冠した反政府武装組織トゥパク・アマル革命運動（MRTA）がリマの日本大使公邸を武力占拠したのは、「天皇誕生日（aniversario del natalicio del Emperador）」のレセプション中のことであった。そう、エンペラドールで象徴されてしまう絶対的権力とフジモリの強権的な独裁手法は、ペルー人の多くにはすんなり重なってしまうものなのかもしれない。

メキシコ・シティに帰宅してから、フジモリの両親の故郷・熊本の県議会が、新社会党を除く圧倒的多数で「フジモリ氏を擁護する」という国際感覚がまったく欠如した鈍感きわまりない決議を採択したことを知った。県民感情というものはあるだろう。それは理解できる。しかし、海外に出た日本人はただ、日本人として見られるだけである。熊本県議会の決議は、フジモリの両親の故郷のことという事情は考慮されずにただ、日本の一部には根強くフジモリを支持する政治勢力がある、となってしまう。県会議員といえど、この時代、国際感覚を身につけねばいけない。それが、圧倒的多数でというのは、これは県の恥以外のなにものでもない。もし、県民感情を発露として決議を出すのであれば、それこそ「潔白というなら郷土の名誉にかけ、ペルーに帰って正々堂々と弁明せよ」と勧告するのが道理というものだ。そして、「その潔さに対して、県として全面的に支援を惜しまない」とでも確約すればよいではないか。

そういえば、二〇〇七年の参議院議員選挙において、チリの首都サンティアゴで自宅軟禁中のフジモリが国民新党から立候補を表明したことが話題となった。もとより当選する見込みのないものであったが、フジモリの存在感だけは示された。しかし、大多数のペルー人にとってみれば、二重国籍を悪用した反民族的行為と映る。大統領時代、抜群の政治感覚で伝統政党の息の根を一時的にではあるが止めたフジモリも、政治の実践的な場から離れている時間が多くなるほど鈍磨していたにはちがいない。日本の参院選への出馬という行為は、ペルー国民からは「ペルーへの引き渡し逃れ」としか見られず、裁判の際、裁判官の心証にマイナス効果しかおよぼさないものだ。

一九九六年一二月から一二七日間の長きにわたった日本大使公邸占拠事件（もう一〇年以上も前の話になってしまったことに驚く）が決着をみて以来、日本のマスコミはフジモリ元大統領を否定的に扱うことを控えていたように思う。たとえば、この事件を主題にした映画が一九九八年に米国で制作されているが、この作品の存在は日本ではほとんど知られていない。私は当時、メキシコ暮らしだったから友人の情報で知ったのだが、日本では劇場公開されず、どこかのチャンネルで深夜一回だけ放映されたという。その後、ビデオ化されたが、それも廃盤となり、DVD化はされなかった。

メナヘム・ゴランという監督が制作した映画で、メキシコでは「シウダー・バホ・フェゴ（炎の下の都市）」といったタイトルで公開されたが、日本でビデオ化された際には、より直截的な『人質奪還』というタイトルになった。世評を仰ごうというような社会性も芸術性も考慮しない、コマーシャルなアクション映画仕立てで、現実に停滞、膠着した日々はバサッと切り捨てられ、スピード感を持たせていた。

むろん、フジモリ大統領も戦闘服を着衣し、作戦指導する場面が出てくる。その助言者として、フジモリ失脚の大きなファクターとなったモンテシーノス国家情報部顧問が冷徹な「悪役」として準主役級の扱いとなっていた。占拠事件当時、日本ではモンテシーノス顧問の存在を注目していなかった。取材不足である。しかし、米国の映画人はさすがというか、事件直後に企画が上がっただろう、その原案で準主役級に据えていたのだ。後期フジモリ政権にとってのモンテシーノスの存在を、映画は必要悪的な存在であると喝破していたのだ。作中では当然、青木大使も奮闘すれば、トゥパク・アマル革命運動（MRTA）のゲリラたちも実名で登場する。映画のクライマックス、ペルーの掃討部隊が公邸に突入する直前、劇中のフジモリ大統領は、「囚人は望まない」といった内容のことをモンテシーノスに語っている。つまり、映画の制作者は、MRTAのメンバーはフジモリの命令で全員殺された、と主張しているのだ。

この事件で最初から最後まで人質となっていた日本大使館書記官（当時）の小倉英敬氏は、事件が〝解決〟してから、メキシコ大使館に転勤したのち一九九八年に退官し、事件を回顧する手記などを雑誌に発表後、詳細な著作『封殺された対話』(3)を上梓された。その小倉氏は、「ペルー軍特殊部隊が日本政府の同意を得ることなくして突入したことは、国際法〔ウィーン条約〕上いかに解釈すべきなのか」との疑問を呈した。ペルーの首都で起きた事件だが、ペルー政府の権限のおよばないところで起きたのだ。つまり、日本領土内にペルー軍は無断で侵攻し、ゲリラ全員を殺害したのである。MRTAの公邸侵入は明らかに犯罪だが、ペルー政府も公然と国際法規を無視している。

さらに小倉氏は、「明らかにMRTAには、治安部隊が武力突入しないかぎり人質に危害を加える意図はもとよりなかった」と述べている。武力突入の際も、「その気があれば、〔人質のいる部屋に〕手榴弾を投げ込むことも、自動小銃を乱射することもできたはず」なのに、人質に危害を加えようとはしなかった「ゲリラの人間性」に救われたため、わずかの犠牲者しか生み出さずにすんだと証言している。そして、無抵抗のうちに法的手続き抜きにその場で〝処刑〟されたゲリラたちのうち、少なくとも三名は「生きて身柄を拘束され」ていた事実を小倉氏は目撃している。

小倉氏の証言などを受けて、当初は「交戦」で死亡したとされたゲリラの遺体を、ペルー政府は二〇〇一年に墓を掘り起こして再検証した。その結果、特殊部隊指揮官らが特別殺人罪で起訴され、二〇〇三年には東京地検がフジモリ元大統領の事情聴取を行なっている。事件が〝解決〟した当時、フジモリによるゲリラの〝虐殺〟を賛美するような報道を垂れ流した日本のマスメディアの責任はきわめて重いものだと言えるだろう。

ＭＲＴＡは人質解放の条件として、刑務所で非人道的な扱いを受けている同志たちの釈放などを求めたほかに、フジモリ政権が指向する新自由主義的経済政策を全面的に転換せよと迫っていた。コミュニケでも、それを支える日本政府をくり返し批判していた。

日本のマスコミは、人質の境遇、解放という面に終始した報道ばかりで、ペルーの経済問題など取るに足らないという態度でほとんど問題にしなかった。あれほど長期間、リマに釘づけになった日本のマスコミ各社は、スラムの現実をとらえようとしなかったし、ＭＲＴＡのメンバーを送り出した「貧困」を掘り下げなかった。リマの泥棒市場、身体を安売りする娼婦たち、先住民問題、地方格差……、取材ネタはそれこそ腐るほどあったはずだ。貧しさに追いつめられた若者たちが、小さな罪を犯す。軽犯罪のたぐいで捕らえられ、未決囚のまま劣悪な環境に取り残されている若者の多さ。富裕層が夜毎、車で乗りつける海岸通りのショッピングモールの様子だって、満足に描き出しはしなかった。そこはスラムと対比できる象徴的なランドマークであったはずだ。

スラムの労働者が一ヵ月、懸命に働いた金でも足りないディナーに舌鼓《したづつみ》をうつ高級レストランの客たちがいる。取材に訪れた日本人クルーもおそらく利用しただろうレストランそのものに、ペルー、いやラテンアメリカの階級格差が象徴されているはずだ。厨房に行って、そこで働くコックやボーイたちを取材すればよい。彼らは定職を持っているのだから、まだ恵まれたほうだ。閉店を待って、掃除する店員の賃金を訊けばよい。それで生活できるのか、と。午前中なら、レストランの裏口へまわって塵芥《じんかい》の収集にやってくる労働者たちに取材すればよい。矛盾はテーブルの下にいくらでも転がっている。

事件に加わったMRTAのメンバーのなかに一六歳の少女がいた。おそらく、田舎から働き口を求め、遠い親戚でも頼ってリマに出てきたのだろう。でも、落ち着いた先はスラムの一角だったことだろう。おいそれと仕事は見つからない。あっても半端仕事ばかりだ。そうこうするうちにMRTAにオルグ（勧誘）される。

少女は、ペルーの階級社会について、富の偏在、貧困をもたらす資本主義の矛盾などについて、それなりに聞かされただろう。オルグする青年たちは、できるだけ平易に語っただろうが、それでも理解できない言葉はたくさんあった。貧しさが、自分たちばかりのせいではないことだけはなんとなく理解できたように思う。彼、彼女らの真剣さに圧倒されるし、自分を対等に扱ってくれる。いままで出会うことのなかったタイプの青年たちだ。

オルグの青年たちは、少女の共感を得てからはじめて、社会変革のために銃を取って闘う必要を説きだしただろう。他人に信用されるのは少女にとって幸福な出来事だ。それまでは、服装の貧しさは他人に警戒されるユニフォームのようなものであった。少女の心はオルグの青年たちに傾いてゆく。やがて、これからはじまる作戦行動に参加しないかと持ちかけられる。数ヵ月かかるかもしれないが、成功したら報酬として数百ドル（報道によっては五〇ドル）(4)を分け与えよう、と。ためらうが、喉《のど》から手が出るほどお金が欲しい。田舎に仕送りして親孝行したい。だけど……、銃を取るということは人を殺傷する恐れもあるということだ。とすれば、自分もまた危険な目に遭う可能性も大きい。それだけの価値のあることなのだろうか？　自問自答しつづけただろう。オルグたちもそれは承知だ。だから、革命闘争の〝大義〟を説く。

これまで生きてきた生活のなんと貧しかったこと……、自分はそんな生活からいつも這い上がりたいと思ってきた。ちょっとぐらい不正をはたらいてでも浮かび上がりたいと思ってきたではないか。そう、大金を手にするには、それなりの危険を覚悟すべきだ。もし、失敗して死んだとしても、それが運命なら、あるいは革命の〝大義〟とやらであるならば、受け入れるしかないではないか。この機会を逃せば、どうせ低賃金の下働きで、そのうちうだつのあがらない男と一緒になって孕《はら》ませられ、子どもの世話に追われる貧乏生活しか待っていない。チンピラに騙され娼婦に堕とされるかもしれない。どうせたいした生活しかないなら、ここで命を張って賭けをしてもいいじゃない。

そう、少女には革命の〝大義〟なんて、おそらくなかったことだろう。そのことをとらえ、日本の一部のマスメディアは嘲笑的に報道した。だが、生を受けたときから「貧困」を強いられ、子どもらしい自由の時間もなく、家事手伝い、野良仕事を強いられた子たちの〝大義〟とは、少し豊かになることでしかないだろう。

貧しい家に生を受けた女の子たちの生活は悲惨だ。因習的な先住民共同体ではより過酷な様相をみせる。グアテマラの伝統的な織物に華麗なウィピルがあるが、あの精緻きわまる技は、祖母から母へ、子へと連綿と伝えられているものだ。伝承の力とは命の積み重ねそのものである。マヤ先住民の女の子なら、数を数えられるようになれば、糸目を数えるということで、小学校に上がる前から母の隣に座って見よう見まねで覚えてゆく。グアテマラの田舎ではどこでも見られる光景だ。

その女の子たちの多くは学校へ行かない。行かせてもらえない。この国の文教政策は「貧困」と「無知」には寛容だ。放課後のアフターケアなど論外だ。通ってもせいぜい三年か四年、読み書きに簡単な算数を知れば生きてゆける、と自己修了してしまう子も多い。両親からも「早く家を手伝え」と、せかされるだろう。女の子のほうが貧困の矛盾を早くから体得するのだ。

洋の東西を問わず、女性が反政府武装勢力で第一線に立って大きな役割を果たすのは、彼女たちがすでに肉体で矛盾を体得している存在だからだ。女に生を受けたために強いられた過酷な現実を少しでも変えられるなら、喜んで死地にも赴こう。

ＭＲＴＡに参加した少女の「貧困」は、そのままラテンアメリカ社会に生きる女たちの矛盾を象徴している。

ラス・カサスが〈新世界〉で活動した時代のアステカやインカの王たちの名は、悲劇の象徴としてくり返し語られるが、彼らの妻たちに言及するものはまれだ。だいたい、先住民女性の名そのものがほとんど出てこない。そのなかにあって、アステカ帝国の征服者エルナン・コルテスの愛人となって、メキシコにはじめてのメスティーソの子を産むマリンチェの名だけは特筆される。ただコルテスの愛人というだけでなく、アステカ帝国の滅亡に積極的に手を貸した女として、メキシコでは裏切り者の代名詞として語り継がれてきた。しかし近年、みずから積極的に運命を切りひらいてきた自立した女として評価されはじめている。

マリンチェをコルテスに追いやったのはメキシコ湾岸沿いの先住民共同体であった。男だけの長老政治のなかで、恐ろしい侵略者たちに命ごいすべく、若く美しいマリンチェを「煮ても焼いてもどうぞ」と差し出したのである。彼女は先住民共同体を守るための人身《ひとみ》御《ご》供《くう》であった。マリンチェは先住民共同体によって一度殺されたのだ。そして、再生をコルテス軍に預けたのだ。人はマリンチェを裏切り者と呼ぶが、最初に裏切ったのは男たちが支配する先住民共同体であった。生まれ変わったマリンチェは皮膚は褐色であっても、心はコルテスの側にあった。彼女に「裏切り者」の汚名が浴びせられるようになったのは、かわいい愛人としてコルテスの性愛を受けるだけにとどまらなかったからだ。彼女は語学に天賦の才能があった。マヤ系の民族語に通じれば、アステカ帝国の公用語であったナワトル語も話せた。そしてまた、コルテスのもとでたちまちスペイン語を覚えたのである。

　マリンチェの存命中、ラス・カサスは〈新世界〉にあったが、歴史は二人を引き合わせなかった。マリンチェはコルテスとのあいだにもうけた子マルティンを残して死去した。一五二七年頃のことだ。生まれは一五〇〇年前後と伝えられているから、二五歳くらいで亡くなったことになる。夭折《ようせつ》である。闘うラテンアメリカの女たちが若くして死にいたる例はあまりにも多い。ＭＲＴＡの少女たちの名も、マリンチェに連なる女たちの夭折の歴史に刻んでやりたいと思う。

　マリンチェの死後、〈新世界〉で輝く名となる先住民女性の登場は、グアテマラ・キチェ族の娘リゴベルタ・メンチュウがノーベル平和賞を受賞するまで待たなければならない。そのあいだに五〇〇年近くの歳月が流れてしまった。

（1）　染田秀藤『ラス・カサス伝』（岩波書店、一九九〇年）。
（2）　天野芳太郎『わが囚われの記――第二次大戦と中南米移民』（中公文庫、一九八三年）。
（3）　小倉英敬『封殺された対話――ペルー日本大使公邸占拠事件再考』（平凡社、二〇〇〇年）。
（4）　太田昌国『「ペルー人質事件」解読のための21章』（現代企画室、一九九七年）。

V

中米地峡に蒔いた種子

湖の国で

――グラナダ◉ニカラグア

ラス・カサスをパナマから乗せ、ペルーをめざして南下した船は赤道無風帯に妨げられ、北へ反転するにやむなきに至った。出航地のパナマに回航することもままならず、それこそ海の気まぐれで引き寄せられた浜が現在のニカラグアであった。

ニカラグアで青年海外協力隊のメンバーと一緒に旅をしたことがある。そのなかのひとり、農業指導を担当しているという青年が言った。

「この国の農業はなんというのかなぁ……。ふつうは農家の家系がずっとつづいていくなかで、父から子へと代々引き継がれてゆく、その土地の特性なり自然環境が作物の生長にどのように影響してゆくかという経験、身体に染みついた勘も含めて、次の世代へと順ぐるりに積み重ねられてゆく伝統的な知識というものがあるでしょう。日々の労働のなかで蓄えられてゆくはずの知恵ですが、それがとても希薄なんですよ。うまく伝わっていない、というのはちょっとカルチャーショックでした。日本で農家に育った者として、彼らはほんとうに農民なのかと思うことがずいぶんあるんですよ」

科学的知識とは別のもの、それぞれの気候風土に即した長年の経験によってのみ得られる知恵というものが少ない、すなわち、地に根付いた農文化が希薄だと言うのである。

この国の主要輸出産物は、コーヒー、牛肉、エビ、砂糖、落花生、ゴマとつづき、金《きん》となる。ニカラグアの金鉱はけっして豊かとは言えないはずだが、低賃金の労働力によってなんとか採算がとれているという現状だろう。金を除いてみれば、典型的な農業国であるわけだが、農文化が見あたらないと言い切るのだ。熱帯特有の農産物に関しての知識が少ないはずの若造がなにを言うかと、反撥も覚えるが、耳を傾けるものがある。

この畑は二年使ったら一年休ませるか、栽培する作物を替えたほうがいい。あの鳥は駆除してもいいが、あの鳥は益鳥だから、多少、実を食べるのは仕方がない。野菜を少しかじるかもしれないが、益鳥が好む虫だから増えないかぎりは好きにさせておこう……といった、自然界の食物連鎖に対応した農業のあり方。あの山の雲のかかり方からすると、明日は大雨になるだろうから、無理しても今日のうちに摘み取りをすませておこう、という地域の風土に密着した天気予報。農民は元来、在野の自然科学者であると思う。日々の労働そのものが自然観察である。肌でつかみ取った知恵は、科学的に説明できないこともあるが、農民が生き抜く力として持った知恵は雄弁だ。その〈力〉が弱いというのだ。

「それは、この国の成り立ちと関係しているんじゃないかな？」

私は自分に言い聞かせるように言った。

ニカラグアからもプレ・コロンビア期の立派な装飾神器が出土している。マヤ文明の南限の地である。しかし、それらの遺物はニカラグアの先住民の作品ではなく、北のマヤ文明先進圏からの渡来品であるように思う。ニカラグア（あるいはコスタ・リカ）を「南北アメリカ大陸の芸術的感覚の微妙な合流点(1)」と主張する考古学者もいるようだが、それを作例で示すほどにはニカラグア先住民の遺産は少ない。

グアテマラ、ベリーズからメキシコ南部、チアパスやユカタン半島に栄えたマヤ文明圏と、征服時代のスペイン人たちのエルドラド（黄金郷）伝説揺籃の地となった南米コロンビアのチプチャ文化の中間から、やや北に位置するのがニカラグアだ。しかし、最も近いマヤ文明圏とされる南限の線からも、ニカラグアは南にはみ出している。文明圏ではなく、マヤ文明から流される文化の断片がかろうじて招来されていた土地という感じである。ニカラグアは北のマヤと南のチプチャ文化それぞれの辺境部に位置していたのだ。マヤの豊かな農業知識はニカラグアの先住民には充分反映されることはなかったのかもしれない。だから、スペイン人渡来以前、ニカラグアの民は先行文化圏に住む部族から搾取を受けることはあっても、その逆はありえなかった後進地域だった。

ニカラグアのコルドバ紙幣に、デリアンヘンという先住民酋長《しゅうちょう》の肖像が描かれている。一時的にではあったがスペイン軍を包囲して、これを追いつめ、退散させたという武勇が伝説となった酋長だ。実証はない。このデリアンヘンとならぶニカラグアの酋長にニカラオがいる。現在の国名は、このニカラオからきている。

ニカラオは、ニカラグア湖と太平洋が最も狭まる現在のリバス地方に君臨した酋長であったようだ。そこをニカラリオと呼んでいたらしい。意味は「ニカラオの家」である。デリアンヘンの実像が伝わっているわけではないから、紙幣の肖像は一〇〇パーセント創作である。日本でも戦前、一〇〇パーセント創作であった神武天皇を紙幣に描き込んでいた。こういうことはおそらく多くの国で行なわれている慣行のようなものだ。神武天皇像には紙幣にふさわしい威厳が求められた。メキシコやグアテマラでも、あるいは南米インカ文明圏に位置する現在のアンデス諸国の紙幣でも、おなじように叙事詩的イメージの結晶体としての先住民皇帝の像が描かれている。それらの像は国民的合意の反映でもあるはずだ。ならば、どうせ刷り込むなら粉飾をこらし威厳をもたせたほうが民族的プライドは高められるというものだろう。

ところが、デリアンヘン像はハリウッド西部劇に登場するインディアンに似た姿で描かれているのだった。上半身は裸体である。熱帯の地の酋長だから、それはリアリズムにちがいないが、祭司を執り行なう主祭であっただろうから、典礼用の「粉飾」、権威を表わす装美があったと思う。それに想像上の作為があっても怒る国民はなかったはずだが、政府はそれを無視した。素肌をあらわにしたまま刷り込んだ。ニカラグア民族性とは謙虚なものであるのか、まったく虚栄というものが紙幣から感じられないのだった。紙幣に描かれた肖像にいわく言いがたい威厳がないと、なんとはなしに価値が低いように思えてしまうのは私の浅薄な印象なのだろうか……。

一六世紀、スペイン征服軍がニカラグアの地で出会った人たちは、デリアンヘンのように上半身をはだけていたのだろう。ここは中米地峡でも暑熱の地である。西のホンジュラス、東のコスタ・リカとくらべてもほんとうに暑い。マナグア湖とニカラグア湖の二大湖が涼風をそよがせるというふうにはなっていない。首都マナグアの北方に広がるマナグア湖の湖面は、いつだって水銀のようにデロリとして波紋を描かないように見える。気候風土はニカラグアの先住民に衣服へのこだわりを強いなかったようだ。そんな先住民は、たちまちスペイン征服者たちの武力にひれ伏した。そして、先住民人口はたちまち減少した。先住民の大半はスペイン植民者たちに労働力として分配されたであろう。生地から離され、土地への愛着を失った先住民たちに生産意欲など起きようがなかったはずだ。この時代に、ニカラグア先住民に蓄えられていたはずの伝統的な農文化というものは破壊的に清算されてしまったことだろう。奴隷の身分から解放されても先住民農民たちには土地はないのだから、スペインの血をひく地主に従って生きてゆくしかなく、栽培する作物の選択権はなかった。家禽《かきん》のようにもの言わず、従順に、創意工夫の意欲も起きない生産性の低い農業にたずさわってていくしか生き延びる道はなかった。

ニカラグアの隣国コスタ・リカはもともと先住民人口が最も少なく、グアテマラ総督府時代は南の辺境としてほとんど重要視されることはなかった。コスタ・リカにやってきたスペイン植民者も少なかった。彼らに労働力として確保できる先住民が存在しないぶん、自分たちの手で耕作しなければならない。そうして自作農たちは土地に合った農業を体験から学び、やがて中米で最も品質の良いコーヒーを栽培するようになった。暮らしに余裕が生まれた。

換金作物としてアメリカ大陸に強いられたコーヒーの歴史からは、農民たちが作物を愛する文化というものがほとんど生まれなかった。コーヒー栽培にたずさわる農民の生活にまったくゆとりがなかったからだ。しかし、コスタ・リカは例外だった。中央高原の小都市サルチーにはコーヒーを運ぶ牛車に独特の民芸装飾が生まれた。「カレータ」というが、その美しいコーヒー運搬車のようなものは他のラテン諸国には存在しない。

その隣国ニカラグアのコーヒー栽培地においては、むろん美麗なカレータなどは作られなかった。中米の小国も国境ひとつ越えるだけで様相はだいぶちがってくるのだ。

「自分の土地を持たない農民が、たとえそこから糧を得ているにしても、愛着はなかなか持たないと思う。自作農は生きるため豊かになるための行動として創意工夫をするはずだが、農奴のような身分におとされた人にはそんな余裕はけっして生まれない。旧ソ連邦で農業部門がまったく振るわなかったのは、単作とか輸送の問題とかいろいろあったようだけど、結局、農地は国のものであって、自分のものでなかった、ということに尽きると思う」

私の言葉に対し、青年隊のひとりが「サンディニスタの左翼政権時代にそうなってしまったので

コスタ・リカの牛車「カレータ」

しょうかね」と、〝エッ！〟と驚くようなことを真顔で返してきた。このあたりは、彼らが日本にいるあいだに受ける研修のありようがうかがえる。外務省作成のニカラグア資料でにわか勉強するのだろう。サンディニスタ政権時代、青年隊は米国の意向を受けて全員引き上げた。そのぶん、隣国ホンジュラスへの派遣が増えた。これも米国の意向だ。ホンジュラスは、サンディニスタ政権を武力で倒すことを目的としたコントラ軍の演習地および発信基地の役割を負った。

別のひとりが、こんなことも言った。

「教育隊員が言ってましたけど、サンディニスタ時代に急速に改善されたという識字率もすこぶるあやしい。中身はいい加減なものだったということです。名前をやっと書けるようになった人も識字者として数に入れたらしいのです」

それはそうであるにちがいない。しかし、そこにはこの国の過酷な現実に思いやる愛情というものが感じられない。私は言った。

「識字率はともかく、いくらサンディニスタが優秀で、国家再建に献身的に尽くしたといっても、戦いの連続のなかにあった一〇年でできることはたかが知れていると思う。なによりコントラとの戦いで働き盛りの青年たちが戦地に取られていた現実を知れば、そんななかでも識字教育をともかくつづけようという姿勢を評価すべきではないのかな。サンディニスタ政権以前、この国ではそうした活動はいっさいなかったのだから」

サンディニスタ政権時代にも欧州からのボランティアは大勢活動していた。ソモサ独裁政権と戦い、これを倒したサンディニスタ政権をソ連邦やキューバが支援したが、内戦で疲弊した経済は立て直すことができなかった。コントラとの戦いに政府のかぎりある予算の大半が消耗させられたからだ。日本の青年隊がニカラグアに戻ったのは、サンディニスタ政権が選挙に敗れて以降のことだ。その選挙も、有権者は生き残るため、コントラとの戦いを終結させるため、消極的支持で反サンディニスタ候補者に票を投じたのだ。そういう国政選挙を強いられるのが途上国のつらい現実なのだ。生活のため、ニカラグアの有権者の多くがサンディニスタに愛情を感じながらも国政選挙で見かぎったのだ。サンディニスタ政権がつづくかぎり、コントラとの戦いを強いられ、生活が苦しくなるばかりか、息子たちが徴兵され、戦死する。それを止めるには民衆革命の理念は棚上げにされた。そういう複雑、あるいは錯綜したニカラグアの民意というものを知らず、青年隊の派遣が再開されたのだ。

私は協力隊という存在、それに参加する青年たちの熱意は買っても、その政治性はボランティアの名に値しないと思っていた。いまは、現状をよく知らないから軽々しいことは言えないが、当時、グアテマラやホンジュラス、パナマに派遣されていた隊員たちとの交流から知る活動のお粗末は、まったく税金の無駄づかいだと思っていた。これには反論があるだろうが、私の確信は揺るがない。

ラス・カサスは、ニカラグア荒廃の最大の誘因を先住民人口の人為的な減少にあるとしている。つまり、スペイン征服軍が元凶だ。征服者たちは、ニカラグア先住民たちをパナマやペルーの労働力として拉致したのだ。

六、七年にわたって、スペイン人は五隻か六隻の船を取引きのためにその地によこし、帰りにはインディオたちを多数積みこみ、パナマやペルーで彼らを奴隷として売りとばしたのだが、その内生き残ったものは一人もいなかった。それというのも、これはたくさんの事例から誰しも知っている経験則であるのだが、インディオたちは、自分たちの生地から引き離されると、たちまち何の抵抗力もなく死んでゆく人々だからである。しかしそれだけではなかった。インディオたちは食べものも与えられずいつもひもじい思いをし、休息もいっさいゆるされずといった状況におかれていた。彼らはただひたすら労働力としてのみ売買されていたのである。このようにして、その地方から総計五〇万人を越えるインディオが奴隷としてむりやり連行されたのだ。彼らは本来、私と同様自由な人々であるにもかかわらずである。(2)

ラス・カサスが記すインディオ犠牲者の数というものは、その批判者たち、スペインの征服を正当化させる者たちから絶えず、大げさなもの、被害を大きく見せるための作為、虚言であると否定されてきた。私自身、ラス・カサスに寄り添ってラテンアメリカ各地を歩きつづけながら、犠牲者の数に関しては批判者たちの「意見」にも納得するものがあると思ってきた。山間僻地の村で、熱帯雨林を切り拓いた猫の額ほどの集落で、カリブと太平洋の浜で自然の力に押しつぶされそうになりながら、細々と暮らしている人影の薄さを追いながら実感したことだった。

たとえば、前記したラス・カサスの文章は、奴隷として連行された人数を「総計五〇万人を越える」と書いた後に、「スペイン人たちは、この奴隷狩りの他に、インディオに極悪非道な戦争をしかけ、捕えた者には悲惨な生活を強い、さらに五〇万か六〇万をこえる人々を殺戮してきたのであり、インディオの死者の数は今日もなおふえつづけている」と書くのである。とするなら、スペイン征服軍がニカラグアの地に入り込んだときには少なくとも一〇〇万から一二〇〇万はいたことになる。この「ニカラグアの地方について」という文章には他にも犠牲者の数がカウントされているから、それらの数字を単純計算すると二〇〇万から二五〇万ほどの先住民が暮らしていた、ということになる。これは多すぎる。サンディニスタ政権が崩壊した頃のニカラグアは人口四三〇万ほどの国だった。とすれば、五〇〇年前の著しく生産性の低い農業しかなかったニカラグアで二〇〇万の人口を維持することは物理的に不可能なはずである。

ラス・カサスの示す数字は、一種の戦略、政治性を内包したものなのだ。それを後年、批判されているわけだ。しかし、ラス・カサスがそれを書いた当時、そうした数字を操作することによって、被害の甚大さを訴えることが急務であった。日々、失われてゆく人命を救うために、嘘も方便であってもよいはずだ。それをことさら批判するのは、資料の政治性を読み取らない、否、あえて無視する反倫理的な作為というものだろう。ラス・カサス研究家の意見を繙《ひもと》いてみよう。

> 「恐怖のカタログ」とも評される『簡潔な報告』で、ラス＝カサスはインディオ人口の激減の原因をひたすらスペイン人征服者の残虐な行為や苛斂誅求《かれんちゅうきゅう》に帰し、疫病《えきびょう》や疾病《しっぺい》などの生物学的原因を無視したが、それは征服の即時中止を求めるという目的からすれば、当然の手法だった。また、ラス＝カサスが挙げる死者の数も非難の的になっているが、最近の研究によれば、彼の挙げる数字は必ずしも誇張だとは言えない。しかし、ラス＝カサスにとり、たとえ誇張があったとしても、死者の数はさほど大きな問題ではなく、それも目的を達成するためのレトリックのひとつにすぎなかった。／むしろ、彼にとって重要なのは、キリスト教化という神聖な目的のために、すなわち、神意を実現するために、無辜《むこ》なインディオが虐殺され、死に追いやられているという現実だった。[3]

ラス・カサスの時代、ひとつの形容詞として数字を粉飾することに、著作家はそれほど後ろめたさを覚えていなかったはずだ。そういう実証性をことさら求められていた時代ではない。数字は著作家たちがめざす意図に血肉を与える形容であって、傍証ではなかった。ラス・カサスの著述作業において、なにより「生きている者」に帰依させるために死者は〈存在〉するのである。その死者の数は、より多いほうがよいということになっただろう。ラス・カサスは節度をもって数を粉飾することをためらわなかったと思う。

一五三八年、ラス・カサスを乗せた船はニカラグアの南東部の沖で停泊した。この浜で降りたラス・カサスは、内陸のニカラグア湖西端の町グラナダに向かった。

一五二三年に建設されたニカラグア最初の植民都市は、琵琶湖の一一倍の湖面積をもつ中米一のニカラグア湖畔に建つ。淡水性のサメが生息する湖としてネイチャー・ファンには世界的に知られるところだ。一度、南東の小さな町サン・カルロスから湖上のソレンチナーメ群島へ小船で訪れたことがある。遠くの山影が雲で覆われた日であったから、湖面は見渡すかぎりの灰色だった。まるで凪《な》いだ海を渡ってゆくような水平線も霞む船旅だった。

このソレンチナーメ群島に住む農民たちが描きはじめた独特の素朴画の世界がある。一九六〇年代、群島のひとつマルカロン島に、貧者の教会をめざす「解放の神学」派の共同体が設けられた。その指導者が、現在、毎年のようにノーベル文学賞の候補になっている詩人エルネスト・カルデナル神父である。彼は農民の精神的自立を求めて、識字教育などの一環として絵筆を持たせた。そこから、ソレンチナーメ派ともいうべき色彩豊かな世界を描き出す農民たちが出てきた。カルデナルの見識のなかに、おそらくカリブのハイチに豊かに息づいている素朴画が念頭にあったように思う。熱帯自然の色彩の輝きはハイチの素朴画に通底する。大きなちがいは、ハイチでは民族宗教ブードゥーの隠喩が強い叙事性を伴って頻繁に現われるのに対し、ソレンチナーメのそれは農民たちが抱く豊かな自然美の理想像が主たるテーマであることだ。果樹はいつもたわわに実り、葉の緑は鮮やかで、花は満開である。自然界の豊かな色は紺碧《こんぺき》の空の明度によってさらに鮮やかに彩色されるという絵である。そこに政治的主張はほとんどなく、明快でわかりやすい温和な世界だ。それは、東欧の農村で描かれている素朴画の世界に近い。

ソレンチナーメ素朴画は、サンディニスタ政権の樹立によって民衆の創造活動として賞賛される

自作を見せるソレンチナーメの農民画家

「解放の神学」派の教会にて

ようになり、海外でも知られるようになった。そして、売れた。商業的価値も出たことは、農民の暮らしに貢献するばかりか、サンディニスタ政権の文化広報の雄弁な語り部として機能しはじめた。いまでは首都マナグアにソレンチナーメ素朴画を専門に扱うギャラリーがあるし、金になる絵として模倣者も出てきてマナグアの土産品店にも並ぶようになった。

カルデナル神父は、サンディニスタ政権が樹立されたとき、文化大臣として入閣した。それに対してヴァチカンは、カトリック聖職者がコミュニスト政権に関わることに難色を示し、やがて「破門」の脅しをかけて、辞職を迫った。しかし、「解放の神学」派の聖職者カルデナル神父は、右派「オプス・ディ」である法王ヨハネ・パブロ二世からの批判を無視した。そして、カルデナス神父は「破門」されたが活動はやめなかった。

ソレンチナーメ群島には、カルデナル神父らが創設した教会が活動をつづけている。カトリック教会であるが、貧者の教会をめざした聖堂である。そこには、ラテンアメリカのカトリック施設に顕著な装飾過多ともいえる尊厳さというものはいっさいない。簡素きわまりない。装飾といえば、素朴画の描き手たちが自然と形象化していった簡素な教会のシンボルが描かれているだけだ。

ラス・カサスがニカラグア入りしてから約五〇〇年後、この国の民衆はカルデナル神父ら「解放の神学」派の聖職者たちによって、はじめて自分たちの手で教会を建て、運営し、農民自身の言葉で綴った「福音書」までつくった。ラス・カサスがこの地で成し遂げようとしていた仕事の結晶がソレンチナーメ群島にある。私はその素朴画を見るたびに、ソレンチナーメの教会を思い出し、農民たちの家を訪ねたことを懐かしみ、ラス・カサスの苦闘を偲ぶのだ。

農民の福音書、それは『愛とパンと自由を』と名付けられたものだが、その一節に次のような箇所がある。ラス・カサスの時代も転写するものとして引用しておきたい。

パブロ・アントーニオ〔農民〕　多くの人が、経済上の問題が解決されれば、社会的正義の問題もおのずと解決されると信じている。しかし、イエスの言葉に従うならば、それはまったく逆なんだ。

私〔カルデナル〕は言った。……また多くの人が、教会においては、社会の構造を変えようとするよりも、まず人間の心を変えなければならないと思っている。だがそれに対してキリストは、最も大切なことは、神の御国とその正義、あるいはまったくおなじことだが、正義の国だと言っている。イエスは私たちに、まず宗教的な回心を切《せつ》に求めよ、そうすればその他のすべてのことは、おのずと手に入るようになるとは言ってらっしゃらないんだ。つまり、宗教的な回心は、決して搾取の体制を廃棄することはない、というのはひとつの歴史的な事実なんだね。逆に宗教は余りにもしばしば、さらに搾取されるように、貢献してきたんだ。(4)

カリブ海へは、ニカラグア湖から流れ出すサン・フアン川を下れば行ける。かつて海賊の侵入も容易であっただろう。したがって、グラナダには湖に面して強固な砦が築かれた。中米で湖岸に頑強な砦が築かれた場所といえば、他にはグアテマラのイサバル湖畔に設けられたサン・フェリペ砦ぐらいなものだ。いずれもカリブ海から侵入してくる外敵を想定しての構えである。

ラス・カサスが説経をしたとされる白亜のサン・フランシスコ修道院がグラナダ市街地にある。一六世紀後期の建造物として中米でも貴重な遺構だが、ラス・カサスが説経をした建物は残っていない。創建まもないグラナダに建てられた修道院の規模はもっと小さかった。その小さな建物のなかで、ラス・カサスは司祭として日常的に信者と接しながら、インカ帝国の征服者ピサロを指弾する書簡をしたため、王室に送る〈政治家〉としての任務も忘れていない。と同時に、サン・フアン川流域に住む先住民を対象に「平和的布教」の活動計画を練っている。しかし、この計画は、ニカラグア総督ロドリゲ・コントレラスの知るところとなり反撥を受ける。コントレラスは、ラス・カサスのニカラグア入りから数カ月遅れて、グラナダとならぶ植民都市レオンに着任したばかりの新総督であった。当時のニカラグアの首府は、マナグア湖の西のはずれの入江を望む高台に創建されたレオンだった。

コントレラスは先任者から、サン・フアン川流域にいまだ総督府の権限のおよばない先住民諸部族の共同体が多数存在していることを聞いていただろう。着任後の最初の大きな仕事は、その地の〝平定〟であると考えるのは当然だろう。そうした総督府の動向を知ったラス・カサスが、先住民共同体が武力で〝平定〟される前に、「平和的布教」を実現したいと考えたのは必然である。スペイン軍の侵攻を防ぐには、一刻も早くカトリックの教えに導くしかない。そうした日常の多忙が、再度のペルー行きの計画を霧散させてゆく。

当時、サン・フアン川流域に住んでいた先住民の生活ぶりは、今日に伝えられていない。現在の様子は時折、中米の新聞に出てくる。そんななかで最も私の関心をひいたのは、一九九五年六月にサン・フアン川流域の先住民が「独立宣言」を行なった話題だ。

ニカラグア湖の南岸地域からサン・フアン川にかけては、ニカラグアとコスタ・リカを分かつ国境線が引かれている。もともとそこに住む先住民は川の両岸を行き来して生活していた。国境など預かり知らぬ存在である。しかし、現実は過酷だ。「独立宣言」は、コスタ・リカ領に住む先住民三八家族約五〇〇〇人が、ニカラグア湖南岸地域のニカラグア領約四四〇平方キロメートルの土地を占拠して行なわれたものだ。「独立宣言」と同時に、国連加盟のための申請まで行なった。用意周到な計画であったわけだ。二日後にはニカラグア軍が(穏便に)制圧、慌てたコスタ・リカ大統領がニカラグア政府に「自国民」による「占拠」を謝罪し、問題は収束に向かい、新聞の国際面の片隅に掲載された記事もいつしか消えた。

この事件で了解できるのは、「非武装中立」を掲げる平和国家コスタ・リカの辺境に住む先住民は、けっして不満もなく〝平和〟に暮らしているものではない、ということだろう。「独立宣言」をした〈国民〉五〇〇〇人は「アイレク共和国」と名乗って「大統領」まで選出していた。

一九九〇年代の半ば、おそらく「アイレク共和国」領とはさほど離れていない国境地帯の先住民集落を、首都サン・フォセの先住民人権団体の紹介で訪ねたことがある。その小さな村の青年活動家が、「政府の先住民に対する政策は最低だ。選挙のときの公約だけはいつも素晴らしいけどね」と言っていた。それでも、グアテマラの先住民集落とくらべると格段に状況はよいのであったが。


ふたたびラス・カサスの時代に戻る。

ニカラグア湖から流れ出す淡水によって先住民の生活が連綿と紡がれてきた。暮らしを育む川は、同時に交通の要《かなめ》でもあった。スペイン植民者はそれを見逃さなかった。植民事業の進展とともに、サン・フアン川を利用すればカリブ海への水路が確保でき、サント・ドミンゴに直接結ばれ、スペイン本国へも近くなる、とも考えられただろう。であるならば、是が非でも総督直轄地として支配しなければならない。総督にしてみれば、「ラス・カサス一派のクソ坊主の自由にさせてたまるか！」といった思いだろう。グラナダとレオンのあいだで、ラス・カサスとコントレラスの暗闘がひそかにつづけられた。両者とも一歩も退くわけにはいかない。

現在のニカラグアの首都はマナグアだが、ここが首都となったのは、植民地時代からレオンとグラナダ派との対立がつづき、武力に訴える内乱もあったため、そうした国の分裂を防ぐ意味でも、その中間に位置したマナグアに首都を移すことによって政治の緩衝地という任務を負わされたのだ。レオンとグラナダのあいだに根深い紛争の根は、ラス・カサスとコントレラスの対立を嚆矢《こうし》とするのかもしれない。

サン・フアン川流域の地政学的重要性は「アイレク共和国」の独立宣言にその一端がうかがわれるように、スペインが中米地域での権益を失い後退した後、北から進出してきた米国によってさらに高められる。

米国はサン・フアン川とニカラグア湖を利用してカリブ海と太平洋をつなぐ運河を計画していた。それは当然、巨費を投じる国家的プロジェクトになるということで国会で慎重に審議されていた。一方にパナマ運河案もあったからだ。議会では当初、ニカラグア運河案が大勢を占める勢いだった。スエズ運河を建設してフランスの国民的英雄になったフェルディナンド・ド・レセップス卿のパナマ運河建設が無残に失敗するのを見てきた米国にとって、その轍を踏むまいとする勢力はニカラグア案に傾いていた。しかし、状況はたちまち逆転した。

ニカラグアは中米地峡諸国で最も活火山の活動が盛んなところだ。米国で運河案を審議している時期、ニカラグアで一枚の切手が発行された。ニカラグアが国を象徴させる〝積極的〟な意味で活火山を図案化した切手を発行したものだ。この現物がパナマ運河案支持派によって国会に提出され、「巨費を投じて建設される運河が火山活動で破壊されたらどうする」と主張されたという。現在、この切手シートの現物がパナマ・シティの旧市街カスコ・ビエホにあるパナマ運河博物館に展示されている。一枚の切手が世界史を変えたという逸話だ。

しかし、ニカラグア運河案はいまも生きている。生きているどころか、二〇〇七年に入ってからもニカラグア政府は独自に資金援助国を探し、計画の実現をめざして調査をはじめると宣言したのだ。これを受けてパナマ政府も、「従来の規模、システムでは増大しつつある海運に対応できない」という内外の批判に応えるべく「近代化計画」を発表した。この両運河をめぐる綱引きは今日もつづいている。

ただし、パナマ運河が建設された当時とちがい、現在は経済効率だけでは問題は解決しない。それは熱帯自然の保全という問題だ。ニカラグア湖で運河建設がはじまれば、すでに絶滅種となっている淡水サメは死滅するだろうし、サン・ファン川流域の自然は破壊的な打撃を受けるばかりか、先住民の生活そのものも激変し、移住を強いられるだろう。計画が具体化すれば新たな問題が続出することは明らかだ。

ラス・カサスは王室にサン・ファン川流域への軍事的遠征を止めさせるよう嘆願書を送った。同時に、「平和的布教計画」をドミニコ会によって実現できるよう請願をした。また、総督を説得するためにみずからレオンに赴いたが、これはまったく功を奏さなかった。

ラス・カサスは「平和的布教計画」がすんなり通ることを、さほど期待していなかったように思える。ところが王室は、ラス・カサス案に許可を与えたのだ。〈政治家〉ラス・カサスの勝利だったが、現実は過酷だ。ニカラグアとスペインの物理的な距離にラス・カサスは負けるのだ。大西洋の空間が時を浪費させた。朗報がラス・カサスの手に届く前に、ニカラグアを去りグアテマラに向かって北上していたのだ。

コントレラス総督にとってラス・カサスは目の上のコブ、疫病神のようなものだったから、ニカラグアを離れるよう陰に日向に圧力をかけていたことだろう。三回にわたってラス・カサスを非難する報告書を本国に送りつけたという。「遠征に参加する者を破門に処すと言って、人々の不安を募らせ、彼がキリストの教えを説くことは滅多にない」[5]と、総督はラス・カサスを指弾した。

ラス・カサスがニカラグアを離れたのは、「平和的布教計画」がとうてい認可されないと踏んだためだろうし、コントレラス総督下では、自分の仕事にも限界があると見切ったのかもしれない。

であるならば、中米の統括地グアテマラで活動することが急務と考えられたはずだ。ラス・カサスは北への旅に出た。それは新たな闘いの日々のはじまりであった。

旅装をととのえたラス・カサスの手には、グアテマラの初代司教となったフランシスコ・マロキンの書状が握られていた。そこには、「伝道活動の協力」を要請するマロキン司教の署名が入っていた。

(1) マリアノ・ピコーン＝サラス『イスパノアメリカ文化史』グスタボ・アンドラーデ、村江四郎訳(河出書房新社、一九七三年)。
(2) ラス・カサス「ニカラグアの地方について」『インディアス破壊を弾劾する簡略なる陳述』石原保徳訳(現代企画室、一九八七年)。
(3) 染田秀藤『人と思想　ラス＝カサス』(清水書院、一九九七年)。
(4) エルネスト・カルデナル『愛とパンと自由を――ソレンチナーメの農民による福音書』伊藤紀久代訳(新教出版社、一九八二年)。
(5) 染田秀藤『ラス・カサス伝』(岩波書店、一九九〇年)。

「救世主」の国のラス・カサス

――サン・サルバドル◉エル・サルバドル

エル・サルバドルとは「救世主」という意味。世界広しといえども、こんな大それた名をもつ国は珍しい。首都サン・サルバドルもまた「救世主」である。しかし、この国の「救世主」は富裕層、高級軍人にかかりきりで、貧しい人たちには無関心であったと言わざるをえない。

この「救世主」の国では、聖堂のなかで殺害が行なわれる凄惨な内戦が一二年にわたって展開された。それは泥沼としか言いようのない、「救世主」に見放された民族同士の殺し合いだった。一九八一年一月、悪辣な軍事独裁政権に対して反政府武装組織が大同団結して結成したファラブンド・マルティ民族解放戦線（FMLN）が全土で武装攻勢を開始してから、市街戦が展開されるようになった。

「一四家族（カトルセ・ファミリア）」という固有名詞がこの国にある。日本の四国ほどの国土と国民を支配しているのは政府ではなく、大農園を支配する一四の富裕家族である、という意味だ。実際はもっと多いが、代表的な家族ということでその名がある。たった一四家族に国が支配されては困るが、隣国のニカラグアがソモサ一族に支配されていたことや、北朝鮮が現実に金日成を創始とする金家族に支配されていることを知れば、一四家族というのは、むしろ〝民主的〟と言えるかもしれない。日本もまた、徳永家、豊臣家、足利家……と、グラン・ファミリアに支配されてきた。ラテンアメリカもまた、ハプスブルク家によって支配されていた。日本の四国とおなじ広さの国土と言ったが、徳川時代、四国もちょうど一四藩が占有していたのだった。

ともかくエル・サルバドルの「一四家族」は、この国の最大の輸出産物コーヒーはもとより、砂糖、綿花といった第一次産品のほとんどをコントロールしていた。現在も事情はさほど変わらないはずだ。そうした産物の植え付けから収穫、輸送にいたる枝葉末節の産業も寡占していたわけだ。そのシステムが円滑に運営されるための監視機関が軍であり、その軍事費を賄う組織が「政府」というシステムにすぎない、というような時代がこの国にあった。民衆は、「一四家族」のお余りで生活しているようなものだった。

「一四家族」は、大統領の首をすげ替えることも容易だし、軍や警察は「家族」に宣誓することによって存在意義があったようなものだ。こうした状況を改革するには、言論では万策尽きた。報道機関も「家族」の掌中にあった。軍事独裁体制というのは、だいたいそのようなものだ。そうしたなかで変革を志向しようと思えば、武力でシステムそのものをギアチェンジしないと、なにごとも先に進まない。素手の言論は無視される。

いくつかの武装組織が活動を開始した。しかし、少人数の武装組織が、米国から軍事援助を受けている政府軍に太刀打ちできるわけがない。そこで「勝利の日までは手を組もう」ということになった。それがＦＭＬＮである。この大同団結をうながす契機となった事件に、日本が関わっている。

一九七八年五月、ＦＭＬＮ結成前の一組織、民族抵抗武装軍（ＦＡＲＮ）が日系合弁企業インシンカ社の日本人社長を誘拐した。活動資金としての身代金を手に入れるため、そして同社が経営する工場の労働者の人権を無視した劣悪な労働環境の改善を要求しての誘拐であった。政府軍は、日本人社長を奪還する作戦で強引な手法をとり、人質解放の場が銃撃戦の修羅場となった。このとき日本人社長は、政府発表では「ゲリラに〝処刑〟された」、ゲリラ側の説明では「政府軍の流れ弾に当たって死亡した」とされる。[1] 真相はわからない。その後も、同社の日本人専務が誘拐されるが、このときは無事救出されている。日系インシンカ社はなぜ、反政府武装組織に立てつづけに狙われたのか――。

同社はタオル工場を経営していた。エル・サルバドルでは規模も大きく、かつ日本の技術がそのまま移植されたから当時の中米にあっては最新モデル工場ともなった。そして、同国製のタオルはたちまち中米諸国を席巻した。隣国グアテマラで土産品として出ている国鳥ケツァルを描いたタオルなども、すべてエル・サルバドル製である。

工場はたしかに近代的だったが、労働環境は途上国のまま最低ラインに据え置かれた。長時間労働、低賃金。つまり、前近代的な女工哀史的な環境である。それでも経営サイドからすれば、「失業率の高いこの国で安定した賃金が保証された幸運な労働者」となる。そのギャップは大きい。そこに誘拐事件の誘因があった。FARNは軍事独裁政権と手を組んで労働者を搾取する日系合弁企業を糾弾した。外国人社長を誘拐することによって、内外に対するプロパガンダを行なえると踏んだのだろう。また、身代金は外国人を誘拐したほうが獲得金額が大きい。当時、日本はエル・サルバドルに中米一の特恵待遇を与えていた。この国の空の玄関サン・サルバドル空港を利用してみるとよい。規模ではパナマのトクメン国際空港にはかなわないが、他の中米諸国の空港施設にくらべると、ずっと機能的で明るく清潔な感じがする。日本政府の円借款供与で建てられた施設である。

誘拐事件が不幸な結果に終わった後、日本企業は打ちそろってエル・サルバドルから撤退してしまった。撤退、というより〝脱出〟という感じかもしれない。在住邦人を守るべき立場の大使館も、地元の女性と結婚した元青年海外協力隊員を留守番にして、大使以下、全員引き上げてしまった。

インシンカ社社長の不慮の死は、反政府武装組織の誘拐が事の発端にはちがいないが、人命を軽視した強引な奪回作戦に打って出た政府側にも大きな問題がある。政府軍のなかに極右派の青年将校たちが創設した白色テロ組織があった。彼らは、左翼テロリストだけでなく、民衆派の弁護士、農民活動家、そして聖職者すら暗殺することをためらわなかった。同国現代史は殉教者列伝のようなものだ。聖職者は殺害されつづけた。

一九八〇年、サン・サルバドル首都大司教オスカル・ロメロ師が聖堂のなかで暗殺された。外国籍の聖職者も容赦しなかった。貧しい農民たちの生活に寄り添った活動をつづけていた米国の修道女たち数人を強姦のうえ、惨殺するという残虐性までみせた。その事件によって米国は、政府軍への援助は凍結するが、左派組織が攻勢に出れば、撤回せざるをえない。

外国籍企業の経営者の恐怖は、左翼ゲリラより、むしろ右派の残虐性であったと思う。右派軍人たちの弾圧が過酷であればあるほど、企業家は政府軍の傘を求めるようになる。内戦当時、マクドナルドの入口には、常時、完全武装の政府軍兵士が左右に陣取っていた。ハンバーガーを頬張るのに持ち物検査を受けなければならないほど、この国はすさんだ。企業家たちは、自分たちが左翼ゲリラの標的にされるのが避けられない状況となった。誘拐されても、この国の警察や軍は人命尊重など考慮しない。ひとりでも多くのゲリラを制裁するために、多少、巻き添えで死者が出ても構うものか、と流れ弾に当たる確率が高くなった。たぶん、それが撤退の大きな動機だろう。それほど、この国の右派は、五〇〇年前のスペイン征服者たちの武力による先住民制圧を思わせる情け容赦ない残忍性をみせていたのだ。

から空きとなった日本大使館は在コスタ・リカ大使が兼任するということで外交関係は持続されたが、事実上、途絶えた。しかし、この国に入っていく日本人バックパッカーは多かった。南米に向かう陸路の通り道であったし、マヤ文明の南限として遺跡も散在していた。そして、若い男性旅行者にとって、エル・サルバドルの少女たちはつかのまの恋の〈道具〉となっていた。

中米紛争当時、この地域を旅していたバックパッカー、つまり貧乏旅行者たちの暗黙の了解事項があった。

「いったん事あれば、まずフランス大使館に逃げ込め。それが無理なら北欧の大使館へ」

北欧の次が西欧諸国の大使館で、どうしても駄目なら米国か日本大使館となる。かぎられた旅費で、なにもかも自己判断で地を這う旅をつづけていた日本人バックパッカーは、感覚的に日本大使館がいかにあてにならないかを熟知していた。大使館の守るべき日本人とは、「日の丸」を背負って派遣されてきた駐在員、青年海外協力隊員、日本人学校の教師・職員、およびその家族たちであって、「危険情報」を無視して入国してくるバックパッカー「勝手組」には冷淡だった。これは私自身の経験からもいえるし、グアテマラ在住中、個人旅行者たちからくり返し聞かされたことだ。日本の在外公館は、守るべき「日本人」を選別する。在留届をきちんと出している日本人に優先して対処するなかで、バックパッカーたちは排除されかねない。

中米紛争と時期がかぶさるが、南米アルゼンチンに悪質な軍政がつづいた。日系人のなかにも軍政から直接的な弾圧を受けた人たちがいた。家族が不当に拉致された日系人がブエノス・アイレスの日本大使館に訴えたが、まったく対応しなかった。おなじ時期、ヨーロッパの大使館は、すべて功を奏したわけではないが、ともかく人権擁護の立場から、個々に努力したのだ。そういうことが日本大使館では、少なくとも中南米諸国ではなかった。そういう感覚は引き継がれた。ペルー・リマの日本大使公邸占拠事件でフジモリ大統領がとった治外法権を無視した武力制圧も、充分検証されることなく、今日までうやむやにされる要因になっていると思う。それは、二〇〇二年に中国・瀋陽の日本総領事館へ逃げ込んだ北朝鮮からの脱出者たちを平然と拒否し、中国官警に引き渡すような日本人職員を横行させているのだ。

人権とはいかなるものか、五〇〇年前のラス・カサスの悲痛に思いいたすがよいだろう。少なくとも、先住民比率の高い中南米諸国に赴任する公館職員は、ラス・カサスの活動について、歴史的教養ではなく、具体的な行動理念を知るべきだと思う。

征服時代のインディアス〈新世界〉の植民者たちは、祖国の繁栄に貢献する戦いの前衛に立っているという選民意識があったのかもしれない。本国から送られてくる「新法」の内容を吟味し、その不備を発見すると——自分たちに都合の悪い箇所という意味だが——、いちいちそれを指摘し、対案を練ることも辞さなかった。ラス・カサスの行動からして、「平和的布教」の前衛に立っているという選民意識がなかったとは言えないだろう。自分がいちばん先住民の生存のために心くだき、彼らの心性を最もよく理解していると自負していたかもしれない。

本国の意向を無視する植民地の不満分子を監視する総督府の役人たちも、現地の内情に知り通じていれば、やがてそれぞれの利害的立場から不満分子になってゆく。法は生きものである。可変体である。よりよき法の実現に向けて紆余曲折、議論沸騰する。その議論のなかで、私欲にも無縁、所属する修道会の勢力拡大ということも無視して、先住民擁護という一点で論争を挑みつづけるラス・カサスの正義は、まったく同時代の植民者たちには目ざわり千万な存在であった。ラス・カサスの正義を認めてしまうと精神の安定が得られなくなる植民者も多かったはずだ。

正義が、支持者を拡大するとはかぎらない。しかし、現世を超越しようという教会のなかでは、正義を履行しようという意思は拡大した。大西洋の彼岸から送られてくるラス・カサスの懸命な訴えは、本国のカトリック教会内部に多くの支持者を生みだすようになる。王室の権力者のなかにも耳を傾ける者を見いだしてゆく。支持者の量的な拡大によって、それに抵抗する側の理論武装も進む。ラス・カサスの敵対者もまた強くなる。

米国の歴史家ルイス・ハンケは、アリストテレスが主張した先天的奴隷説をためらわずにインディアスの先住民に適用し、彼らを征服することを是としたスペイン人法学者ファン・ヒネス・デ・セプールベダと、それを真っ向から否定するラス・カサスとのあいだで一五五〇―五一年にスペインのバリャドリッドで行なわれた長大な論戦を主題にして書いた一書のなかで、次のようにくり返し説いている。

スペインが、みずから大帝国を形成してゆく過程で、何十年もの間、正義の統治を行おうという意欲に駆られつづけたのも本当なのだ。

おのれの支配下にある原住民族の最も正しい取扱いは何かを探求しようとして、スペイン人ほど執拗かつ情熱的に努力を傾けた国民は他にいなかった。[2]

ラス・カサスはくり返し、先住民の人間性を讃える書簡、先住民擁護を訴える書簡などをスペイン本国へ送りつづけている。

インディオは信仰に刃向からモーロ人のような人々ではなく、また、他人の物を所有したり、奪ったりしない。さらに、彼らは私たちを殺害しようと待ち構えているのでもない。彼らは、ヤコブの弟子たちがキリスト教に改宗させる以前の私たちの祖先と同じ状態にいる。いや、この点では、インディオの方が私たちの祖先よりもはるかに優れているし、私たち以上に「カトリック」信仰を受容するに適している。[3]

そうした先住民「評価」を前提として、スペイン本国で施行される先住民擁護に関する新法制定の過程に大いなる影響を行使すべく多くの書簡を書き、具申と献策を王室に向け執拗に送りつけたのだ。そのラス・カサスに対抗する植民者、行政官たちの書簡、具申書のたぐいもまた大西洋を横断する船荷に同居して、長い航海をつづけた。こうした事実を指して、ルイス・ハンケは、スペイン人の情熱を語ったのである。スペイン人の血はあつく、征服の熱情も、先住民擁護の闘いに対する情熱も、芯から燃え出すのだ。それらはすべて絶対王政の時代の出来事である。

エル・サルバドル命名の由来は、この地を征服したペドロ・デ・アルバラードが、その新植民地の統括者にキューバ島南部にあった征服時代の港サン・サルバドル・バヤノ在留の軍人を任命したことにある。サン・サルバドル・バヤノは現在、キューバ人の意識にもほとんどのぼらない辺境である。

スペイン人がエル・サルバドルに入った頃、ここには先住民の土候国があってクスカトランと呼ばれていた。同国の先住民組織のなかには、国名を「クスカトラン共和国」に変えるよう主張する活動家もいる。ラス・カサスがこの地に入ったときには、すでに入植地サン・サルバドルの名が定着していたようだが、先住民の記憶ではまだクスカトランであったようだ。

ラス・カサスは、そのクスカトランでのアルバラードの所業を次のように記した。

> 無法者〔アルバラード〕はクスカターン〔クスカトラン〕地方へ向った。現在その付近にはサン・サルバドールの町〔入植地〕があり、その町〔クスカトラン〕は非常に豊饒な所で、南の海に面して海岸線が四〇レグワか五〇レグワにわたりつづいている。彼はその中心都市クスカターンでこのうえない歓迎をうけ、およそ二万人か三万人のインディオが鶏や食糧を携えて彼の到着を

待っていた。到着してその贈物を受け取ったあと、彼はスペイン人たちに向って、そこに集った大勢のインディオを各自好きなだけ捕えるよう命令した。そこに滞在する間、彼らが使役したり、必要な物を徴発したりするためであった。[4]

クスカトランは、いまも先住民の神像を描いた社章をもつ民族資本の銀行の名として生きている。その銀行の大きな役割のひとつが、米国西海岸、カナダなどに亡命、あるいは出稼ぎに出た同国人が故郷の両親、妻、子どもたちに送金するドルの受け入れ口になっていることだ。その総額は、この国の第一の外貨獲得手段であるコーヒーが輸出によって稼ぎ出す額に等しい。

先住民組織のスローガンに、国名の改称とともに通貨名「コロン」(クリストバル・コロン由来)をスペイン征服軍に対する組織的抵抗を指導した先住民英雄「アトラカトル」に変えよ、という主張もある。スペイン軍との戦いに敗れたアトラカトル王は、追っ手を払って太平洋沿岸のアカフトラの浜に着く。現在、この国の主要港湾のある浜だ。ここで海に身を投げて自死したとされる。

一九八〇年代から九〇年代前半まで狭い国土で展開された内戦のあいだに、その光輝に満ちたアトラカトルの名は人権犯罪の汚名にまみれた。

米国政府の金でジョージア州フォート・ベニングの米州陸軍学校に留学したエル・サルバドルの青年将校たちは、そこで濃密に対ゲリラ戦のノウハウを仕込まれた。そこには拷問のテクニックも含まれる。

ギリシアの軍事政権に抵抗して国内にいられず、フランスを活動基地にして映画を撮りつづけたコスタ・ガブラス監督の初期の問題作に、南米の軍事独裁国を舞台にした『戒厳令』(一九七三年)がある。そこで、青年将校たちを集め、教壇に左翼活動家を〝教材〟にして拷問テクニックを学ぶシーンがあるが、そういうことが実際に行なわれていた。

ディズニーランド周遊というオプションつきの留学を終えて帰国すると、原隊に復帰し、新たな部隊を編成し、新兵を徹底的に教練した。それが、「アトラカトル部隊」。内戦終結後、政府軍の削減、反政府武装組織の武装解除と合法政党化という和平のための予備作業に最も抵抗したのが、その部隊だった。部隊員たちは内戦中の旧悪が明るみに出され、その残虐な仕業が露呈すれば民衆の報復を避けられないという危機感もあったようだ。部隊員のなかには、その非人間的な残虐性を遂行するため麻薬に手を出したものもいた。内戦終結後、社会復帰できなかった政府軍兵士、そして反政府武装組織のメンバーは少なくなかった。

エル・サルバドルにかぎらず、内戦は自国の領土で自国民に対して仕掛けられる戦闘のくり返しであって、和平後に撤退することもできず、戦闘地であった町や村に住みつづけなければならない。過去の犯罪は日々、そこにある現実の光景のなかから立ち上がってくる記憶であり、被害者も傷を癒す地からなかなか抜け出せない。生活の貧しさ、内戦で疲弊した政府には、そうした被害者をケアするための予算を割くことはなかなかできない。それは冷戦後、最も残酷な内戦が展開されたボスニア・ヘルツェゴヴィナが抱える問題だし、アフリカのルワンダをはじめとする多くの国で放置されている問題だ。——という現在の視点から、五〇〇年前のインディアスの地で展開された征服戦争の後、先住民社会の崩壊、それに伴うスペイン支配者への隷属化を強いられた先住民個々人の心の傷の深さに少しは思いいたす想像力が出てくるのではないだろうか。

アトラカトル部隊の解体問題がエル・サルバドルおよび近隣諸国で話題となっていた一九九三年、「オスカル・ロメロ人権賞」というものが同国のカトリック教会と人権組織によって設けられた。創設まもない賞だから、歳月が築き上げてきた重みがないのは仕方がない。それに、アメリカ大陸の〝蚤《のみ》〟と揶揄されるほど小さい国から出た賞であってみれば、なおさら国際的な注目度が薄くなるのは如何ともしがたい。その第一回目の受賞者に、ボスニア・ヘルツェゴヴィナの首都サラエボで活動する新聞社「オスロボジェニェ（自由）」紙が選ばれた。同紙は、銃撃戦が展開されるなか、社屋が砲弾を受けて炎上しても編集作業をつづけ、一日も休まず新聞を発行したといわれる。内戦下、あくまで中立性を護持しつつ内戦の実相を伝えようと努力し、民族と宗教がもたらす不寛容による精神の荒廃を指弾してやまず、紛争の早期終結を求めて命がけで闘った。殉職者も多かった。内戦終結時には、約四〇人が硝煙の消えたサラエボの「平和」を見ることができなかった。

この人権賞は、一九八〇年に極右テロ組織の凶弾を受けて亡くなった首都大司教オスカル・ロメロの遺志を永遠に語り継ごうという意思から出たものだ。ロメロ司教の生涯はハリウッドで映画化されているほど、カトリック世界では人口に膾炙《かいしゃ》した名である。暗殺の瞬間、ロメロ司教に胚胎したはずの聖性を象徴化した絵画があって、ロメロ司教の事績を伝えるパンフレットなどに転用されているのだが、これを描いたのは夫がエル・サルバドル人の日本人女性である。

ロメロ師は一九七七年、ヴァチカンからの勅撰で首都大司教の地位に座った。同国富裕層は当初、保守的とみられたロメロ司教をその地位にふさわしく尊重した。しかし、やがて貧しい者たちに寄り添い、スラムに入ることも厭わない姿勢をとりはじめると、あからさまに嫌悪するようになる。嫌悪は憎悪に移調し、たちまち敵視するようになった。富裕層はロメロ師を、社会改革をたくらむ〝赤い〟司教、聖衣に隠れた「コミュニスト」とみなすようになった。彼らにとって、穏健な慈善家、社会改良家や社会民主主義者も、これまでの社会秩序にクレームをつける輩はみな「コミュニスト」であった。冷戦下のラテンアメリカにあっては、「コミュニスト」は殺されてよい存在であった。『資本論』は言うにおよばず、マルクスの名すら知らない多くの貧農出の活動家が、「コミュニスト」として闇から闇に葬られた。「共産主義」の名を借りた、魔女狩りのようなものだ。「共産主義者」という〝汚名〟を与えることで、暗殺者たちの免罪符となった。

ロメロ司教は軍部や秘密警察からの警告、嫌がらせを受けるようになる。司教の親近者たちが拘束され、拷問を受けはじめる。虐殺される者も出てきた。


〔一九八〇年〕一月、サン・サルバドルで二〇万人の人々が穏やかにデモ行進しておりました。そこに軍隊が群衆に向かって発砲しました。五〇人もの人が亡くなり、何十人もの人々が負傷しました。市民の士気を挫き、恐怖に陥れて屈服させるため、軍隊とその共犯者はただ殺戮するだけではなく、死体の手足を切断しました。生きたまま皮を剝ぎました。喉を切り裂き、首を刎ね、腹を裂いて胎児を取り出しました。死体は村の広場に放置され、禿げ鷹の餌食となりました。村人は破壊分子であると告発されることを恐れ、死体に近づくこともできませんでした。(5)


それでも、ロメロ司教はひるまなかった。教会の聖壇から、あるいはカトリック放送を通じて、政府の人権侵害を糾弾することをやめなかった。殉教の日はそう遠くない、と覚悟していたであろう、司教の言葉には少しの迷いもためらいもなかった。ゆえに、反対派は恐れた。

エル・サルバドルの地に、ラス・カサスの真の後継者が五〇〇年後に現われたのである。しかも、より過酷な現実と闘いつづけることを強いられた。神は、ラス・カサスの使命の重さに長命を与えたが、ロメロ司教には殉教を強いた。

一九八〇年三月二三日、ロメロ司教はミサの最中、銃弾に倒れた。その前日、司教は軍隊や治安部隊の成員に対し、農民を殺さないようにと訴える説教を行なっていた。

兄弟たちよ、あなた方は同じ人間として生まれてきたのです。あなた方は自分の兄弟の農夫を殺しているのです。「なんじ人を殺すなかれ」という神の掟は、殺せという人間の命令に優先します。いかなる兵士も、神の掟に背く命令に従う義務はありません。今こそ、あなた方の良心を回復し、罪深い命令に従わず、初めて良心に従うときです。……私はあなた方にお願いいたします。懇願いたします。神の名において命じます。弾圧を止めなさい。(6)

ロメロ司教の殉教は、エル・サルバドル内戦の暗黒面を象徴しているだけではない。一九八〇年代の中米紛争時代、いや中南米諸国の大半が軍事独裁下、ないしは残忍な弾圧を恒常的な統治システムとした権力者が闊歩していた時代、多くの殉教者が凶弾に倒された、その象徴であった。エル・サルバドルではロメロ司教暗殺の後にも、米国の修道女たちが強姦されたうえ虐殺されたし、六人のイエズス会士たちが一夜に殺される事件もあった。まったく非政治的な立場の米国のシスターたち四人が、農民に寄り添いすぎる、――おそらく、それだけの理由で惨殺されたのだ。それでも米国政府はエル・サルバドルの軍事政権を支えつづけた。そう、日本政府も。

紛争下のラテンアメリカ諸国におけるカトリック司祭たちの殉教の多さは、一六世紀後半の日本のキリシタン弾圧に似た様相すら示す。それはラス・カサスを知る後輩たちがアジアでの布教をめざしていた時代だ。アジア東端の弧状列島での布教を使命として渡航してきた有能な聖職者たちが、その才能を充分活かすことなく刑場に消えた。日本でのカトリック教会は壊滅した。豊臣秀吉によるバテレン追放令が出されたのは一五八七年、ラス・カサスが死んで二一年後の出来事だった。

聖職者すら殺害して痛痒《つうよう》も覚えない抑圧機関が、名もない民衆を殺すことなどたわいないことだったろう。一九九〇年代、冷戦の崩壊とともに存在意義が消滅した軍事独裁政権はラテンアメリカからほぼ消えた。そして、軍・警察が政権維持のために犯した人権犯罪の究明が開始された。アル

ロメロ司教の死を悼む市民

並んで売られていたチェ・ゲバラとロメロ司教のTシャツ

ゼンチン、チリ、ボリビア、ブラジル、ニカラグア、グアテマラ、あるいはペルーで……。二〇世紀は戦争の時代であった。宗教者たちは聖堂のなかで充足することを拒まれた時代だった。

社会の現実はあまりにも不平等であった。ひとにぎりの富裕層は贅沢をきわめ、おびただしい数の貧困層は飢えと闘う日々を強いられた。その対比は、昼と夜のコントラストのちがいほど明らかであるはずなのに、なんら解決されず、持続している現実の問題だ。それは、多感な若い聖職者の目には重大な犯罪、人道への罪と映る。その構造的な矛盾を是正しないかぎり貧困はなくならないし、飢餓は拡大するだけだ。聖書の言葉を反復するだけでは貧困者の安寧はけっして保たれない。消費物資の共同購入や、荒蕪《こうぶ》地を共同で開墾して農地を広げて飢えをしのぐための穀物や野菜を栽培することも行なわれた。医療援助は当然である。ロメロ司教を支えた司祭たちの仕事はそういうものだった。それでも、軍部は革命運動とみなし弾圧した。

南米では、聖書をポケットにしまい、銃をもつ聖職者も出てきた。生きるため売春する少女たちを蔑むことなく、暴力とエイズから守ることを使命とする聖職者たちはスラムで寝起きするようになる。

そんなラテンアメリカの過酷な現実のなかで、貧者の教会をめざす「解放の神学」は生まれ、一九六〇年代後半から大きな流れとして普及してきたのだ。それは、ラス・カサスの精神をまっすぐに受け継ぐものであった。やがて、「解放の神学」派の聖職者が、西半球の最困窮国といわれるカリブの小国ハイチで一九九一年に大統領となったが、米国はキューバ同様、自国の裏庭に左派政権が誕生するのを嫌った。同年のうちに起こった軍事クーデターで、カトリック司祭であったアリスティッド大統領は追放されてしまう。

エル・サルバドルの隣国グアテマラでは、マヤ系先住民の人権に心をくだいた米国人神父が殺されたり、同国カトリック教会の上級司祭が暗殺されている。パラグアイでは、グァラニー族とxともにあった神父が狙撃されて国外追放されている。ボリビアのケチュア族、アイマラ族に対する軍部の絶えまない弾圧を指弾してやまなかったのもカトリック教会である。ブラジルでは、アマゾン先住民居住区における開発問題に絡んで、先住民の権利擁護に立った神父が、先住民酋長とともに暗殺されている。

ラス・カサスが五〇〇年前に発した、正義の叫びはまだ届いていない。

たび重なる弾圧によって土地を失い、職を奪われた先住民は生き延びるため、生存の最低条件を満たすために都市に出て行った。出て行かざるをえなかった。極貧の家族は都市周縁部で互いに身体を温め合うように寄り添って住むことになる。スラムの形成である。貧しさゆえに民族的伝統を捨てざるをえなかった人々の溜まり場でもある。民族的プライドが根こそぎ奪われることの痛み、父祖たちが守ってきた民族の血を毀損する行為への心痛ははかり知れない。しかし、一部の人権機関を除けば、スラムを一叢《ひとむら》の大衆としか見ない。そこに数千年の伝統を毀損して虚無となった人たちの存在があることを、政府や土地を管轄する行政当局は無視する。

ロメロ司教はそんなスラムに入って行き、汚水で僧衣に染みをつくることも厭わず、虐げられた人たちに寄り添った。その出入口は、スラムをゲリラ活動の温床のひとつとみなして監視をつづける下級兵士が、パレスチナ・ゲリラ対策用にイスラエルが開発した銃倉を下方にまとめ銃身を短くしたウジィ自動小銃で武装している。ロメロ司教は、そうした兵士に僧衣をズタズタにされ、上半身を裸にされる屈辱に耐えながら、ぬかるみを歩きつづけた。この時代、首都大司教がそんな目に遭った国はエル・サルバドルをおいて他になかったはずだ。そして、そうしたロメロ司教の活動をヴァチカン当局は知っていた。熟知していた、と言ってよい。しかし、なんら救いの手を差し伸べていない。

エル・サルバドル内戦終結の数年後、この地を訪れた故ヨハネ・パブロ二世はロメロ司教の墓に詣で、長いときをかけて対話をつづけていた。その印象的な後ろ姿は私の目にも焼きついている。

ロメロ司教の活動の拠点となるはずだったサン・サルバドル大聖堂は、国家宮殿とともに大きな広場の一辺を占める広壮な建物だ。一九八六年一〇月、サン・サルバドルは直下型の大地震に見舞われ、大聖堂も傷ついた。しかし、修復されることはなかった。崩壊の危険もあったため聖堂への入口は塞がれ、荒廃するにまかせた。国の顔でもある首都中央広場の一角を占める大聖堂は廃屋のような無惨な姿を晒しつづける。

私がはじめてサン・サルバドルに入ったのは、内戦下の一九九〇年六月だったと思う。そのとき見た大聖堂の姿はあまりにも無惨であった。表玄関に通じる階段には、干からびた人糞がそこかしこにあり、尿の臭いが鼻をついた。それは、ロメロ司教の遺志でもあった。「内戦が終わり、この国に平和が戻るまで再建してはならない」という遺言があったからだ。ロメロ司教は、大聖堂の荒廃を日々、衆目に晒すことによって、その荒廃した姿で、権力者たちの心の「荒廃」を象徴させていたのかもしれない。

再建工事がはじまったのは一九九二年一月、内戦の停戦合意の調印がメキシコ・シティで行なわれた、その後である。その日の大聖堂のファサードはFMLNの大きな垂れ幕によって〈傷〉が覆われた。二〇〇一年の大震災でふたたび被害を受けたが、現在ではきれいに修復されている。

その大聖堂から二ブロック離れたところにエル・ロサリオ教会がある。ゆるいカーブのドーム型の天井が会堂内の空間に広がりをもたせたモダンな建物である。熱帯の強い光が天井に巧みに配されたモンドリアン調の色ガラスを透かして会堂を染め上げる。この教会の正面玄関にラス・カサスの像がある。コロン像とともに建っているのだ。

私はさまざまな場所に建つラス・カサス像を見てきたが、これほど柔和で、苦渋の陰が表に現われていないイメージは他になかった。憂いなく昇天した聖職者の像……。一八世紀のフランスの作家マルモンテルが、パナマにおけるラス・カサスを慈愛に満ちた聖職者として描いたが、(7) あれを彫像化すれば、このような像になるのだろうという印象であった。

(1) 崎山政毅『サバルタンと歴史』(青土社、二〇〇一年)によると、誘拐事件を起こしたグループは事件後、一九七八年一二月の「日本経済新聞」に寄せた見開き二面の声明文広告のなかで、「われわれは社長を殺していない。遺憾きわまりないことに流れ弾が彼の背中に当たり死亡したのである」といった主旨の主張を行なっている。なお、この声明文は日本社会に向けて発信されたものであるにもかかわらず、全文スペイン語のまま掲載されたため、彼らの声はほとんど届かなかった。太田昌国「禁じられた歴史の彼方へ」(原広司他『インディアスを〈読む〉』現代企画室、一九八四年。のちに、太田『鏡としての異境』記録社、一九八七年、所収)のなかに声明文の抄訳が収録されている(ただし、死因についての主張の箇所は省略)。

(2) ルイス・ハンケ『アリストテレスとアメリカ・インディアン』佐々木昭夫訳(岩波新書、一九七四年)。セプールベダとの論戦については、本書エピローグ「最後の航海へ」を参照されたい。

(3) 染田秀藤『ラス・カサス伝』(岩波書店、一九九〇年)。

(4) ラス・カサス「グワテマラ地方と王国について」『インディアスの破壊についての簡潔な報告』染田秀藤訳(岩波文庫、一九七六年)。

(5) マリー・デニス他『オスカル・ロメロ――エルサルバドルの殉教者』多ヶ谷有子訳(聖公会出版、二〇〇五年)。

(6) 同前書。ただし、フィリップ・ベリマン『解放の神学とラテンアメリカ』後藤政子訳(同文舘、一九八九年)を参照しながら、一部字句を補った。

(7) ジャン＝フランソワ・マルモンテル『インカ帝国の滅亡』湟野ゆり子訳(岩波文庫、一九九二年)。本書第Ⅳ部「虚構の繁栄」を参照されたい。

サン・サルバドルのラス・カサス像

一センタボのラス・カサス

――アンティグア◉グアテマラ

グアテマラでは、誰もがラス・カサスの像をてのひらのぬくもりのなかに日々、包み込んでいる。バルトロメ・デ・ラス・カサスの名を知らなくても、彼は誰彼分け隔てなくポケットのなかにも忍び込む。もっとも、この国の癌《がん》の巣のような富裕層には無関係かもしれない。最小単位のコイン、一センタボにラス・カサス像が刻まれているからだ。

ラス・カサスの存在を広く国民に知らしめるということでは、最も流通量の多いコインに刻んでいるのだから効果はある。しかし、それだけだ。ラス・カサスの名は、「五〇〇年前の偉大な聖職者」という崇め奉られた存在でしかなく、たとえ、当時の先住民のために献身的に活動した、と知らされてはいても、現在の状況と切り結ぶようにはその思想は流布していない。むろん、ラス・カサスの人権思想は現在にも適合するものだという主張は、たしかにこの国にもある。しかし、それは小さな声だ。コインの流通量に反比例するのではないかと思うほど、この国の先住民族は構造的に被差別者として社会の下層に押しとどめられている。一センタボ硬貨とは、貧しいグアテマラにあっても石畳の隙間に入り込んだコインをほじくり出そうとされない、そういう安価な存在である。

一九九二年、ノーベル財団はグアテマラのマヤ系先住民キチェ族の女性リゴベルタ・メンチュウに平和賞を授与したが、それはその年まで同国先住民が劣悪な状況に置かれているということの証であった。ラス・カサスの意志はグアテマラにはさして根付かなかったということを、ノーベル賞は象徴していたともいえよう。

ラス・カサスのグアテマラ入りは一五三六年七月、旅装を解いたのが現在のアンティグア市、当時のサンティアゴ市である。すでに、先住民を擁護するためなら同胞に破門を言い渡すことも辞さない聖職者として、その名はアンティグアにも聞こえていた。しかし、軍人たちの力をいっさい排除した「平和的布教計画」はいまだ机上のものでしかなかった。みずから実践者として、先住民共同体に丸腰で飛び込んでゆくことになったのがグアテマラの地である。ラス・カサスの本格的な活動はグアテマラからはじまるのである。

ラス・カサス研究家の石原保徳氏は、グアテマラにおけるラス・カサスの「平和的布教計画」を次のように定義づける。

グアテマラ1センタボ硬貨

> 一五一六年にはじまったラス・カサスのたたかいは、改革事業とインディオ救済に焦点をあわせて次第にエスカレートしてゆかざるをえなかった。……一五三七年には、グァテマラ地方に聖職者とインディオのみによる平和村建設構想をうちだす。一五一〇年代に彼が提案した改革案の骨子にあった、スペイン農民とインディオとの共住計画という路線は、ここでは彼自身によって完全に否定されている。(1)

つまり、若き日にベネズエラで実践しようとした、植民者の利益確保にも重きを置いた「平和的植民計画」が大失敗に終わったという苦い挫折体験の反省のうえに立ち、新たに〝平和村建設構想〟としての「平和的布教計画」を、グアテマラの地においてスタートさせたというわけである。

さてここで、メキシコから南侵してきたスペイン征服軍がグアテマラをほぼ制圧した時代について少し語っておく必要があるだろう。

マヤ文明とはいうが、その時代のマヤ系先住民の状況は最盛期を遠くから眺望するような黄昏期であったと言ってよいだろう。当時、この地にはアステカやインカのように強力な中央集権型の国家は存在しなかった。各部族がそれぞれ独自に都市国家をつくっていて、境界で小競り合いをくり返していた。古代ギリシアのポリス国家群を思い起こせばよいだろう。スペイン征服軍は、そうした各部族間の反目を巧みに突いて、制圧を容易にしていった。それはエルナン・コルテスのアステカ征服時の戦略であったし、その戦陣にあったペドロ・デ・アルバラードはグアテマラで忠実に踏襲したのだ。いや、コルテスの模倣というより、スペイン植民地行政が最も早く根を下ろしたエスパニョーラ島、そしてキューバ島の先住民征服の際にも積極的に活用された戦術であった。

しかし、アルバラードのグアテマラ先住民制圧は、彼一代の事業では終わらなかった。分立都市国家群とでもいうべき状態にあったグアテマラが早くから制圧されたのは高原部に繁栄していた部族社会であって、山岳地帯の部族はスペイン征服軍に対する抵抗をつづけていた。

アルバラードのグアテマラ制圧がはじまったのは一五二三年だが、マヤ部族の都市国家がすべてカトリックの軍神にひれ伏すまで約三〇年の歳月がかかった。アルバラードはメキシコ市北西部で起きた先住民チチメカ族の反乱を鎮圧する戦いで一五四一年に戦死するが、その後もグアテマラでは一〇年以上、スペイン軍に抵抗をつづける先住民都市国家が存在していた。

最後まで抵抗をつづけたのはポコマム族で、スペイン軍と約二〇年間、戦いつづけたといわれている。その王都は、今日「ミシュコ・ビエホ」と命名されている、険しい山岳地帯を天然の要害として栄えた都市国家だった。その威容は、ペルーのインカ遺跡になぞらえて「グアテマラのマチュ・ピチュ」といわれるにふさわしい。舗装されていない悪路に頼るしかないが、四輪駆動の車なら容易にアクセスできる。直線距離では首都グアテマラ・シティからさほど遠くないはずだが、往復丸一日、車のはげしい振動を全身に受けつづける覚悟をしないと行けない〝辺境〟の遺跡である。ここは、ラス・カサスもいっさい近づいていない。

ラス・カサスのグアテマラにおける「平和的布教」の活動は、侵略者スペイン人たちにはげしい敵愾心をもつマヤ部族が矢尻に毒を塗りつけている時代に行なわれた。アルバラードがグアテマラに軍馬を進めてからわずか十数年の歳月しか経っていなかった。

アルバラードは征服当初、カクチケル族の王都イシムチェ近くのテクパンにグアテマラ支配のための町をつくった。それは比較的早くに放棄され、一五二七年、サンティアゴからアグア火山寄りの地、現在のシウダー・ビエハに新たな町が建設された。しかし、一五四一年の大洪水で土石流に呑み込まれて崩壊し、サンティアゴに移った。そして都市としての機能がととのえられ、一五四四年に中米一帯を治めるグアテマラ総督府が置かれた。

アンティグアがサンティアゴと呼ばれていたのは、スペイン王室がこの地を重視したからだ。中米の植民地事業の中心地にふさわしく、スペインの守護神、クリスト（キリスト）の十二弟子のひとり聖ヤコブの名を冠せられ、一七七三年の大地震によって首都機能が失われるまで繁栄を謳歌した。首都の座が現在のグアテマラ・シティに移ると、サンティアゴの名も同時に失われ、やがて、単なる「古い」を意味するアンティグアの名で呼ばれることになった。

いつだったかコスタ・リカのカリブ沿岸地方を旅していたとき、地元の人が「どこから来たんだ」と訊くから、「いまはアンティグアに住んでいる」と答えたら、「あぁ、アンティグア・バーブーダか」と言われたことがあった。カリブの小アンティール諸島にある人口八万強の小国の名が出てきたのは意外だった。グアテマラのアンティグアの盛名はコスタ・リカの辺境までは届いていない、という現実を知った。コスタ・リカは、グアテマラ総督府時代には南の端の人口希薄な大して役に立たない辺境でしかなかった。

私は、アンティグアに住みはじめた一九九一年から、幾人ものグアテマラ人、とりわけ先住民族出身者にラス・カサスについて素朴な質問をしてきた。先住民といってもアンティグア周辺に住む部族はカクチケル族だから、彼らの見解ということになるかもしれない。グアテマラではキチェ族に次ぐ規模の先住民集団である。

カクチケル族を中心として聞き出したラス・カサス観は、たぶん、政府の思惑どおりのものであっただろう。初等教育の場で教えられた事項的な知識そのものをオウム返ししているにすぎず、「独立前の古い時代に先住民のために働いた司祭様」といった範囲から出ないのだった。

アンティグアにラ・メルセーというたいへん立派な聖堂がある。ラス・カサスが寝起きした教会だが、創建当時の建物はいっさい残っていない。幾度かの地震で廃墟となり、現在の教会は再建されたものだ。豪壮な教会ファサードは一七世紀後半、メキシコの職人が制作したものである。中南米建築史のなかで、宗教建築の代表的作例としてたびたび紹介されている貴重な遺構でもある。その外庭にラス・カサスの胸像が据え置かれている。聖書を両手に掲げる壮年時代の像である。

グアテマラで活動した聖職者で、今日この地で最も敬愛を集めているのは、病を癒す聖人として

ラ・メルセー教会のラス・カサス像

崇められているエルマノ・ペドロという植民地時代の司祭である。その墓のあるアンティグアのサン・フランシスコ教会は、グアテマラばかりでなく近隣諸国からも身体に障害をもった参拝者が絶えることがない。民衆の欲求はいつでも現世的であり、即効を求める。

グアテマラで、もし歴代聖職者の人気投票でもやれば、まず一位は断然ペドロ師であり、二位はラス・カサスに布教活動への協力を要請した初代グアテマラ司教フランシスコ・マロキンであろう。マロキン師はグアテマラの高額紙幣二〇〇ケツァルに描かれている。中米初の本格的な神学校を創設し、やがてこの学校はメキシコ・シティ、ペルーのリマに次ぐイスパノアメリカにおける三番目の大学へと発展した。その大学跡地は現在も、総督府のあったアンティグア中心広場の一角、カテドラル（中央大聖堂）から道一本隔てた場所に残っている。

そして、ラス・カサスは、二人に大きく水をあけられて三位にとどまるだろうか――？

フアン・ヘラルディという殉教者が一九九八年に出た。ヘラルディ師の名は、この国の平和の象徴として特別の輝きをもっている。三六年間におよんだ内戦の停戦実現に尽力し、一九九六年の和平後も、内戦中に起こったマヤ系先住民虐殺の真相解明に専心してきた首都副司教、同国カトリック教界ナンバー2という人物だった。そんな聖職者が同年四月二六日、グアテマラ・シティの旧市街の街路で深夜、何者かに頭部を殴打されて殺された――「七五歳になる司教は顔面が識別できなくなるほどセメントブロックで殴られ、殺害されたのである[2]」。以来、ヘラルディ師の名と写真は、グアテマラで最も頻繁に新聞紙上に印刷される聖職者となった。

一九二二年にグアテマラ・シティで生まれたヘラルディ師は、一九四六年に聖職者となってから国内各地に司祭として赴任するなかで、貧困層やインディヘナ（先住民）が抱える現実と向き合うようになった。一九六〇年代から七〇年代にかけて、マヤ系先住民が多数を占めるベラパス、キチェ両地域の司教を歴任したあいだには、先住民の人材育成、教育や先住民言語の継承、普及などの活動に精力的に取り組む。

とりわけ、内戦が激化するなかで一九七四年にキチェの司教に就任してからは、先住民に対する数々の人権侵害、虐殺を糾弾し、軍事政権をはげしく批判するようになる。キチェでは軍や自警団による焦土化作戦、住民の虐殺が大規模に展開され、聖職者が相次いで殺害、ヘラルディ師自身も暗殺未遂に遭う。

そんななかで一九八〇年一月三一日、キチェの農民グループが虐殺の実態や遺体調査を訴えるために首都へ向かい、二七名でスペイン大使館を（平和裡に）占拠するという事件が発生した。スペイン大使は包囲する警察の引き揚げを求め、平和的に解決しようとしたが、グアテマラ政府は無視した。そして、占拠四時間後に大規模な治安部隊が突入、大使館を破壊し、スペイン人外交官を含む三六名が虐殺された。農民グループを指揮した一人は、リゴベルタ・メンチュウの父ビセンテ・メンチュウであった。大使と一人の農民だけが命をとりとめたが、その農民も翌日、病院から連れ去られ、四八時間後に死体で発見された。しかも、死体には大使の暗殺予告が付されていた。抗議の意を表したスペインはグアテマラとの国交を断絶する。

事件後、キチェでは軍の攻撃はいっそうはげしさを増し、さらなる虐殺事件が多発していく。ヘラルディ師は軍を名指しで批判するが、その報復として軍の攻撃は教会関係者を直接の標的とするまでエスカレートしていった。ヘラルディ師はやむなく司教区を閉鎖し、実情を法王庁に訴えるためローマへと赴くが、その帰途、グアテマラへの入国を拒否され、政権が倒れるまでの数年間、コスタ・リカでの亡命生活を送る。

帰国後、首都副司教となったヘラルディ師は、八〇年代後半の和平交渉の動きのなかで国民和解委員会に参加、さらにはグアテマラ大司教区人権オフィスを開設し、一九九五年には「歴史的記憶の回復プロジェクト（REMHI）」の実現に尽力する。

内戦終結前にはじまったこのプロジェクトは、全国のカトリック司教区が協力するなかで、六五〇〇人の調査員が内戦中の人権侵害、虐殺事件の犠牲者の聞き取り調査を行なうという大規模なもので、失踪者の調査や遺体発掘作業も開始された。歴史的記憶を忘却や抹殺から救い出すことによって、真実の追究、死者の尊厳の回復、体験者の恐怖からの回復、責任の所在の明確化、グアテマラ社会の再建、そして次世代に記憶を受け渡すことがめざされた。それはただ犯罪を告発するだけでなく、犯罪の実態を明らかにしなければ、内戦で敵対した人たちが真に「和解」することはありえないと考えたからだ。

「まだ灰になっていない、真っ赤に焼けた炭のような歴史を暴き出すのだということを肝に銘じなければならない。やりかたを間違うと、共同体をさらに傷つけてしまうだろう」という関係者の言葉が、当時の状況を物語っている。(3)

三年の歳月をかけた何万件にもわたる聞き取り調査の成果は、全四巻一六〇〇ページにおよぶ報告集『グアテマラ・二度とふたたび』として結実し、一九九八年四月二四日、首都のカテドラルを埋めた大勢の人々の前でヘラルディ師の口から公表された。師はその日の報告のなかで、「私たちは、今の私たちの国とはちがう国をつくるために貢献したいと思っています。そのために人々の記憶を回復するのです。その途上で多くのリスクが伴うでしょうが、そのリスクに対抗する力を持つことによってのみ、それはつくられるのです」と述べた。

その二日後、司教は暗殺された――。軍部または秘密警察の関係者に殺されたといわれるが、師が追い求めた「真実」「記憶」を抹殺するものとして、また、和平を揺るがすものとして、グアテマラ国民はもとよりラテンアメリカ諸国に大きな衝撃を与えたのである。

ヘラルディ師は、たび重なる脅迫にもひるむことなく真実を追究することをやめなかった。ヘラルディ師は、グアテマラにおけるラス・カサス精神の誠実で勇気のある後継者であったはずだが、この国では二人の名前が並列的に語られることはない……。

総人口の七割近くをマヤ系先住民が占める国グアテマラで、その支配者階級は独立後もスペイン植民者の流れを汲む白人が占めた。そのあたりの事情は他のラテンアメリカ諸国の独立期の状況と変わらない。

先住民を植民地時代のまま最下層住民としてとどめ、安価な労働力として従属化した。そして、ラス・カサスの事業も歴史の闇のなかに隠しつづけた。そんな支配者階級の意図に気づいた先住民の若者たちは、一九六〇年代に入ってから反政府武装組織をつくっていき、やがて四つの集団にまとまった。米軍の支援を受けた近代的な装備に優れた政府軍と戦うためには大同団結するしかなかった。そうしてできたのがグアテマラ民族革命連合（URNG）であった。中米で最長の三六年間にわたった内戦は、先住民解放闘争そのものであった。

その内戦も一九九六年一二月、クリスマスの直前に終結した。死者・行方不明者二〇万以上、連れ合いを亡くした女性一〇万、孤児二五万、重度の障害を負った者四万を数えて終わった。戦火は鎮火したが、同胞が血を流し合った心の傷は、内戦とおなじ三十有余年の歳月をもってしても快癒しないであろう。

ラス・カサスのグアテマラにおける「平和的布教計画」の実地検証は、内戦終結後の課題である。これからはじまるといってよい。その中心的な検証の地は、ベラパス地方のふたつの州になるはずである。

内戦終結に向けて武装解除などの日程が確定した頃、ベラパス地方の小さな町「フライ(師)・バルトロメ・デ・ラス・カサス」の小さな聖堂に、マヤ系先住民ケクチ族の衣装を身にまとった聖母像と、慈愛のラス・カサス像が描かれた壁画が奉納された。作者は首都に住むスペイン系の女性画家だった。

(1) 石原保徳『インディアスの発見——ラス・カサスを読む』(田畑書店、一九八〇年)。
(2) 歴史的記憶の回復プロジェクト編『グアテマラ 虐殺の記憶——真実と和解を求めて』飯島みどり、狐崎知己、新川志保子訳(岩波書店、二〇〇〇年)。同書は、全四巻一六〇〇ページにおよぶ報告集『グアテマラ・二度とふたたび』を約五分の一に圧縮したダイジェスト版である。
(3) 同前書。

蝋《ろう》と火酒《かしゅ》で燻《いぶ》された聖堂で
——チチカステナンゴ◉グアテマラ

キチェ族の町チチカステナンゴには幾度も足を運んでいる。

急げば、アンティグアから日帰りできる距離にある。標高二〇三〇メートルの高地にあるから、泊まりがけで行く際は、かならず厚手のジャンパーかセーターを用意しないときつい。熱帯のグアテマラだが、先住民の大半は穏やかな高地に住んでいる。寒冷としか言いようのない地に住む先住民もまた多い。

マヤ系先住民の女性たちが日常着にしている手織りの鮮やかな民族衣装ウィピルは、朝夕の涼しさに耐えるような厚手のものが多い。ウィピルは村ごとに文様の扱いや色相の処理に約束事があって、その種類は村の数ほどあると言ってよいだろう。おなじキチェ族でも、住む村がちがえばウィピルもちがう。そんな多種多様なウィピルが一堂に会するのが、週に二回、近在の先住民が集まり、教会前広場、そして公道にはみ出して開く市場の日である。

自家製の野菜や果物、豆類といった食糧から、民芸的な駄菓子、焼きものや織りもの、さまざまな仮面、人形、玩具などの民芸品、木工品や革製品まで、そのほとんどが手づくりで、つまりキチェ族の現在進行形の生産見本市となる。村を埋め尽くすと言ってよい。外国人観光客は市場の品々だけでなく、先住民たちが身につけている民族衣装もまたフォトジェニックなものとしてカメラを向ける。一時帰国する際の土産を買いに行くこともあれば、日本から観光にやってきた友人・知人を案内して行くこともあった。一二月の祭りの日には、ほとんど欠かさず泊まりがけで訪れた。

市《いち》は、この村の中心にあるサント・トマス教会の前で開かれる。祭りもこの教会がメインステージとなる。基本的には教会信徒たちの祭りだ。「基本的に」と、もってまわった言い方になるのには理由がある。それを書くことが、この章の目的である。

サント・トマス教会はまぎれもなくカトリックの宗教施設として建てられている。ドミニコ会に所属する。つまり、ラス・カサスが帰属した修道会の施設である。

教会は地震国の特徴として、壁を肉厚にした、すこぶる堅牢《けんろう》な外見をもつ。アンティグアに建つ教会のような豪奢《ごうしゃ》感は外観にはないが、それでも蝋燭《ろうそく》に燻《いぶ》されて黒ずむ聖像画で埋め尽くされた大きな聖壇に威厳はある。が、ここは同時に、キチェ族の老若男女が祖先に祈りを捧げる土俗信仰の礼拝場でもあるのだ。まったく異なる宗教の、本来あってはならない共存が、ここでは平然と行なわれているのだ。

グアテマラ各地の教会を注意深く見てゆくと、こうしたカトリック教会施設の内側に先住民の祈りの場がひっそりと生きていることを散見する。けっして、珍しいことではない。アンティグアのカテドラル（中央大聖堂）の裏庭の地下に、小さな祠《ほこら》があって、そこは近在のカクチケル族が祈りを捧げ、祖先と対話する場となっている。アンティグアは全市がユネスコの世界遺産に登録されていることもあって外国人観光客の多い町だが、その祠の存在までは知られていない。アンティグアの観光事務所は慎重に、その祠の存在を〝無視〟し、先住民に配慮している。教会当局も見て見ぬふりをしている。

しかし、サント・トマス教会はちがう。カトリックのミサよりも、キチェ族が床にひざまずいて

チチカステナンゴの市場

サント・トマス教会の正面階段に集う先住民たち

祈りを捧げている光景のほうがはるかに雄弁なのだ。つまり、主役だ。

ミサを施行するカトリック司祭の前、正面玄関から聖壇につながる中央道には、蝋《ろう》が醜いかさぶたのように盛り上がり、にぶい暗褐色に染めあげられた平たい台がいくつも置かれてあって、それが聖壇となっているのだ。手織りの民族着姿のキチェの人たちは、その前にひざまずき、民族語で祈りを捧げている。ある者は、色つき蝋燭をともしながら、あるいは安物の火酒《かしゅ》を振りまきながら、悲痛な表情で祈りを捧げている。マリーゴールドの花弁を散らせ、コパルと呼ばれる樹脂の香も焚かれる。堂内は、そのコパルの香と煙で灰色にかすんでいる。

教会の正面階段は当然、信者が教会に入るためにあるはずだ。ところが、この教会では意味がちがう。前階段の数ヵ所にコパルが焚かれている場所があり、ここはすでにキチェ族にとって尊い祈りの場なのであって、階段であって階段ではない。しかし、事情の知らない外国人観光客ばかりか、遠方からやってくる国内旅行者も「階段」としかみなさない。だから、なぜ先住民たちは「階段」を塞ぐようなことをしているのだろう、と怪訝に思う。「邪魔だ!」と迷惑がる。

カトリック教会が建てられる以前、ここはキチェ族の神聖な祭礼の場であった。おそらくサント・トマス教会の規模からして、それなりの威容をもつ神殿ピラミッドがあったはずだ。その神殿は一度、スペイン人によって暴かれ、徹底的な破壊を受けた。そして、神殿跡地にカトリック教会が建て直されたのだ。サント・トマス教会前の「階段」は、神殿ピラミッドだった頃の姿を残す唯一の場なのだ。

だから、キチェの人はここを神聖な場とみなす。しかし、無頼な観光客は土足で踏み込もうとするから、キチェの人たちは早くから「階段」の思い思いの場に座を占め、立ち入りを拒んでいるのだ。いちいち観光客に「階段」のいわれを説明する義務は負わないし、面倒である。それに、彼らのスペイン語そのものが拙かったりする。そこに齟齬が生まれる。先住民のあいだを縫って「階段」をのぼろうとする輩も出てくる。先住民はそれを強いて拒否するといった実力行動はしないが、のぼってくる観光客に道をあけるために身体を寄せるとか、退くといった妥協もいっさいしない。観光客の歩きづらさは、後からのぼろうとしている者の意志をくだく効果は充分ある。観光客向けには会堂脇に入口がちゃんとあるのだ。そこを通ればよいが、目の前に「階段」があれば、誰だって自然と足が向く。しかし、それは異教徒が聖壇を踏みにじる行動でもあるのだ。そういうことが、マヤ系先住民が六割から七割を占めるともいわれるグアテマラで、まだ周知されていないのだ。それがグアテマラの現状そのものなのである。

サント・トマス教会は、その特異な性格から、ラテンアメリカの宗教を語る専門書などで再三取り上げられる。ときには、カトリックの「寛容」という文脈のなかで語られることがある。カトリックの「不寛容」によって破壊された神殿の跡地に建てられた、という事実を不問にして。「寛容」とはよく言ったものだが、なるほどカトリックの側からすれば、見て見ぬふりの「善意」ということになるのだろう。しかし、実情はラテンアメリカのカトリック教会の都市中心政策、あるいは資金不足もあって、人口希薄な地方、寒村の教会施設まで人材をまわすことができず、なかば放置された結果が、先住民の血となり肉となっている土俗信仰の公然たる復興をうながしたのだ。司教区がそれに気づいたときはすでに遅く、いつのまにか慣行となっていた。

グアテマラやメキシコ、インカのアンデス地方、つまり先住民文明が高度に発達した地では、スペイン人による征服以前に堅固な宗教体系が確立していた。それは武力で威圧して消せるような虚弱なものではなかった。たしかに先住民宗教施設は徹底的に破壊し尽くされたかもしれない。カトリック神学上の論理では、その邪教性は明らかにされたものかもしれない。しかし、身体に宿る遺伝子的な役割を果たしていた〈神〉の存在まで追い出せるものではない。

イスラーム教徒、ユダヤ教徒、さらに新興のプロテスタント勢力と飽くことなく闘いつづけてきたカトリック・スペイン人たちは、他のどの国の人間より、そのことをリアルに理解していたはずだ。だから、征服後、スペイン人たちは先住民の神殿を破壊しつづけただけでは納得しなかった。その崩れた石材を使って神殿のあった場所にカトリック教会を建造しつづけた。異教の駆逐に喫水線《せん》がないこと、それが至難の事業であり、持続性が強いられるものであることを認識していたからだ。しかし、そうしたスペイン人の意思もチチカステナンゴでは反故《ほご》にされた。一目瞭然、本質はなんら変わっていないのだった。

彼ら先住民たちは、サント・トマス教会を、祖先が建てた神殿のかりそめの姿、やがて再建されるであろう神殿を見据えた仮設施設として崇めているのだ、としか言いようがないと思う。

エルナン・コルテスがアステカを征服した後、神殿を破壊し、その上に神殿の石材を使って建設したのが、現在メキシコ・シティの中心にある巨大なカテドラルであり、豪奢な国立宮殿、市庁舎であり、各修道会の教会なのである。メキシコ最大の基底面積をもつチョルーラの神殿は、エジプト最大のピラミッド、クフ王のそれより大きいことがわかっているが、その頂上部にスペイン人はカトリック教会を建てた。カトリック司祭たちは、明確な意思で先住民精神を打ち砕くために、そうした神殿の上に、磔刑図《たっけい》を運び上げた。カトリック教会はまさにチョルーラの町を睥睨《へいげい》して聳《そび》え立つ。コルテスが晩年を過ごしたクエルナバカの居城も、神殿を破壊したその上に築いたものだ。現在、その居城の地下に広がる空洞を掘り下げる学術調査が行なわれている。そこはピラミッド神殿に穿《うが》たれた聖所であったのだ。

サント・トマス教会もまた、先住民宗教施設を壊し、その上に築かれたのだから、キチェ族農民が教会内で祈りを捧げるのは祖先に報いる行為となる。彼らにクリスト（キリスト）を汚すといった思いはないはずだ。むしろ父祖の神を毀損したのはクリストの方である、ということになる。

キチェ族は、スペイン征服軍に最も果敢な戦いを挑んで敗れた英雄たちの末裔である。そのため、キチェ族の王都ウタトランは徹底的な破壊を受けた。そして、神殿は解体され、その石材はウタトラン郊外に新しく建てられた植民都市、現在のキチェ州都サンタ・クルス・デル・キチェのカテドラルの建材となった。この教会の建設に重要な役割を果たしたのが、ラス・カサスをグアテマラに招いたフランシスコ・マロキン司教である。彼は、キチェの名に「サンタ・クルス（聖なる十字架）」と冠した。キチェ族の首根っこをクリストの名のもとに抑え込むのだという強い意思からである。

キチェ族は、スペイン軍を敵にまわしただけではなかった。

グアテマラ第二の多数派先住民族カクチケル族、さらにアステカ帝国を滅ぼしたコルテス軍に協力したメキシコ高原部を故地とする先住民混成軍とも戦って敗れたのだ。征服軍に協力したカクチケル族も数年後、スペイン軍との戦いに敗れ、隷属化の道をたどる。カクチケルの王都イシムチェは廃墟となった。しかし、ウタトランのような徹底的な破壊は受けず、現在は史跡公園となって、内外から日々多くの観光客を集めている。首都グアテマラ・シティから最もアクセスの容易なマヤ神殿都市遺跡である。

グアテマラの地名の多くにナワトル語系の名が残るが、たいていはスペイン征服軍の傘下にあったメキシコ高原の先住民戦士たちが、征服した土地に改名を強いた名残である。チチカステナンゴ、ケツァルテナンゴ、ホコテナンゴ、ウエウエテナンゴ、チマルテナンゴ……、さらに隣国エル・サルバドルにもチャラテナンゴと、征服時代に名づけられたと思われる地名が残っている。最後に「テナンゴ」とくる地名はみなナワトル語系である。村や集落を意味する。つまり、グアテマラ・マヤ族、そしてエル・サルバドルの一部も、スペイン人の支配だけでなく、メキシコ中央高原からはるばる南下してきたナワトル系先住民による屈従的な支配を受けたのである。スペイン植民地の支配構造はそうして征服初期から多重性をもっていた。

ラス・カサスがグアテマラで布教の対象にしたのは、最も屈従的な支配を受けている先住民であり、これから過酷な軍事制圧を受けると思われた未支配地域の先住民たちであった。

チチカステナンゴのあるキチェ州もそうだが、ラス・カサスが歩いた道筋に位置する地方であればあるほど、現在、先住民の土俗信仰がカトリックと絶妙な共存を営んでいるところが多い。それは偶然だろうか——？

ラス・カサスの「平和的布教」の実践地として、また成功の地として知られるアルタ・ベラパス州コバン地方はケクチ族の居住地域だが、現在の州都コバンにもケクチ農民がもっぱら主役となって祈りを捧げるカルバリオ教会、サント・ドミンゴ教会という「カトリック」教会がある。この二つの教会は市街地のはずれにあって、その教会内部はチチカステナンゴのサント・トマス教会よりさらに濃密な異教的気配をとどめている。

その隣の州バハ・ベラパスの山間地域に、静かな交易場であり宿場といった感じのラビナルというキチェ族が住む小邑《こむら》がある。ラス・カサスが長く滞在していたと推測される地である。また、マヤ・キチェ族の創生神話『ポポル・ヴフ』の発見者であり、スペイン語への翻訳者として知られるフランシスコ・ヒメネス司教も、チチカステナンゴでの任期を終えた後、このラビナルに着任し、一〇年間、周辺住民への布教に従事していたことがわかっている。——にもかかわらず、ここはスペイン人が入ってくる以前からの土俗的宗教との関わりを示す仮面舞踊劇が唯一、残っている地として有名なのだ。

「ラビナル・アチェ」と呼ばれるその舞踊劇を最初にスペイン語で記録したのもヒメネス司教であ

る。ということは、そのはるか以前に完成していた舞踊劇だったことになる。資料によれば、一二世紀のキチェ部族のラビナルとグマルカフ両勢力の内部抗争を主題としている。

マヤ舞踊劇の特徴であるのか、

「あぁ、大空よ、あぁ、大地よ」

「勇者、紳士、男のなかの男、ラビナルの高貴な紳士」

といった合いの手、掛け合いの台詞《せりふ》が頻繁に入り込められた劇で、ゆったりと進行する長部な四部作である。それは成立から相当な歳月を経ているし、そのあいだ、スペイン人の侵入、隷属を強いられるマヤの民、独立闘争、独立、内戦……とつづく歴史の激変に揉まれてきただろうから、今日まで幾多の改編・追補が行なわれてきたはずだ。しかし、カトリック教会から〝異教的なるもの〟とみなされることはあっても、廃絶はしなかった。舞踊劇を演じる家は代々継承され、今日に伝わっている。[1]

一九九七年一月、その「ラビナル・アチェ」が披露されるという祭日をめざして出かけた。仮面舞踊劇はラビナルに着いてすぐの時間に中央広場前にある教会の正面玄関の会場で行なわれるというので、急いだ。町は祭りを迎え、高揚した華やぎに満たされていた。しかし、中央広場に人の流れがあっても、出し物を待っているという期待感のような雰囲気はまったくなかった。

教会のすぐ横にキチェ族の民族衣装を着た農民たちが出入りする小聖堂があった。そこから出てきた初老の男性をつかまえた。

「舞踊劇はいつからはじまるか知っていますか？」

「今年はないよ」

「……なぜですか？」

「町長が替わってな、今年は金を出さないと決めたからだよ」
「なぜ、お金を出さないことになったんですか?」
「新しい町長はエバンヘリコ(福音派プロテスタント)なんだよ」
「では、来年も中止と……」
「たぶんな。町長が替わらないかぎり、ダメだな」

こういうことはグアテマラではよくある。

地方の農村でひそやかに、だが確実に浸透しつつある米国の保守的プロテスタントの流れを汲むファンダメンタリスト(原理主義者)たちの旺盛な布教活動は、カトリックの地盤を崩しつつある。とくに貧しい地方部への浸透が著しい。グアテマラでは、プロテスタント系の右翼政党であるグアテマラ共和戦線(FRG)と結びついて世俗的な利害関係をもつようになっている。

カトリック受容以前から伝承されてきたといわれる〝異教的〟な「ラビナル・アチェ」の仮面舞踊劇は、聖書の教えから隔たった神話劇でもあるわけで、ファンダメンタリストにはとうてい受け入れがたいものなのだろう。二〇世紀まで生き延びた「ラビナル・アチェ」が、米国から南進してきた新しいキリスト教会の浸透によって中絶させられている。それが、グアテマラの現実である。

しかし、「ラビナル・アチェ」の伝統をつたえる宗家はいまも健在である。彼らは一六世紀以来、幾度も途絶の危機を迎えながら、そのつど、なんとかやり過ごして今日まで伝えたのである。チチカステナンゴの祭事でもコバンの祭りでも、古《いにしえ》のマヤ時代を彷彿させる街頭舞踊が引きつづき行なわれている。そういう伝統は、そこに民族の意思があるかぎり途絶えることはないだろう。

マヤの地グアテマラでは、ラス・カサスが「平和的布教」に一定の成果をおさめた、と歴史学者は書く。しかし、ラス・カサスが歩いたところほど、先住民の宗教的習俗が色濃く残っているのである。「ラビナル・アチェ」などはその象徴的な例である。チチカステナンゴ、コバン……、みなそうだ。これはどうしてだろう。素朴な疑問である。ラス・カサスが布教活動の発信地とし、休息の場ともしたアンティグア。中米地峡地域におけるカトリック布教の求心的な場であったそのカテドラルにすら、先住民宗教の習俗が残存しているとは前述した。

この国の総人口の七五パーセントがカトリック教徒といわれ、残り二五パーセントがエバンヘリコであるとされている。しかし、先住民の宗教的生活をみるかぎりにおいては、「カトリック」先住民も、「エバンヘリコ」先住民も、異邦からやってきた者には秘教的とすら見える土俗信仰のなかに生きているように思えてならない。捨てるどころか、濃密に日常生活のなかに投影させている。

カトリックセンターから司祭がやってくると、人々はこぞってミサに出席し、お祈りにもでかけます。ではカトリックが唯一の宗教かと言えば、そうではないのです。その後ろに、いつもなにかがあります。赤ん坊が生まれると、教会に行く前に共同体で洗礼を受けます。カトリックの教えは、自分を表現するもう一つのやり方として人々に受け入れられますが、それが唯一の信仰ではありません。(2)

こう語るのは、ノーベル平和賞を受賞したキチェ族の人権活動家リゴベルタ・メンチュウだ。彼女も、敬虔なカトリック教徒ということになっている。ヴァチカンでローマ法王に謁見《えっけん》し、祝福も受けている。しかし、ノーベル賞授賞の際には、マヤ遺跡カミナル・フユの祭礼場でキチェ族のクランデーロ（祈禱師）からの祝福を受けることをまったくためらわない彼女がいる。また、そのことに異を唱える声をグアテマラではまず聞かない。しかし、それはカトリックの「寛容」のなせる業とは、とうてい思われない。寛容な精神が満ちている国が、不寛容きわまり

ノーベル賞を受賞した頃のリゴベルタ・メンチュウ（首都のカテドラル前にて）

メンチュウの故郷キチェ州チメル村にて

ない凄惨な内戦を三十有余年も耐えられるわけがない。

メンチュウはインディヘナ〔先住民〕の自然観、聖性についてもみずから語っているので、ちょっと引用しておきたい。

〔インディヘナの〕子どもはみんな自分のナウァル〔分身霊〕をもって生まれます。ナウァルは人に添う影のようなものです。たいてい動物の姿をしていて、子どもとそのナウァルは並行して生きていくことになります。子どもは自然と対話を持たねばなりませんが、わたしたちにとって、ナウァルは大地を表わし、動物を表わし、水を、太陽を表わすものです。

わたしたちはインディヘナ本来の姿を伏せ、多くのことを秘密にしてきました。そのために差別を受けています。それでも、自分自身について話すことには、かなり抵抗がつきまといます。なぜなら、いつかインディヘナの文化が認められ、だれからも奪われないと保証されるまでは、このようなことをみだりに口にすべきではないと心得ているからです。……わたしのナウァルを尋ねられても、やはりお返事できません。それはインディヘナの秘密ですから。(3)

メンチュウの言葉が教える意味は大きいと思う。彼女はまた、こんなことも語っている。

カトリックを信仰するということは、一つの条件とひきかえに自分たちの文化を棄てることではありません。それは、もう一つの方法のようなものです。……カトリックの信仰も、信者としての義務も、わたしたちの本来の文化の中に吸収していきます。ですから、カトリック信仰は、あくまでも、もう一つのやり方なのです。祖先の人々が用いた方法は、これまでどおり大切にしています。つまり、二重の行為ですね。カトリックの教義も学び、お祈りも覚えねばなりません。共同体の祭祀《さいし》ではしきたりどおり祈ります。……わたしたちは敬虔なカトリック信者だと思っていますが、同時に、祖先の人々を誇りにしているインディヘナである部分もしっかり持っているのです。(4)

私は、ラス・カサスがグアテマラで実践した「平和的布教」とは、先住民習俗を規定する土俗宗教が、カトリックの教義のなかに染み込んでゆくことを、意識的に見過ごした、あるいは積極的に迎え入れさえしたものではなかったか、と考えている。

カトリックの「布教」が異教の徹底的な排除を意味するものであるなら、ラス・カサスのそれは、とうてい「布教」と呼べるようなものではなかったと私は思う。当時、ラス・カサスが最優先したことは、「布教」ではなく、先住民の生命そのものであった。人命が損なわれるという危機にあるとき、「宗教」のドグマは後退してもいっこうに差しつかえない、と認識しているラス・カサスの姿をグアテマラに見いだしたい。

「解放の神学」の指導者的存在として知られるペルーのドミニコ会司祭グスタボ・グティエレスは、その著作のなかで、植民初期のエスパニョーラ島で先住民の解放を唱えたドミニコ会士たちは、その時点ですでに「インディオはキリスト教徒到来以前の状態へ戻った方がましである」との主張を繰り広げていたと述べている。(5)そして、この「彼ら「インディオ」が自由で健やかである方が、彼らをキリスト教に改宗させて自由を奪い、死へ追いやるよりもましだ」という考え方は、ずっとのちに、ラス・カサスがふたたび取り上げることになる大胆な主張であった、と。

ラス・カサスは、一五四二年にこのようなことを書いている。

インディオを死に至らしめたり、破壊したりせずに、キリスト教に改宗させるのが不可能な場合、……国王陛下がインディオの支配者であることをやめ、インディオがキリスト教に改宗しなくても、なんら問題はない。善良なキリスト教徒であるためには、そう考えてしかるべきだろう。(6)

さらに、ラス・カサスが『インディアス文明誌』に書き残した記述を繙くと、先住民の宗教観、信仰心を尊重し、畏敬の念すら抱いていたことがみえてくる。

インディアスの人々が一部の地方で行っていた神々への信仰と神事は非の打ち所がなく、数々の祭儀で彩られ、供犠を伴い、大勢の神官、従者、僕《しもべ》を従えていた。彼らは神々を奉った神殿や館に、大いなる尊崇の念、畏怖心や敬意をもってかしずき、神々を崇め、仰いでいた。……世界中のどの民族にも優り、かつて世界の人々に法律と宗教を与えたと自負したローマ人でさえ、彼らにはるか及ばないのが分かるだろう。(7)

また、ラス・カサスの生涯を語る書のなかでくり返し強調されていることのひとつに、先住民改宗化の過程で集団洗礼を忌避していた、ということがある。洗礼に必要なキリスト教の基礎的知識がない者には洗礼を施さなかった、といわれる。しかし、妥協はほんとうになかったのだろうか？ラス・カサスの時代、一日に四、五千人の先住民集団に洗礼を施した、と自慢する司祭の記録も珍しくない。二〇世紀の米国の〝カリスマ的説教師〟ビリー・グラハムがラジオやテレビという手段に訴え、最大の効果をあげたとしても、そんな〝奇跡〟を呼び寄せることはできなかった。ましてや、スペイン語に通じていない先住民が「改宗」の意味も知らずに、「改宗」を受け入れられるわけがない。「洗礼」を受けたとされる先住民集団は、スペイン人たちの武力にただ拝跪《はいき》したにすぎなかった。ラス・カサスはそのことをよく知っていたから、集団洗礼を自分の業とすることを忌避したのである。しかし、ラス・カサスその人の胸に、妥協へ傾斜する〈やさしさ〉はなかっただろうか？「改宗」を掲げて征服の業に出ようという武力集団が、先住民集落を包囲して一網打尽にしようと虎のように牙を剝き出しにしているとき、次善の策として、ラス・カサスなりの洗礼基準を下げて〈やさしく〉対処しなければならないと考えられないだろうか。そういうラス・カサスの姿を私は見いだしたい。

……と思う一方で、先住民たちのしたたかさも見いだす。ほかの高圧的な聖職者の前で慇懃《いんぎん》に服従してみせたように、カトリック教義を受け入れるとみせかけて、その実、家内に祖先の霊を避難させ、ひそかに貴びつづけることを選び取ったのではなかったか、とも思える。

あるいは、それまでのスペイン人とはちがう〈虚弱〉な心をもち、それなりに影響のある聖職者であるらしいラス・カサスその人を見いだした先住民たちは、その人を通じて、生き延びる手立てを考えたとも推測できる。季節《とき》は民族存亡の危機なのである。この際、利用できるものはなんでも利用してやろうと思うのは先住民に与えられた最後の権利であり、その正当な行使である。

とするなら、ラス・カサスの活動とは、先住民へのカトリック布教という務めより、人権擁護の活動に主力をおいた「社会改革者」といった様相が深まってくるようにみえる。あるいは、先のグティエレスの言葉を借りて神学の立場から解釈するならば、ラス・カサスは「虐げられたインディオたち」の生命を、「鞭打たれ、罵られ、苦しめられ、死んでいった」ヘスス・クリスト（キリスト）と同一視し、「クリスト自身に掠奪をはたらくこと」を問題にしていたとも考えられよう。

チチカステナンゴのサント・トマス教会にふたたび立ち返る。

カミナル・フユ遺跡のクランデーロたち（グアテマラ・シティ）

この教会の納戸《なんど》から、ローマ字を表音文字としたキチェ語の文献が一八世紀初頭に発見された。先に述べた『ポポル・ヴフ』である。

当時、教会に寝食し、キチェ族の教化活動をつづけていたフランシスコ・ヒメネス司教が発見したものだ。司教は、キチェ族のなかで長らく住むあいだに彼らの言葉に通じるようになっていた。ラビナルで伝統舞踊劇の記録を取ることができたのも、司教がキチェ語に長けていたからだ。

ほこりまみれの古文書に目を通したヒメネス司教は、そこにキチェ族の創生神話からはじまり、一五五〇年までのキチェ王統史が記されていることを理解した。

一五五〇年とは、ペドロ・デ・アルバラードがグアテマラに侵攻してから二七年目、ラス・カサスがインディアスでの活動から離れ本国に帰還してまもなくの頃である。

サント・トマス教会は、キチェ族が征服された直後には創建されたと思われるから、ラス・カサスがグアテマラに入った時期には、すでに先住民へのカトリック教化の活動が各修道会の手で精力的に開始されていた時代となる。教会は、ラス・カサスが所属するドミニコ会派のものであることは前述した。ラス・カサス自身、この教会に幾度か足を運んだものと考えられる。当時、アンティグアからベラパス地方へ抜ける街道沿いに位置していたからだ（今日の道は、まったくちがっていて、チチカステナンゴは擦過《さっか》もしない）。当時、グアテマラではスペイン人聖職者が著しく不足していたから、教会の雑務は先住民が行なっていただろうし、スペイン人聖職者たちもまた彼らを先住民布教の前衛に仕立て上げようとしていただろう。スペイン人聖職者は村人からキチェ語を習い、教会で働く先住民たちはスペイン語に習熟していったことだろう。そうした先住民のなかにキチェ族の神話ないしは歴史にくわしい者がいて、スペイン語を表音文字として自分たちの神話『ポポル・ヴフ』を共同作業で後世に書き残したのだ。面従腹背……そんな言葉が浮かんでくる。

サント・トマス教会から南西に一・五キロほど離れた小高い丘に、バスカル・アバフというキチェ族の石造りの神像を奉った祭場がある。ここはキチェ族のクランデーロ（祈禱師）たちに付き添われた村人たちが祈りを捧げる場となっている。そのクランデーロが手にする粗末な書物はスペイン語訳の『ポポル・ヴフ』であった。私が実地に遭遇したクランデーロはスペイン語訳を使っていたが、キチェ語で祖先の霊を呼び出す者もいることだろう。

つづいて神々は、われらの最初の母、最初の父の創造について語りあった。そして黄色い穂のとうもろこしと白い穂のとうもろこしでその肉を創り、とうもろこしをこねて人間の腕や脚を創った。／われらの父たち、すなわち初めて創られた四人の男たちの肉となったものは、この、とうもろこしをこねたものにほかならなかったのである。(8)

アンティグアの郊外にサン・アンドレス・イツァパというカクチケル族の小さな村がある。この村の中央広場にはカトリック教会もあるが、ここで民衆の崇拝を受けている聖域は家屋が建てこんだ一角にある密教的な小さな会堂だ。サン・シモンといわれる摩訶不思議な男性像を奉る聖堂である。黒い上下のほこりまみれの礼服、袖口《そで》からこぼれる安物の色ハンカチの束、黒い鍔《つば》広帽子をかぶり、口髭をたくわえた壮年男性像である。彼はいつも太い葉巻をくわえている。そして、肌の色はエル・ブランコ、白人のものである。足もとには安物の火酒の瓶が転がっている。

「あれを見ていたら息苦しくなって、吐き気がしてきた」と語った日本人旅行者がいた。日本人の平均的な感性なら、とても受け入れがたい〝邪教〟的な雰囲気に満ち満ちた「神像」である。その姿格好から、スペイン人との不幸な出会いによって生じた世界観の混乱が造形された「神像」であることは確かであって、そういうものがカトリックの地で今日まで存命しているのである。

イツァパのサン・シモンを奉る会堂には、先住民ばかりか、この国で先住民と白人との交わりを示す混血層をラディーノというが、彼らも祈っている。信者は一様に生活に疲れたような表情をしている。みんな貧しいのだ。なんとかいまは食えているが、来週はどうなっていることやら……、そんな貧困層に愛されているのがサン・シモンなのである。「神像」は娼婦たちの信仰も集め、彼女たち（あるいは彼ら）の守り神ともなっている。ここに集う娼婦たちは、もっぱら貧困層の男たちを顧客とずる場末の女たちばかりだ。高級娼婦はここへは立ち寄らない。

グアテマラ中西部の高原にアティトランという美しい湖がある。その湖畔は、ヒッピーの溜まり場として世界的に有名なところだ。一九五〇年代のグアテマラに左派政権が誕生した際、医師としてボランティア活動に従事しようと同国入りしたエルネスト・ゲバラも訪れた地だ。ただし、身を隠す場として。しかし、米国ＣＩＡから支援を受けた右派軍人によるクーデターで、ハコボ・アルベンスという青年将校出身の大統領は政権を追われ、彼の人脈も一掃された。ゲバラも例外ではなく、アティトラン湖畔の村パナハチェルに避難した。その家屋は九〇年代には残っていたが、いまはどうなっているだろうか。

パナハチェルの対岸に農民画家がたくさん住むツトゥヒル族の村がある。この村に住む農民たちもまたサン・シモンと同系列の男性神マシモンを崇拝しているのだ。

カトリック司祭たちに見捨てられた辺境にも、エバンヘリコの粗末な会堂が建つ。そこでは夜毎、泣き叫ぶような祈りの合唱が濃い闇を切り裂いている。グアテマラの先住民共同体の宗教の実態は、よそ者にはうかがい知れない底知れぬ怨念の堆積に塗り込められているように思える。

ラス・カサスが理想とした形式で布教が行なわれ、その成果が顕著だったといわれる地グアテマラにおける今日の姿は、カトリックの威厳的な精神性からずれている。先住民の生活に入り込んだカトリック教義は大きく変質して、ヘスス・クリストや聖母マリアすらが先住民習俗のなかで私には意味不明、読解不能の、はげしい拒絶性すら含んだ偶像となって生きているのだった。

ラス・カサスが行なったグアテマラの「平和的布教」について、「成果」という文字をそのまま転用することは、この国で現在なお呻吟《しんぎん》する先住民たちの苦悩に目をつむることになるように私には感じられる。先住民の「五〇〇年」間とは、ラス・カサスの「平和的布教」で生じた隙間をたくみに活かして、祖先の霊を彼らの宗教体系のなかで生きながらえさせた歴史そのものとも思えるのである。

（1）「ラビナル・アチェ」に関する資料は、グアテマラで Luis Cardoza y Aragón が著わした私家版があり、採譜も収録されている。筆者が持っている版は六刷とあるが、発行年月日は記載なく、初版も不明。貴重な資料だが、入手はきわめて困難である。
（2） エリザベス・ブルゴス＝ドブレ『私の名はリゴベルタ・メンチュウ』高橋早代訳（新潮社、一九八七年）。この聞き書き集は、長いあいだメンチュウの前半生を語る唯一の書として世界に流布したが、証言内容の明らかな誤りやインタビュアーのブルゴス＝ドブレによる創作箇所があるとして、非難の的にもなり、メンチュウ自身も「満足にスペイン語が話せない時代のものであり、意に添わない内容だ」といった発言をするに至っている。
（3） 同前書。
（4） 同前書。
（5） グスタボ・グティエレス『神か黄金か——甦るラス・カサス』染田秀藤訳（岩波書店、一九九一年）。
（6） 染田秀藤「解説」（「アンソロジー新世界の挑戦」八『インディオは人間か』岩波書店、一九九五年、所収）。
（7） ラス・カサス『インディアス文明誌』第七一章、染田訳（同前書、所収）。
（8） アドリアン・レシーノス原訳『マヤ神話　ポポル・ヴフ』林屋永吉訳、ディエゴ・リベラ挿画（中公文庫、一九七七年）。

先住民ミスコン「ラビナ・アハウ」
――コバン◉グアテマラ

アルタ・ベラパス州の州都コバンで毎年七月下旬に行なわれるミス・インディヘナ女王コンテスト「ラビナ・アハウ（王の娘）」に三年つづけて通った。このコンテストについて、リゴベルタ・メンチュウは本のなかで、「〔民族〕衣装を見てきれいだとは言うが、それはお金になるからで、中身の人間にはなんの値打ちもないのだ」「これは金持ちだけの行事です」「娘をだしにした金もうけ」と批判していた(1)。

コバン市街地のはずれ、首都グアテマラ・シティから延びた国道が町に入ろうという一角にラス・カサスの胸像がある。アルタ・ベラパス州は、ラス・カサスの「平和的布教」の実践地としてこの国の歴史にも刻印されているからだ。州内には「フライ（師）・バルトロメ・デ・ラス・カサス」という町もある。

「ラビナ・アハウ」は、コバン市の大きなフィエスタ（祭り）というだけではなく、グアテマラ内外から多くの観客を集めるナショナル・イベントになっている。ホテルの予約は一カ月前にほとんど埋まる。コンテストの数週間前からコバン市内には、今年の女王候補の顔写真が印刷されて商店の壁に貼り出される。町の賑わいは相当なもので、「ラビナ・アハウ」の商業的価値は年々上昇しているように思える。

一九六九年の第一回以来、内戦下の時代も経過して着実に実績を重ねてきた。メンチュウは「金持ちだけの行事」と切って捨てたが、たぶん、彼女が批判していたような時代もあったことは確かだろう。だが、一九九二年、いわゆる〈新世界発見〉五〇〇周年を境界として、コンテストに参加する若い女性たちの鋭角で意志的な姿勢によって変質したと思う。そこはすでに、インディヘナ女性のアイデンティティを確認する場となっているのだ。メンチュウがミスコン批判をしていた時代は、人権感覚の欠けらもない軍人たちが政権をたらいまわししていた時期にあたる。しかし、民政移管が実現し、内戦の収束期から和平という劇的な変化のなかで、ミスコンもおのずと内実を変えていった。「金持ちだけの行事」にすぎない、とは言えなくなっていることだけは確かだ。

ここでは、あえて一九九三年七月三一日の「ラビナ・アハウ」に焦点を絞って書くことにする。なぜなら、その年は国連の「国際先住民年」の第一年目にあたっていたからだ。国連は、バルセロナ・オリンピックとセビージャ万博をコロンによる〈発見〉五〇〇周年の最大の祝賀イベントとしたスペインに配慮して、「先住民年」を一年ずらした。

コバンは山間にひらけた町である。グアテマラ・シティから延びる国道に沿った地域からこの町に入るのは容易だが、それ以外の地方から来る人たちにはかなりしんどい。直線距離では大したことはないが、そのあいだに重々たる山が人の道筋を阻み、途方もない距離を迂回させる。しかも、雨季で路肩のゆるんだ柵もない未舗装の悪路を、バスや小型トラックの荷台に数時間揺られつづけてやってくるのだ。

市街地のはずれ、山肌を削った平地に建つ体育館が「ラビナ・アハウ」の会場である。

体育館へ延びる道沿いには、観光客をあてこんだ土産物の露店、仮設の簡易食堂が並ぶ。日本の縁日のような賑わいだが、コバンの七月の夜はとても冷える。けれど、筆者が小学生の頃のざわざわとした日本の一九五〇年代を思わせるレトロな雰囲気があって心浮き立つ感じだ。強いていえば、郷愁を誘う谷内六郎の絵のような世界なのであった。

勢いのよかった太陽が森の彼方に沈むと同時に空気は冷える。熱帯ではあっても、標高一三二〇メートルの夜は厚手のセーターが必要だ。

開会セレモニーが定刻より約一時間ほど遅れて午後八時過ぎにはじまった。このあたりのルーズさはラテンアメリカでは許容の範囲だ。

まず、首都に活動の本拠を置く非インディヘナの舞踊団による、たいへんソフィスティケートされた民俗舞踊が披露される。むろん原型は各地の先住民共同体で伝承されている舞踊であるが、身体的表現の基礎はクラシックダンスの鍛錬から出ているものだ。グアテマラ先住民舞踊の足の運びは基本的に大地との親密な交流にあって、跳躍とか軽快に地を蹴るという仕草は少ない。けれど、民俗舞踊に着想して創作舞踊を演じていると思えば、それはそれでショー的に充分楽しめるものだ。

グアテマラの北隣の大国メキシコには、グアテマラの舞踊クルーを一ダースほども集めた大きな国立民族舞踊団がある。週に二回、メキシコ・シティ中心にある格式も高い国立芸術院劇場で文字どおり豪華絢爛《けんらん》なショーを見せている。アマリア・エルナンデスという、欧米でみっちりクラシック舞踊からフラメンコまで武者修行的に行脚、習得した女性が祖国へ帰ってから、国内各地の先住民舞踊を踏査して習得、さらに洗練度と様式美を与えて舞台芸術として完成させた。その成果を内外に紹介する手段として彼女が創設した舞踊団である。(2) 一九五二年、有志二四名ではじまった第一回公演が成功して以来、今日では世界有数の舞踊団に成長した。この影響下から出てきたのがグアテマラの舞踊団であった。コロンビアやキューバでも同種の舞踊団が活動を行なっている。

「ラビナ・アハウ」の前座として聴衆を大いに盛り上げた舞踊が、仕掛け花火を乱舞させて終え、紫煙が体育館の外に流れだすと、花道から昨年の女王が登場する。ノルマ・エリサベート・パカハ・ロペス嬢。色白で意志的な堅さを細面に秘めた美人だ。先住民独特の姓名の刻印が薄い名であるのが気になるが、こうした例はとりたてて言うほど珍しいものではない。ケツァルテナンゴ州のキチェ族出身、黄色地の裾《すそ》の長い祭式用ウィピル（民族衣装）をまとった姿は優美である。たぶん、均整のとれた通常のミスコンのように水着姿でも披露してくれれば、セックスアピール度も高いと思われる女王であるが、そういうことを想像してはいけないのである、「ラビナ・アハウ」では。

すでにステージに上がって松香《オコテ》を焚くコバン市選出の女王候補マリア・ルイサ・チェン・ポップ嬢（彼女の名ははっきりと先住民であることがしるされている）が、今夜かぎりの女王を迎え、ステージ中央に設けられた玉座、手彫りの装飾も華麗豪奢な椅子に導く。やがて、その玉座のまわりをひとりふたりと、五〇人ほどの娘たちが、グアテマラ民族音楽の定番マリンバの合奏の音《ね》にのって答礼の舞いを披露しながら登場する。コバンのマリア嬢は主催地を代表して、全員に歓迎の挨拶を送る。

いよいよ第一次選考に入る。

「マリア・エレナ・ゴンサレス、一九歳、小学校教師。サンタ・マリア・デ・ヘスス、サカテペケス州在住、言語はカクチケル語およびスペイン語」と進行役の男性が告げると、あざやかな民族衣装を着た少女が、これまた意匠の凝った民族服姿の男性とともに登場する。ステージ中央でまず満員の聴衆に一礼、つづいてコバンのマリア嬢に挨拶。そして、マリンバで奏でられる民族音楽の伴奏にのって、たおやかに流れるようにステージを横切ると、マイクの前に立って母語であるカクチケル語で、間をおかずスペイン語による自己紹介と、「青年の主張」ふうのスピーチを披露する。

それが約五〇回、切れ目なく連綿とつづくのだ。なかには母語しか満足にしゃべれない女の子もいれば、反対にスペイン語は達者でも母語は危うそうという候補もいる。じつにさまざまである。カリブ沿岸地方から来た女の子のなかには、英語も加えた三つの言語を自在に扱える候補もいる。カリブ沿岸地方は、英連邦の小国ベリーズと国境を接し、日常的なつながりをもつところもあるので、英語に堪能なグアテマラ人も多い。

松香を絶やさずホステス役を務めつづけるマリア嬢の姿は、いやおうなく目につく。女王以上に……。マリア嬢が着るウィピルは一見レース編みにも思える白地の織物で、グアテマラでもその繊細さで尊重されているものだ。むろん、コバン地方のインディヘナ女性しか身につけない。他の候補のほとんどが色彩豊かなウィピル姿で登場するから、マリア嬢の姿は清楚で初々しく映る。


さて、ラビナ・アハウ候補者たちのスピーチだが、リゴベルタ・メンチュウのノーベル平和賞受賞をわがことの喜びと語る娘や、女性の社会的位置づけが先住民社会では不当であると訴える者もいる。

「今年は国際先住民年です。この意義深い年を有意義なものとするため、私たちはインディヘナとして、インディヘナの女性として、未来のインディヘナのためにも民族の文化をさらに尊重しなければいけないと思います」

と、スペイン語のまろやかな抑揚を強調しながら朗誦するように語る少女もいた。

むろん、簡単な自己紹介と、「コンテストに参加できたことに感謝します」といった社交辞令しか述べない子たちもいる。しかし、三分の一はいただろうか、トーンの強弱の差こそあれ〝社会的発言〟をためらわない娘たちがいることに、正直驚いた。

まだ内戦下である。メンチュウはノーベル賞受賞という生命維持のパスポートを得て、やっと亡命先のメキシコから戻ったばかりという状況である。しかも今回は、先住民の人権擁護を語ることは即、反政府活動であるとみなし、弾圧してきた国防省の大臣が臨席していたのだ。ステージ上でメンチュウを賞賛し、先住民の権利を主張することは、その国防大臣に対する言葉の礫《つぶて》となっていたはずだ。娘たちのしたたかさ、強さに敬服する。

今回の「ラビナ・アハウ」は、クーデター騒ぎが人々の記憶に鮮明な時期に行なわれた。セラーノ前大統領が国費を私的に詐取しつづけ、隠し切れなくなり、証拠隠滅も図って自作自演するという、まことに非政治的な恥ずかしいかぎりのクーデターを起こして失敗、すでに今日あることを知って逃避地と選んでいたパナマに去った。セラーノ前大統領の残り任期を前人権検察庁長官レオン・カルピオが継ぐことになった。そんな経緯があった。おまけに、人気取りであったことは知れるが、断られることを一〇〇パーセント承知しつつ、政治家としての活動経験のないメンチュウに、「外務大臣に就任してみないか」と打診までした新大統領であった。

「人権尊重」と、たとえポーズでも主張してきた人が大統領になったのだ、発言の自由は民主主義の基本だと、娘たちのボルテージはここぞとばかりに高揚したのかもしれない。一九八〇年代から「ラビナ・アハウ」を取材してきた日本人カメラマンG氏によれば、「いや、前から相当辛辣に政府批判する少女たちはいましたよ」とのことだ。たぶん、そうだったのだろう。しかし、政府批判をする少女たちの〝覚悟〟の程度が、メンチュウの祖国復帰、国際先住民年、「人権派」大統領の誕生といったことで、だいぶ軽減されたことだろう。悲壮さはもうないと思う。

カメラマンG氏はこうも語る。

「メンチュウのあの本は思い込みが先走るところがたくさんあるでしょう。コンテストを批判するにしても、彼女は一度も見ていないですからね」

だが、メンチュウの立場からすれば、コンテストに出かけるような生活のゆとりも時間もなかったし、自覚的な活動家になってからは、そんなイベントの場にノコノコ出て行けば逮捕され、拷問の末に殺されていたはずだ、となる。

インディヘナを除けば、この会場を訪れた者の大半が、メンチュウの言うように「中身の人間」には敬意を払わずに、各出身部族のウィピルを一堂に見ることができるかけがえのない機会として入場料を払ったことはまちがいない。しかし、コンテストが進行するほどに、誰だって「中身の人間」にある種の敬意を覚えるようになっていくのだった。たとえ拙い言葉であっても、くり返される先住民の主張は「公論」となってゆく。言葉が手垢《てあか》にまみれていないだけ新鮮だし、切実な声が聞こえてくる。


第一次審査によって一〇人ほどの候補者が選ばれた。

第二次審査は、司会者が候補者に伏せた質問カードを任意に選ばせ、出身の民族語とスペイン語で即答を求めるものだ。

「あなたがラビナ・アハウに選ばれたら、どうしますか？」

「グアテマラの教育制度に対するあなたの意見は？」

「あなたの出身地で抱える問題があれば、それに対するあなたの考えを述べてください」

というような内容の質問である。たぶん、全員が臆することなく、意見の内実はともかく滑らかに私見を述べていた。このあたりは、並のおバカなミスコンとはグレードがちがうのだ。

そして、フィナーレはマリンバの合奏。

メキシコ国境沿いの州ウエウエテナンゴの町からやってきたリデア・グアダルーペ・アロンソ・ノラスコという娘が、一九九三年のラビナ・アハウに選ばれた。賞金はたしか一〇〇〇USドルであったと思う。

会場の明かりがひとつひとつ落とされ、小雨降る屋外に出たのは日も替わった午前一時。屋台はまだ青白く瞬き、売れ残りの揚げ菓子の処分に追われていた。小さな子どもたちも路上でまだ遊んでいた。

コバン地方は、ラス・カサスが入ってから五〇〇年近くのあいだ、変わることなく先住民が主体となって大地の恵みを育ててきた地であった。農作業には不向きな色と思われる白糸でウィピルを織る娘たちの明るい笑い声は、コバンの地にますます満ちることだろう。

ラス・カサスは、「ラビナ・アハウ」の娘たちの遠き祖先のために身を粉にして闘った。しかし、実際のところ、ラス・カサスのおかげで命をながらえた先住民や伝統文化を保持できた先住民共同体はほとんど存在しなかったと思う。植民者たちの貪欲さ、武力制圧からまぬがれることができたのは、ラカンドン密林（メキシコ・チアパス地方）やアマゾン奥地の密林などごく一部の共同体だけだった。奇跡は起こらない。

武力制圧を受けるより、共同体ごと辺境に移住するか、あるいは面従腹背、キリスト教を受け入れると見せかけて家内で父祖の信仰を守りつづけ、生きるためにスペイン語を学び、コーヒー栽培がよいと鞭で叩かれれば改作し、バナナ栽培が金になると銃で脅かされればそれに従い、カロリー源とした。生きるために必死に耐え忍び、暴風を避け、奴隷の言葉を口にしながら今日まで生きながらえてきたのだった。それは絶対、他者の力ではありえない。どれほど精力的で献身的な先住民の味方であったラス・カサスほか大勢の聖職者、社会改革家、博愛主義者が生命を賭して闘ってきたとしても、結局は先住民自身が、生き延びる強固な意志をもって、その途切れない歴史を今日まで織り上げてきたのだった。

先住民社会のなかでも女性たちの生活は厳しい。男尊女卑の社会である。少女たちは、幼いうちから母親の手ほどきで糸車をまわし、ウィピルを紡いでいった。母から子へ、子から孫へ……。母は、ウィピルを織りながら娘に生活の知恵を授けてゆく。

貧しい女たちの青春は短い。インディヘナの女として生まれたからには耐え忍ばなければならない覚悟の大きさ、重さ……、美徳を教え込んでゆく。男たちはウィピルを織る場とは、母から娘に、肉体の変化を、愛を、性を……、そして忍耐を口うつしに学ぶ場である。そうして、女たちの血となり肉となって強固な共同体の意志となってゆく。そこによそ者の慈善など入り込む余地はほとんどないのだ。

ラス・カサスの仕事は輝かしいものだ。征服時代の〈新世界〉では奇跡的な〝善人〟であった。しかし、彼が直接、同時代の先住民のためになしえたことはきわめて小さなものだ。いや、ほとんどないといって等しい。そのことは再確認されなければならない。『ポポル・ヴフ』を深夜、密かに訳出していたキチェ族の筆耕者たちは、その年代記にラス・カサスの名を書き残したりはしなかった。

そう、ラス・カサス自身、己の限界を痛みをもって自覚していたのだった。彼の最大の著述『インディアス史』——、それはコロンに見いだされたインディアスの地の年代記だが、晩年のスペインでそれを書き継げば継ぐほど、「加害者たるスペイン人キリスト教徒の「無知・盲目・無感覚」の年をおっての増大、深化というプロセス[3]」を確認する作業となっていった。ラス・カサスにとっては自虐的な行為ですらあったのだ。

ラス・カサスは、自分の力では先住民の境遇をけっして救うことはできないし、さらに加害者の犯罪行為は拡大再生産されてゆくことも自覚していた。老い衰える日々、活力が失われてゆくなかで、『インディアス史』をはじめ晩年の著作の多くを門外不出として保管するように遺言書に綴った。それらの文書が、その時代に公にされれば、〈新世界〉から利益を吸い上げる者たちによって焚書《ふんしょ》にされるか、残されるにしても不完全なものとなっていたことだろう。ラス・カサスは、それらの文書が同時代の先住民擁護に実際的な効用はないと自覚して封緘《ふうかん》した。その苦い諦観に胸を締めつけられる苦痛のなかで、ラス・カサスは静かにこの世から去ったのだ。

コバンの「ラビナ・アハウ」の美しき候補者たちは、同時代人リゴベルタ・メンチュウを語ることはあっても、ラス・カサスを語る言葉を持っていなかった。彼女たちにとって、ラス・カサスは史書を開かねば立ち上がってこない存在なのだ。そして、ラス・カサスのグアテマラにおける事業そのものも、先住民からみれば、スペイン征服軍と戦って英雄的な死を遂げたキチェ族の若き軍神テクン・ウマンの時代の小さな、——あまりにも小さな挿話にすぎなかった。

コバンのミスコンは、かつては地域振興的なイベント臭プンプンのもので、政府の先住民懐柔策の一環であったかもしれない。しかし、回を重ねるうちに、すっかりグアテマラの重要なイベントになっている。政府や地元の商店街の顔役たちの思惑を超えて精神的自立を遂げてしまったような感じだ。

女王候補たちも、「オラの村でいちばんのベッピンで、賢くて、よくできた孝行娘」といったノリで選ばれてくるようだ。コバンの〝守護聖人〟バルトロメ・デ・ラス・カサスも、インディヘナ娘の晴れ姿に感慨もひとしおのこと……、と思いたい。

(1) エリザベス・ブルゴス＝ドブレ『私の名はリゴベルタ・メンチュウ』高橋早代訳（新潮社、一九八七年）。
(2) 拙著『フリーダ・カーロ〜歌い聴いた音楽〜』（新泉社、二〇〇七年）所収の「アマリア・エルナンデスと国立民族舞踊団」「メキシコ大地の華麗なる舞い」を参照されたい。
(3) 石原保徳「コロンブスからラス・カサスまで」（原広司他『インディアスを〈読む〉』現代企画室、一九八四年、所収）。
＊ 本稿は、拙著『熱帯アメリカ地峡通信』（現代書館、一九九五年）に収載の「ミスコンとラス・カサス」をもとに、加筆を施したものである。

VI

司教ラス・カサス

メキシコ・シティのラス・カサス像
——テノチティトラン◉メキシコ

メキシコ合衆国のへそ、メキシコ・シティの憲法広場。市民がソカロと呼ぶ空の広い空間に面して、豪壮な首都大聖堂、カテドラルが正方形の一辺を占めている。

首都大聖堂は、ラテンアメリカで最大規模を誇るカトリック教会といわれる。このカテドラルの正面右側奥の裏庭、その中央に高い台の上で東方を向いたラス・カサスの立像が建っている。

その立像の周囲は、私がメキシコ・シティで暮らしていた一九九〇年代後半から七年のあいだ、いつも工事資材置き場になっていた。作業車が出入りするときぐらいしか庭の門扉は開かれず、その像のそばにはまったく近づけなかった。ラス・カサス像をカメラに収めようと、工事関係者に幾度も頼み込んだが、無視された。

「日本からはるばるやってきた旅行者です。ラス・カサス司教の功績に強く心打たれ、ここまで来ました。ぜひとも写真を一枚記憶し、私の心の土産にしたい」と口説くつもりで近づくのだが、「NO!」の一点張りで、説明する余裕すら与えてくれない。せいぜい、「写真だけだ」「撮ったらすぐ出る」と言うのが精一杯。子どもの手を引いて行っても駄目、日本人観光客数人をガヤガヤと連れて行っても駄目……。外国人観光客に寛容な国柄、たいていはごり押しの通るメキシコなのだが、ここではまったく通用しなかった。

巨大な石を巧みに積み上げた神のモニュメントでもあるカテドラルは、みずからの重圧に耐え切れず地盤沈下でゆがみはじめた。四〇〇年の歳月が老朽に拍車をかける。創建から今日までメキシコ・シティは幾度か大きな地震に見舞われているから、その影響もあるだろう。崩壊を未然に防ぐための補強工事は遅々として進んでいないように思えた。

地盤沈下をもたらしたのはカテドラルの重量だけではないと思う。ここはアステカ帝国の神殿の跡地である。神殿を解体し、その石をそのまま建材とした教会であった。異教の神殿をカトリック教会へ移教させるのは、スペインにかぎらず欧州民族の得意技のようなものだ。

メキシコのへそは、アステカ帝国の心臓部でもあった。心臓部にはお宝が埋蔵されている。くり返される発掘のたびに、国宝級の出土品が見つかる。周辺の発掘調査でも明らかだが、神殿はたいてい基底部の下に隠された通路が走っている。迷路のように入り組んでいる。アステカの錯綜した神学体系、それはまるでスコラ的な迷宮のごときものなのだが、たぶん、なんらかの法則にのっとって配置されているのだろう。迷路の結節点、そこは神が宿る秘所である。カテドラル付近の地底から、口をカッと開き、いままさにつかみかからんと両手を上げ、指を折り曲げ、腹部から肝臓を露呈させた奇怪な陶製の神像が数体発見されたのは一九九〇年代に入ってからだ。カテドラルはいま、異教の神が宿る地下世界からひそかに復讐されているようにも思えるのだ。

一六世紀のスペインの工学は、当時の科学技術の先進地であったイスラームの影響を受け、キリスト教世界では最高水準にあった。その先端の粋を集めた貴重な遺構として、カテドラルは世界遺産に登録されている。しかし、当時の有能な建築家も、地下に隠された空洞を知るよしはなく、地盤の軟弱を計算して設計図を引くことはありえなかった。そこは巨大なアステカ神殿を支えた跡地なのである、ならば「地盤が緩かろうはずはない」と考えられたのは当然だろう。

多くの信徒を導き入れるため巨大な空間が必要とされた。聖堂内の空間はドームに馳せのぼり、光射すところに視線をやるとき、首は九〇度に折れ曲がる。

アステカやマヤの神殿、その聖壇は太陽を敬うことを究極の目的として建てられた。したがって神殿の上方、太陽に最も近き場所は聖域なのである。聖壇を伽藍《がらん》ですっぽり覆ってしまうキリスト教と、開放された聖所を設ける神学観の隔たりは大きく、断じて交差しない。

聖所で、生体の生け贄から切除された蠢《うごめ》く心臓は、その血のぬくもり、生臭い芳香とともに太陽に捧げなければならなかった。太陽のすこやかな運行を祈念して、アステカの司祭たちはまどろむ心臓を宙に捧げる。

イベリア半島のカトリック国スペインとポルトガルによってほぼ征服された〈新世界〉には、無数のカトリック教会が建てられた。先住民の聖所のあるところ、そこはみな、カトリック施設の候補地のようなものだった。この地はまた地震の多いところだ。とくにメキシコから中米地峡にかけては有数の地震多発地帯といってよい。

メキシコ・シティも五〇〇〇メートル級の活火山に囲まれた巨大な盆地に建てられた都市である。アステカの神殿が空間を圧して次々と建てられていた当時、そこは湖に囲まれていた。湖上のかぎりある陸地に折り重なるように大小の神殿が設けられ、王族の巨城が配された。湖上に島を結ぶ道が走り、小船が行き交っていた。各地から持ち寄られた特産物は市場で売買され、各地の民族語が終日、飛び交っていた。その湖上都市をテノチティトランといった。

現在、ソカロから南方へ延びる平坦な旧市街地の多くは、テノチティトランがスペイン征服軍によって廃墟と化した後、湖を埋め立てた造成地である。湖の片鱗《へんりん》は、メキシコ・シティ最南部にわずかに残る。ソチミルコという浮島の畑で知られる景勝地で、メキシコ市民が日帰りで行楽する舟遊び場だ。地震の被害は、湖を埋め立てて造成した旧市街地や、耐震性など無視した数階建てのビルに集中した。

メキシコ・シティ南部コヨアカンに広大な溶岩地帯がある。紀元前一〇〇年頃、シュトリという名の小さな山が咆哮《ほうこう》した跡地である。今日、そこはすでに市街地となっていて、溶岩は建材に研磨され、多くの建造物の基礎づくりに貢献している。アステカ族がこの地を占拠するはるか数千年前に、巨きな神殿を建造した先住民族が暮らしていた。その祭儀遺跡クイクルコ、「歌う場所」という名の神殿はいま、溶岩原の真ん中に立っている。家屋敷、畑を押し上げるように大地は隆起し、その地割れから溶岩が噴出して四方に流れ、先住民の生活圏を覆い尽くしたのだ。メキシコ日本人学校のすぐ近くにある。メキシコ・シティとはそういうところである。

スペイン人たちに制圧された〈新世界〉の歴史は天変地異がしばしば変えてきた。地震で崩壊したカトリック教会は数知れない。しかし、スペイン人に見過ごされ、人為的な破壊をまぬがれたアステカ、マヤ文明圏の神殿は、自然の怒りに耐えつづけ、現在なお威容を誇示している。オルメカ、サポテカといった周辺文化の巨大神殿もいくたびの地震をやり過ごし、いまも白昼は太陽と、夜は満天の星と対話しつづけている。先住民の神官たちが天空の神々と対話しながら練り上げていった神聖工学は優れていた。ここで優劣を言っても仕方がないが、宇宙観の相違が神殿の形態に影響を与えた。祭儀の場を開放された神殿の頂部とすることによって、神殿内の空間は狭められ、より堅牢な建造物となったのだ。

その神殿を破壊し、一部を毀損して建てられたカトリック教会が、地神の怒りで倒壊するさまを、アステカやマヤの太陽は嘲笑したことだろう。

カテドラル脇のラス・カサス像は補強工事に背を向けて、東方に向かってひっそりと立ち、歳月の澱の向こうで老いていた。その像が、もし名のある彫刻家の仕事だったならば、工事期間中は近くの美術館に仮住まいしていたことだろう。だが、ラス・カサスの名だけでは、ほこりと排気ガスから解放されることはなかった。
思い入れとは厄介なものだ。一再ならず工事関係者を悩ます私である。写真を撮ったからといって、それがなにかの用をなすわけではない。私的な納得にすぎないだろう。これまで各所で撮ってきたラス・カサス像のアルバムに、メキシコ大聖堂の立像を加えないのは画竜点睛《がりようてんせい》を欠くのでは、という思い込みだけだ。

一五三六年七月、グアテマラのサンティアゴ（現アンティグア）に到着したラス・カサスは、じつは腰を落ち着ける暇もなく、翌月にはメキシコ・シティに向かっている。メキシコ教会会議にマロキン司教の代理として出席するためである。この会議でラス・カサスはメキシコ初代司教ファン・デ・スマラガらと親交をあたため、会議の決議として、征服戦争の不当性を訴え、先住民に危害を加えたり奴隷化する植民者を教会は処罰すべき、という項目を盛り込むことができた。
ラス・カサスは翌一五三七年一月にサンティアゴに戻る。その間に教会会議の決議事項やラス・カサスほか有為の〈新世界〉の聖職者たちの報告書を受け取ったローマ法王庁は、審議の結果、同年六月にパウロス三世の名で勅書『崇高なる神』を発布し、征服者たちの蛮行を糾弾した。このことは、「平和的布教」を進めようとするラス・カサスにとって、大きな精神的後ろ盾になった。

私たちはさまざまな報告を受け取り、インディオが真の人間であり、カトリックの信仰を理解できるばかりか、熱心に素早く信仰を受け入れようとしている事実を知っている。……インディオおよび、以後キリスト教徒が発見するであろう人々は、決して彼らの自由と所有する財産を奪われることはない。これは、たとえ彼らがイエス・キリストの信仰を奉じていなくとも、例外ではない。また、彼らは自由に、かつ合法的に、自らの自由を享受し、財産を所有できる

し、所有すべきであり、決して奴隷の身分におとしめられるべきではない。(1)

しかし、その勅書は尊重されつつも、反故にされた。

一六世紀には、まだ「人権」という言葉は存在しない。「人間」であることを無視することによって、大西洋上で巨大な富を生む三角貿易が横行した。英国リバプールを出航した船には、中古の銃砲・武具や安物の日常雑貨が満載されていた。その積荷はアフリカ西海岸各地で降ろされ、そうして隙間ができた船倉を埋めるのが奴隷である。アフリカ西海岸一帯で繰り広げられた地域紛争で捕虜となった人たちだ。彼らがカリブ諸島などで売り払われた後、船倉を満たしたのは砂糖であり、西欧社会で利潤を生む換金産物であった。スペインの船舶なら、そこにはメキシコやボリビアから産出された銀のインゴット(のべ棒)が積み込まれただろう。スペイン王国は銀で繁栄し、大英帝国の栄光は奴隷商人の手によって基礎ができた。

ラス・カサスは征服者たちのまちがいを問いつづけた。まちがったことは赦そう、しかし、まちがっていることを知りつつ、罪を重ねることは赦されない、と断罪した。「人間」を殺戮している罪を自覚しなければ、地獄に堕ちると警告した。罪に気づけば、魂は懊悩する。そのとき、自分は救いの手を差し伸べられる。罪人の魂の救済は、ラス・カサスにとって意識された事業であった。

(1) 染田秀藤『ラス・カサス伝』(岩波書店、一九九〇年)。

遠浅の白い浜

——プエルト・コルテス◉ホンジュラス

一五三六年のグアテマラ入り以来、グアテマラとメキシコの各地を飛びまわりながら活動をつづけたラス・カサスは、五五歳を迎えて一五四〇年三月、二〇年ぶりにスペイン本国へ向けてインディアスの地から旅立つことになる。

グアテマラのサンティアゴ（現アンティグア）を発ったのは一五三九年一二月末、フェリス・ナビダ（クリスマス）のミサをあげてから旅装をまとめたのだろう。

陸路、地峡を横断してカリブの沿岸にたどり着く。その行程は、現在も首都グアテマラ・シティからこの国のカリブ側の主要港プエルト・バリオスへ向かう川沿いの道であることがわかる。かつて鉄道が敷設されたところであって、乾季だったから川沿いに歩くのは山越えを重ねるより日数の節約ができたはずだし、肉体的な負担も少なかったはずだ。一五四〇年二月には当時のカリブ沿岸の主要港であった植民都市トルヒーヨに着く。現在、カリブの海を見下ろす高台に当時の要塞が残るホンジュラス共和国の古都だ。ここで、国王に謁見《えっけん》するための推薦状をトルヒーヨ市参事会から書いてもらい、おなじくホンジュラスの港町プエルト・コルテス（当時はプエルト・カバーリョス）まで出て、そこからキューバのハバナを経由してスペイン本国へ向かった。

トルヒーヨでさしたる苦労もなく推薦状を入手していることからして、当地にはラス・カサスに対する反感は少なく、彼の活動に同感し、敬意する者も多かったのではないかと思われる。

トルヒーヨの名が歴史のなかに登場する機会はほとんどない。ラス・カサスの訪問後、ラテンアメリカ史のなかで再度登場するのは、一九世紀の一時期にニカラグア大統領の座に就き、奴隷制を復活させようと企んだ米国人の野心的冒険家、傭兵、かつ医師、弁護士、新聞記者であったウィリアム・ウォーカーが、トルヒーヨの要塞で処刑されたときだ。

ウォーカーは、中南米に対する米国の野心、欲望を体現した狂信的なインテリであった。中米史では「海賊」といった比喩で唾棄されるウォーカーの罪状譚は、語れば長くなる。要約すれば、中米を属領として支配下に置こうとした米国の領土拡大政策に乗じ、一国の支配者として君臨しようともくろみ、失敗した一代記となる。

ウォーカーが狙ったのは、中米地峡の中央部に位置するニカラグアだ。当時、保守党と自由党のあいだで国内紛争に陥っていた人口希薄な小国。内戦終結のための援軍として自由党に請われ、一八五五年に私兵部隊を率いて上陸し、快進撃をつづけて実権を掌握すると、この国の大統領に治まってしまう。ゴールドラッシュの時代、米国はニカラグア運河建設の構想をもっていたため、ウォーカーの背後には米国の資本家がついていた。しかし、彼の強権的な独裁体制は長つづきせず、内戦終結後に反ウォーカー陣営として結束した保守党・自由党の連合軍にグラナダを奪還される。一八五七年、米国の軍艦に保護されてニカラグアを脱出し、いったん帰国するが、今度は一八六〇年、ホンジュラスのトルヒーヨに遠征し、すぐにイギリス海軍に捕らえられ、そのまま処刑されてしまった。伝記映画『ウォーカー』(アレックス・コックス監督、一九八七年)では、エド・ハリスの見事な演技により、狂気に満ちたウォーカーの姿をふり返ることができる。

スペインが去った後の中米は、英国と米国双方の利権のはげしい草刈場となった。これに一枚加わろうとしたのがフランスだ。フランスは、スエズ運河を開通させて国民的英雄となったレセップスに、中米地峡を掘削するパナマ運河建設の成功を託した。大西洋と太平洋を結び、海の要衝を確保することによって、影響力を拡大しようともくろんだ。この運河建設で画家のゴーギャンもつるはしを振っているが、たちまち熱帯病に感染して引き上げている。

レセップスの推進した工事は、地勢を無視してスエズ運河のように海面レベルまで掘り下げようとした。しかし、厚い岩盤に阻まれ、かつ熱帯病によるおびただしい死者を出して失敗した。砂を運び出す人海作戦で掘削に成功したスエズ運河とは基本的にちがう工法が求められたが、レセップスは改めようとはしなかった。レセップスの失敗はそのままフランスの中米地域での影響力の喪失となって、カリブ諸島に後退した。数年後、米国が工事を再開し、その開通をもって中米から南米までの影響力を揺るぎないものにしたのだった。

さて、ラス・カサスの本国帰還の目的は、不足する伝道師の募集に加え、マヤの地での布教活動の体験から、国王カルロス二世に植民地の現状、とくに先住民の村落がスペイン植民者の非道によって廃墟と化し、女、子ども、老人たちが死につつあることを報告し、国益を損なっていると訴えることだった。新たな闘いへ臨む覚悟での帰還である。宮廷政治のなかで勝利を得ること、カトリック教界で広く支持されることも必要だった。ラス・カサスは不退転の覚悟である。そのスペイン滞在は四年におよんだ。そのあいだに書かれたのが、ラス・カサスの名を今日まで広く伝えることになった『インディアスの破壊についての簡潔な報告』である。国王に提出された報告書を元本とする内容だ。

プエルト・コルテス港を起点に広がる市街地から一時間ほど歩けば、緑濃い防風林の向こうに、人工的なものはいっさい目に触れない真っ白な浜が輝いている。港湾部とその浜は岬で分離され、海流の関係もあるのだろう、人為的な汚れはまったく入り込んでいない。サンゴの微細な粒子がつくり出した浜である。水平線に向かってどこまでも歩いていけそうなほどで、あきれるほどの遠浅の浜だった。水平線に向かって歩けば歩くほど、身体が青と白にどんどん染め抜かれていく。大きな水槽にインクの滴《しずく》を垂らすと、いっとき紺色の染みを水面につくるけど、攪拌《かくはん》すればどこにも紺色の痕跡は見えなくなる。それとおなじようなことが、自分の小さな身体と、大きな自然とのあいだで生じているのではないか、と思われるほど青と白は苛烈だった。身体は抗《あらが》いがたく自然に溶け込んでいった。

白い砂の上に身体を横たえれば、温かな海水が小魚を連れて四肢を包み込む。原始の快感……そんな言葉が浮かんでくる。かつて、この浜のどこかに鎧兜《よろいかぶと》、鉄剣の重みで砂に穴を穿つスペインの軍人たちが歩いたことだろう。英国の軽装備の水兵たちは闊歩したかもしれない。

Breuissima rela
cion de la destruycion de las Jn
dias: colegida por el Obispo dõ
fray Bartolome de las Casas/o
Casaus de la orden de Sãcto Do
mingo.
Año. 1552.

『インディアスの破壊についての簡潔な報告』
（出版は1552年，セビージャ）

この大陸の人々は、一六世紀の初頭まで白い肌と黒い肌の人間を知らずにいた。この地の人々が恐れた邪悪な人間はみな、吹き寄せる東風にのって水平線に現われた。

椰子《やし》の木陰から、ガリフナ族の少年が叫んでいる。少年は、焼き上がったばかりのパン・デ・ココを、母親の言いつけで編みかごに重ねて売り歩いていたのだ。のどかな光景である。

ガリフナ族とは、一七世紀のカリブ諸島で展開した歴史のなかから浮かび上がってくる〈新世界〉が新たに造形した人間である。

ラス・カサスの時代より、ずっと遅れてカリブの支配者となった英国は、アフリカ西海岸から多くの奴隷を連れてきた。一六三五年、一隻の奴隷船が現在のセント・ビンセント島の沖合いで遭難し、島に難を逃れた奴隷たちは、その島の先住民共同体に溶け込んでいった。島の先住の民は現在のベネズエラ、オリノコ川流域に暮らしていた部族を祖先とし、島に進出した支族の子孫である。皮膚の色も言語も、伝統習俗がまったくちがう人間たちが小さな島に共存できたのは、ともに白人から圧迫される立場にあったためだろう。いつ何時、侵略してくるかもしれない英国軍に抵抗するために共同戦線を張る必要があった。そうした親密な関係を結んだ両族の男女に恋愛感情が生まれるのは自然のことであった。そこに新しい人間が生まれた。これをガリナグといい、今日のガリフナ族の祖先となる。

セント・ビンセント島の平安はそうして約二〇〇年もつづいた。その歳月はガリフナ語を生み育てた。

大西洋横断船に「積載」された奴隷たちの母語は多様だった。アフリカ各地から集められたのだから当然である。アフロ系の奴隷が、アメリカ各地で支配者の言葉を比較的早く習得することができたのは、むろん生き延びる手段であったが、アフリカ人たち同士が情報伝達の手段に「共通語」としてのスペイン語、英語、フランス語を覚える必要があったからだ。ハリウッドのスピルバーグ監督は映画『アミスタッド』（一九九七年）のなかで、奴隷それぞれの母語のちがいをストーリーの展開にうまく溶かし込んでいた。米国映画のなかで奴隷の母語に客観的にアプローチした最初の作例ではないだろうか。クレオール語とは、共通語としての支配者の言葉をベースに、母語を溶解させて祖先の言霊《ことだま》を敬う言語である。

セント・ビンセント島でもおなじようなことが起こっただろう。島の「共通語」であった先住民の言葉を基礎としてクレオール化したのがガリフナ語であった。言語学の分野で研究されていることと思うが、ガリフナ語研究を通して、死滅したカリブ先住民言語に遡ることができると思う。

一八世紀後半、英国はカリブの自国領でサトウキビ栽培のプランテーションを展開してゆく。その新たな開墾地としてセント・ビンセント島を狙った。ガリナグ族はそのまま労働力として使役できる、と都合よく考えられたのだろう。しかし、ガリナグ族は英国の言いなりにはならなかった。カリブへ進出してきたフランスと手を組み、英国軍を侵略軍として迎え撃った。戦いは長期化し、三十有余年にわたったといわれる。

戦いの長期化はガリナグ族を疲弊させ、補給線を確保した英国軍の前に敗退する。ガリナグ族は囚われ人となったが、誇りは失わなかった。彼らは英国人のもとで働くことを拒否した。反抗心に満ちたガリナグの処遇に窮した英国は、彼らを船に乗せ、プエルト・コルテス沖に浮かぶロアタン島に遺棄した。勝手に暮らせ、生き抜けるものなら生きてみろ、と放置されたのだ。

そうして、ガリナグ族約二〇〇〇人はロアタン島で新たな生活圏を拓いた。英国軍との戦いをはじめた当時、ガリナグ族は五〇〇〇人を数えたというから、戦いがいかに熾烈なものであったかがうかがえる。ロアタン島に遺棄された人たちが、今日、ガリフナと呼ばれる人たちの直系の祖先である。

いま、ガリフナ族から先住民の面影を探すことはできない。アフロ系の特徴のみを残すことになった。しかし彼らは、いわゆるアフロ・カリビアンと同列に扱われることを拒む。血のなかにカリブ先住民の遺産を宿していることは誇りなのだ。もうひとつ、彼らが胸を張って語るのは、「一度も奴隷労働に服したことはない」というプライドだ。

島流しにされた彼らは図太く生き抜き、人口の増加にしたがって、その生活圏を大陸に求めはじめ、ホンジュラスを中心にグアテマラ、ベリーズ、そしてニカラグアの沿岸部に広がった。米国ニューヨークの下町にも小さなコミュニティを形成している。

ラス・カサスが親しく接することのなかったガリフナ族はいま、アフリカ西海岸地方の森の聖霊たちと交感するなかで生まれた祭儀を継承して民族的紐帯《ちゅうたい》を深めている。その祭儀に登場するのがプンタという歌と踊りのリズムである。その演奏にアフリカ起源のガラオンと呼ばれる太鼓、そしてカリブ先住民の楽器であったマラカス、バチを当てて乾いた音を出す亀の甲が使われる。プンタはもともと葬祭のものであった。死者の旅立ちとよみがえりを願って、性的な交わりを抽象化した踊りを伴うものだ。カトリックの風土のなかでは強く排されるものだが、ガリフナからそれを奪うことはできなかった。

今日、ガリフナ族は、プンタのリズムを継承して、国境をまたいで同胞たちとの連帯を強めている。彼らは、ホンジュラスやグアテマラ中央政府の意向から解放された営みを送っているようにさえ思う。

ベリーズのガリフナ族が沿岸沿いに南下して、グアテマラのガリフナ族の町リビングストンのフィエスタに参加した日を取材した。そのとき、リビングストンの埠頭に着いたベリーズ国籍のガリフナに、パスポートの提示を求める税関職員はいなかった。ベリーズのガリフナたちは、まるで遠い親戚を久しぶりに訪ねてきた、という感じで上陸し、埠頭からフィエスタ会場まで踊り太鼓を叩きながら行進していった。

グアテマラのガリフナたちのフィエスタ

サパティスタと二人の司教
——サン・クリストバル・デ・ラス・カサス◉メキシコ

メキシコ・シティの首都大聖堂（カテドラル）周辺の市街地は歴史風致地区に指定され、ユネスコの世界遺産に登録されている。

戦国の世にあって、北方の覇者となった伊達政宗の意を受けた支倉常長《はせくらつねなが》がローマにのぼる途上、スペインへの渡航の許しが出るまで暮らし、侍《さむらい》としての矜持を保ちながら、カトリック社会のしきたりを学びとろうとした学習空間であった。常長が親しく接した建造物の多くが、いまもあちこちに残存する。

カテドラルの左斜めには、征服者エルナン・コルテスに囚われたモクテスマ皇帝の居城を解体して建てられた国家宮殿がある。二〇世紀前半のメキシコ壁画運動を先導したディエゴ・リベラの最大の壁画作品「メキシコの歴史」が、階段部から二階回廊の壁に広がる。独立以来、国会として機能した政治の要《かなめ》であったところだ。現在は博物館だが、リベラの壁画見学のついでに議事堂を訪れるメキシコ人観光客は多い。

三六五日、ソカロ（憲法広場）は内外の観光客を集めて終日賑わう。土産物を並べた露店が広場に活気に満ちた喧騒をつくり出す。ここを政治キャンペーンの舞台にしようとするのは必然だ。

パンチョ・ビジャ、エミリアーノ・サパタ、ベニト・ファレス、ラサロ・カルデナス……といったメキシコが生んだ民族的ヒーローたちのプロマイドが並ぶ。政治家たちのプロマイドが、民衆みずからの要請で印刷され捌かれる国は少ないはずだ。かつてのソ連邦・東欧圏、文革時代の中国、あるいは金日成の北朝鮮、そういう強圧的な政府が強いることによって流布する「尊重されど愛されない」プロマイドではなく、民衆が小銭を出して買うものとして生きているのがメキシコのそれである。これは、メキシコという国の大きな特徴、民衆の心性と言えるものかもしれない。

米国西海岸ロス・アンヘルスはメキシコ人が創建した町だが、そこの史跡地区に並ぶ土産物屋の店先にも、定番の売れ筋として、農民革命軍の英雄ビジャやサパタの肖像写真が平台の一角を占める。メキシコを語るランドマークとして、彼らは特別な位置を占めているのだ。

メキシコでは、民族の英雄のかたわらにチェ・ゲバラも悠然とほほ笑んでいる。各種各様の肖像Tシャツも定番だ。エルネスト・ゲバラはカストロから「チェ」と愛称を授与される前、ここメキシコ・シティで街頭写真屋として日銭を稼ぐ生活をしていた。グアテマラから逃亡してきたゲバラは、趣味の写真で生活を支えていたのだ。

「政治」を売り物にする露店は、たいてい、この国の左翼政党・民主革命党（PRD）のシンパ、あるいは直接管理している可能性もあるカンパニアとして存在する。そうした露店に一九九四年以降、目だし帽姿の「マルコス副司令官」のプロマイドが登場し、ゲバラと競う売れ筋となった。そう、九四年以降、メキシコ国内、各都市で展開する革命グッズ専門露店の存在理由に、「サパティスタ支援」という具体的な方向性が与えられた。

米国、カナダ、そしてメキシコの北米三国が調印して発足した北米自由貿易協定（NAFTA）の発効日、一九九四年一月一日にメキシコ最南部チアパス州の高原部の各所で蜂起したマヤ系先住民を主力とする武装ゲリラ組織であるサパティスタ民族解放軍（EZLN）。その支援のための資金集めは、メキシコのへそである国家宮殿の真ん前で開始され、現在までひきつがれている。

サパティスタの名は元来、メキシコ革命で縦横無尽の活動を展開した農民軍の頭領サパタとともに戦った人々、ないしは支持者たちまでを大雑把にくくった総称である。革命後は、サパタがめざした農地改革の早期実現を求めて戦う人たち、あるいは「革命」は未完成のまま中絶したと主張する人もサパティスタを名乗りはじめた。

メキシコ最南部チアパス州の先住民はマヤ系であり、中央高原部の農村出身のメスティーソたるサパタとは民族的には肌合いはちがうし、母語もまるでちがう。しかし、革命後、制度的革命党（PRI）の独裁のなかで貧富の差が拡大し、階級が固定化されるなかで、裏切りによって斃《たお》れたサパタは聖人視され、貧しい人たち、あるいは社会変革を夢みる人たちの希望の星としてイコンとなった。

小農出身のサパタは、幼少期からのみずからの体験に裏打ちされた、政治の民主化と農地改革の具体策である「アラヤ計画」を作成した。しかし、サパタやパンチョ・ビジャの功績によって「革命」政権の大統領の座に就いた大地主の子フランシスコ・マデロには理解されなかった。革命戦争でおびただしい血を流した農民には、実りの少ない、収支バランスでいえば赤字としか言いようのない「革命」となった。わずかに、サパタの出身地モレロス州で改革が実行されたにすぎない。「革命」の狼煙《のろし》すら眺望することもできなかった南のチアパスでは、なんの改善もされなかった。したがって、チアパスの貧農たちが「アラヤ計画」を知るのはずっと後のことだ。そして、その「計画」の理念は現在でも色あせていないことを知った先住民農民たちは、それを評価し、その速やかな実行を政府に迫ることを第一義として、捨て身の活動を開始した。それが、マルコス副司令官に統率されたサパティスタ民族解放軍であった。

サパティスタが武装蜂起したのは、チアパス州の古都サン・クリストバル・デ・ラス・カサスの市街地である。しかし、実質上の「戦闘」は、蜂起とともに終焉した。サパティスタはすぐラカンドンの密林に退き、そこから出ることはなかった。

九四年以降、和平交渉の場となったのはサン・クリストバル・デ・ラス・カサスのカテドラルである。この町は、ラス・カサスの時代の一五二八年に創建されたもので、当時はシウダー・レアル・デ・チアパスと呼ばれていた。チアパスの初代司教となったラス・カサスの事績を讃えて改称されたのはメキシコ独立以後のことだ。

サン・クリストバルは、周囲に無数に点在する先住民共同体からほぼ等距離にあるような交通の要所に建てられた町である。今日でもその距離感覚は往時と大して変わらないと思われる。マヤ系先住民の共同体が数多く存在し、チアパス高原部にあっては人口緻密な地であった。この地でラス・カサスは、多くの敵に囲まれながら司教として実践的な活動に取り組むことになる。

スペインに帰国していたラス・カサスは一五四四年三月、セビージャの修道院で司教位に叙階され、チアパス司教に任命される。そして、司教区への赴任のため七月にスペインを発ち、九月にまずサント・ドミンゴに到着するが、ラス・カサスの主張の多くを採り入れて新たに策定された植民地法典「インディアス新法」への反発から、入植者たちのはげしい拒絶に遭う。「新法」の撤回を求める使節団がメキシコから本国の宮廷へ派遣されたことを知り、驚いたラス・カサスは皇太子あてに帰国願いの書簡までも送っている。結局、一二月にエスパニョーラ島を離れ、司教区へと向かうが、その道中でもさまざまな妨害に遭遇したようである。

そして翌一五四五年三月、ラス・カサスはようやくシウダー・レアル・デ・チアパスに到着したが、ここでも植民者たちはラス・カサスの司教着任にはげしく反発し、物質的援助と布施の拒否や脅迫などさまざまな妨害を受け、町中のスペイン人を敵にまわした彼の活動は困難をきわめる。ついには居所が襲撃される事態にいたり、早々にこの地を立ち去らざるをえなくなる。

当時の史料には、シウダー・レアル・デ・チアパスの町の不穏な様子が次のように書き残されている。

> この町には憎悪の念が張《みなぎ》り、復活祭週間もキリスト教徒にあるまじき状況のまま過ぎ去りました。現在、町の住民は騒然としており、その有様をどう陛下に報告すればよいのか、分からないほどです。[1]

ラス・カサスと対立していた同時代の聖職者、たとえばフランシスコ会士のトリビオ・デ・ベナヴェンテ・モトリニーアは、皇帝にあてた書簡のなかではげしい口調でラス・カサスを批判している。

> ラス・カーサス神父が司教となってこちらに戻り、自分の司教区の中心であるチアパスに着いたおり、ともあれ陛下から派遣されてきた以上、町の人々は非常に鄭重なうちにも心のこもった歓迎の意を表しました。……ところが、それからわずか数日後には、ラス・カーサス司教は町の人々を破門した上に、……挙句の果てには、司牧の任務を放り出してさっさと他所へ出掛けてしまったのであります。……同地ではラス・カーサス神父の司教着任以来、彼のためにすべてが棘々しくなってしまい、人々の生活は聖俗両面でまったく破壊されてしまいました。……一人の司教にとって自分の司教区とはいわば妻のごときものであってみれば、司教区に対して司教が負う義務は妻に対する夫の義務に匹敵します。……司教の任を降りるためにはそれ相当の非常に重大な原因があって然るべきであり、もしそのような原因なくして辞任するとあ

チアパスのラス・カサス像（サン・クリストバル・デ・ラス・カサス）

れば、その辞任はむしろ背教と称せられるものであります。(2)

しかし、歴史の帳《とばり》の向こうにあるラス・カサスの活動の実際は、リアリズムではとうてい描けはしない。わずかな記録に頼って書くのではなく、ここでは現代の聖職者サムエル・ルイス司教の言葉と行動に仮託して語りたいと思う。彼こそ現代のラス・カサスであり、その雄弁な活動は、エル・サルバドルのオスカル・ロメロ首都大司教やニカラグアのエルネスト・カルデナス師、グアテマラのファン・ヘラルディ師に連なる聖職者である。民衆の心性と共鳴し、その声を聞き取り、悩みと希望、疑問を受けとめ、神との対話で確認しつつ信念をもって歩みつづけた人である。

「憎悪」がみなぎり、「騒然」としたありさま――、それを現代のサムエル・ルイス司教の言動に置き換えてみると、納得できることが多い。それほど、現代の「インディオ保護官」ルイス司教は、ラス・カサスの心根に通じるところがあると思う。そして、二人の言葉に耳を傾けていると、チアパス先住民およびアメリカ先住民がおかれた非人道的な状況が、五〇〇年近くの歳月を経ても、ほとんど変わらないことに驚愕する。二人の聖職者の怒りの根は、ほとんど同質のものなのである。

一九五九年に任命を受け、翌六〇年、青年司祭サムエル・ルイスはサン・クリストバル・デ・ラス・カサスに着任した。彼がチアパスで最初に行なった事業は、近在の先住民言語を習得することだった。スペイン語で濾過《ろか》されない声を、先住民の吐息、涙声のなかに聞き取ろうとした。貧困にあえぐ先住民の救済を願って山にのぼり、ときに寝食をともにしながら、生活者の声を聞き取った。劣悪な生活の改善のために、役所との仲介に立つことも辞さない社会改良家ともなった。しかし、チアパスでは、そうしたアクティヴな活動は即、政治的活動とみなされた。「魂の救済に専念するのが本分だ」と諫める教会保守層との対立は、すぐにやってきた。大口の献金リストに名を連ねる地元の富裕層とも軋轢を生みだす。けれど、ルイス司教の姿勢はいささかも変わらなかった。「チアパスの先住民には充分な土地がない、耕す大地がない。それは飢えと病気を抱え込むことを意味する。彼らは、未来に希望を抱けるような公的サービスはなにも受けていない。そこで、二つの地区でしかないが、生活の自衛のために消費者協同組合をつくった。それで、やっとのことで生活を維持することができた。しかし、彼らの生活が統計に記載されるとき、決まって「貧困層」でしかない」と、ルイス司教は先住民の困窮を語っている。サパティスタの武装蜂起はそんな土壌から出てきた。現在、サパティスタが実効支配する地域の先住民共同体では、ルイス司教の実践例にならって、生活必需品を売るサパティスタ自前の売店が活動している。

NAFTA発効の直前まで、カルロス・サリナス大統領（当時）に対する評価は高かった。メキシコ経済を立て直し、成長の軌道にのせたと賞賛され、栄光のなかで任期を終え、世界貿易機関（WTO）の事務局長職すら狙っていたのだ。任期最終年には日本にも足を伸ばし、事務局長職への推薦を働きかけている。しかし、サパティスタの武装蜂起によってあぶり出された社会矛盾に対する答えをもたないまま、不正蓄財疑惑などが浮上して政治の舞台から降り、その後はアメリカやアイルランドなどで事実上の亡命生活に入った。

サリナス政権の負債をそっくり受け継ぐことになったのがセディジョ大統領だった。新政権の門出を祝ったのは、前政権の放漫な経済政策から生じた通貨ペソの急激な下落であった。手持ちに余裕があれば米ドルに換金して蓄財するのが、メキシコ人にかぎらずラテンアメリカ人の金銭感覚である。余裕のある市民は、自国通貨の下落でいちいち慌てない。無能な政府の経済政策がどのような結末を迎えるか計算済みだ。慣れている。富裕層は痛くもかゆくもない。むしろ、「破綻」を予測できるから、投機の対象にすらできる。自国通貨の下落は、ドル生活者には物価が下がったことを意味する。この時期に高額な耐久物資の消費は進むのだ。その反動として、手持ちがペソしかない貧困層はますます生活レベルが落ちることになり、格差は広がる。

目だし帽で顔を隠したサパティスタたちは、「先住民地域の貧困問題に、社会の目を向けさせるためのやむにやまれぬ行動」と武装蜂起の理由を要約した。

サパティスタを「反政府武装組織」と言うと語弊がある。サパティスタには、政権を転覆、奪取しようとする意思はないからだ。現在の先住民政策に大いなる異議を有するも、この国を支配したいなどと大それたことを考えているわけではない、と最初から宣明しているのである。だから、武器もいわゆる自衛手段としての最小規模のものでしかない。しかも、資金が潤沢でないからエル・サルバドルやニカラグアの内戦で使用された中古品をそろえるのがやっと、という状態だ。たいていはソ連製か、あるいは中国や東欧あたりでライセンス生産されたカラシニコフである。まったく貧弱きわまりないもので、ラテンアメリカでも有数の規模を誇るメキシコ政府軍の、それも末端のチアパスに展開する師団が本気で打ちかかれば数時間で駆逐される程度のものだ。しかし、サパティスタの火器の貧弱さが、政府軍の攻撃を抑止しているともいえる。サパティスタの最大の武器は、団結力であり、その意思の堅さであり、そしてインターネットであるのだ。彼らの支援者は国内より海外に多く展開しているだろう。世界各国にシンパを得ることによって、政府軍の攻撃に歯止めをかけている。政府軍は国際的な環視のなかで手も足も出せない、という状況を生んだ。

サパティスタ自身もその活動地域をチアパス州に限定しているし、しかも高原部の一部から出ようとしない。そうすることで、政権転覆を狙うゲリラ活動ではないことをメキシコ政府、国民に明らかにしている。行動の制御が雄弁な主張となっているのだ。こういうゲリラはかつて存在しなかった。前例のない戦いを強いられた政府が対処に悩んでいるあいだに、サパティスタはメキシコ政治のランドマークと化してしまった。無用な殺傷を避けることによって、無勢のサパティスタは優勢の政府軍に拮抗しえたのだ。

サパティスタ・シンパのタブロイド紙を売る少年

カトリック民族派先住民に暗殺されたエバンヘリコ先住民の棺を抱えて抗議のデモを行なうエバンヘリコ住民（サン・クリストバル・デ・ラス・カサス市内）

ルイス司教は、サパティスタの蜂起について語った。サパティスタから、政府との和平交渉における仲介役に、と要請される前の発言である。

「紛争は、私たちの兄弟姉妹に苦痛を与えている。息子はとても従順でした。ある（先住民の）母親が、「司教様、私はどうしてよいかわからないのです。息子は〝解《リ》放《ベラシオン》〟へ向かうと言っていました」と語った。しかし、いま息子がどこにいるのか知らないのです。息子は〝解放〟へ向かうと言っていました」と語った。蜂起にいたるほんとうの理由は私にもわからない。ただ、チアパス先住民の絶望が、彼らを立ち上がらせたことは理解できる。これまで、彼らは流行り病や飢えに充分すぎるほど耐えてきたからです」

と、サパティスタの決意の強さを示唆し、彼らの行動への共感すら隠していない。

さらに、「彼らは、ふたたび家に帰ることはないだろうと知りつつ武器を取ったのであろう。子どもたちに、妻に、別れを告げて家を出た一家の主たちの勇気、その代償に対して、私は賞賛したい」と臆せずに述べていた。

和平交渉の仲介役を引き受けたルイス司教は、その受諾を表明する内なる声として、次のように語った。

「この教区に来て以来、私は先住民たちが神の子として、歴史的責任のある市民としての誇りをもつことに尽力してきた。もし、それが報われなかったとしたら、私はすべての神父のなかで最も不幸な者になるでしょう。不毛の仕事であったかもしれないからです」

一五四五年三月、チアパスに入り、司教座聖堂に着任したラス・カサスは、すぐに教会改革、浄化に乗り出す。着任してみれば、教会が先住民奴隷を所有していたのである。

ラス・カサスは当時のチアパスの状況を次のように書いている。

スペイン人はインディオから土地を買ったのだと言い逃れをして、その実、インディオから土地を取り上げ、圧政を行なっているのである。それはあらゆる正義と愛に反する行為である。(3)

若きルイス司教がチアパス入りして見た現実も、ラス・カサスが見た〈現実〉とさして変わらなかったのである。

「正義と愛に反する行為」は、ラス・カサスがチアパスを去った後、そのまま数世紀もつづいた現実であった。サパティスタの武装蜂起とは、幾世代にわたって強いられた先住民の苦悩の堆積を発条にした怒りの表出であった。

しかし、ルイス司教は、サパティスタの蜂起が耐えがたい苦悩、その淵から覗ける深い絶望に根ざしていることを理解しながらも、みずからが説いてきた手段とはちがうこと、なにより武器を取らざるをえなかったことに苦い思いがある。

和平交渉の場は、ルイス司教が勤める聖堂となった。司教は神の御許《みもと》で「平和」が真摯に希求されること、政治的駆け引きの詭弁をできるだけ避けるために、神の前で交渉当事者たちが偽りの言葉を弄さないように誓わせたのだ。

しかし、ルイス司教がチアパスにあった時間のなかでは和平は実現しなかった。交渉の場もサン・クリストバル・デ・ラス・カサスから離れた。師は、遅々として進まない交渉に手をこまねいていたわけではない。敵対する両者を交渉の席に座らせせようと、高齢をおしてハンガーストライキも行なっている。たとえ即効力がなくとも自分のやれること、なしうることは誠実に果たそうとし、実践した。

一九九五年三月二六日、サン・クリストバル・デ・ラス・カサスの町は、華麗な民族衣装に身を包んだマヤ系先住民を中心とする約二万の人に埋め尽くされた。ラス・カサス司教の同地着任四五〇周年を祝うセレモニーが行なわれたのだ。しかし、民族衣装の人々はラス・カサスを讃える前に、「ビバ！（万歳）サムエル・ルイス！」と叫んだ。

その日、ルイス司教はチアパス先住民からラス・カサスにならぶ聖人として列せられたのだ。その返礼の言葉は、

「私はひとつの小さな灯火にすぎない。それでも、私は路傍の小石を照らすことができる。その小さな火は、道を歩むときに必要なのだ」

と、自分を控えめに評するものだった。「灯火」とは、司教の良心そのものを指している。

良心に従って誠実に歩んできた道に、先住民たちの呻吟《しんぎん》する姿があり、その救済に働くことは、自分自身の安寧に寄与するものであったのだ、と語っているように思える。

ルイス司教は、入植開始以来の四〇〇有余年のあいだ、よそ者に対して本能的に防御の姿勢をとる先住民の心に分け入ってゆくために彼らの言葉を学んだ。巷間《こうかん》伝えられるところによれば、少なくとも三つの先住民言語を流暢に話すといわれる。

先住民のために医療施設の設置、識字教育などを目的とする夜間学校の開設、自活への道をひらく民芸品作りのための作業所の建設などを行ない、さらに先住民擁護を訴えて州政府、中央政府との交渉、人権問題を主題とする国際会議への出席と、獅子《しし》奮迅《ふんじん》の活動をこなしてきた。

中南米のカトリック教会で生まれた〝貧者の教会〟をめざす「解放の神学」派の聖職者たちが集まる場へも参加する。ルイス司教は、そこに現場の声を持ち込んだ。会議のつねとして、議論はし

ばしば抽象的に上滑りする。そんなとき、司教は民衆の声を代弁し、言葉が刈り取ってしまう「野の百合」の存在を思い出させた。教義と実践の狭間を埋めてゆくための労力を自分の任務と考えた。

ルイス司教は、チアパス先住民の人権擁護だけに生涯を賭したわけではない。隣国グアテマラの内戦で、軍部から迫害され国境を越えて逃れてきた先住民数万の生活と権利を守るためにも汗を流しつづけた。避難地は国境地帯各所に散在した。そこを訪れるだけでもたいへんな労力が費やされたはずだが、彼らがなんとか異郷で自活できるよう、政府と何度もかけ合った。後年、ノーベル平和賞を受けることになるリゴベルタ・メンチュウもルイス司教の庇護を受けたひとりだ。

チアパスで「小さな灯火」を燃やしつづけることで、ルイス司教は不正にあえぐ世界中の人々にエールを送っていた。ルイス司教を現代のラス・カサスと讃える人たちがいる一方、かつてラス・カサスがそうであったように、敵対し、活動を妨害する無数の敵対者から蛇蝎《だかつ》のごとく嫌われている。チアパスの反ルイス派は、司教座から引きずり下ろそうとした。

「ルイス司教は政府と左翼ゲリラの仲裁者ではなく、ゲリラ側の代表者である。和平交渉に従事しながら、人権擁護団体と僭称《せんしょう》する左派組織をつくり、反乱者たちのシンパを助けている」

「サパティスタは目だし帽で正体を隠しているが、サムエル・ルイスは真のパーソナリティを聖職者の衣で隠す〈赤い司教〉だ」

と糾弾する声もあった。

一九九〇年代後半、サン・クリストバル・デ・ラス・カサスの市街地を歩けば、「サムエル・ルイス、ラカンドンの密林から出ていけ！」という、毒蛇《どくじゃ》をルイス司教に見立てた写真を刷り込んだ煽情的なポスターすら散見した。ラカンドンとは、サパティスタが本拠地としたチアパス高原部の密林地帯である。

一九九五年三月、先住民を主体する約二万の人々がルイス司教を讃えたと書いた。その一カ月ほ

壁に貼られたポスター「出ていけ，サムエル・ルイス！」

ど前、数千の反司教派の市民たちが、「サムエル・ルイス、この町からとっとと失せろ！」と叫んで、教会に押し入るという事件があった。この暴力事件を契機に、教会はルイス司教を慕う人たちが交替で不寝番《ねず》に立つことになった。

だが、一九九七年一一月四日、司教の乗ったトラックが銃撃を受け、同乗していた三名の先住民が負傷するという暗殺未遂事件が起こった。そしてその二日後には、司教の妹が何者かに頭部を殴打されるという事件までもが発生している。

おそらく、今日より人の生命が軽んじられていた一六世紀に活動したラス・カサス司教に対する圧力は、より直接的なものであったと想像できる。それを思うと、よく生き抜いてきたものである。たとえ、王室の命を受けた「インディオ保護官」として〝名誉〟ある官職をもっているにしても、奴隷使役のため先住民に暴力を行使することをためらわない地での活動であってみれば、暗殺の危険はいつでもあったはずだ。しかし、彼は生きながらえた。生き抜くことは、それだけで雄弁なのだ。信念を曲げず、生きて発言しつづけることはテロリズムの対極にあるものだ。

ルイス司教は、ローマのグレゴリオ神学校を最高位の成績で卒業した人である。頭脳明晰であったことは、チアパス着任からほどなくして三つの先住民言語を自在に使うまでになっていったという事実でも明らかだろう。おそらく、保守的なカトリック教会の方針に沿って微温的に波風立てずに聖職を全うしていたら、若くして枢機卿《すうきけい》に任命され、ローマ法王庁の中枢まで入り込めた人であったはずだ。メキシコのカトリック教会はブラジルとならぶ重要な教区なのである。

しかし、チアパスに着任してから歳月を経るごとに、ルイス司教の姿勢は法王庁の志向する理念から離れていった。ヨハネ・パブロ二世（当時）は、ルイス司教を「政治的に過ぎる」と名指しで批判したことがある。むろん、ルイス司教は意に介さない。ただ、教会人事の最終決定権は法王庁にあるから、ルイス司教がチアパスから別の場所に飛ばされる危惧はいつでも存在した。

メキシコ・カトリック教会の急進的分子を環視し、活動に制約を加えようとして、法王庁はジロラモ・プリジョーネ使節を派遣した。法王庁の方針に忠実で、かつ辣腕の実務家といわれた聖職者だ。プリジョーネ使節は、ルイス司教に連なる改革派の司教を、メキシコの司教区七九区からじつに七〇人もを更迭したのだった。だが、プリジョーネ使節の容赦ない人員整理の手腕をもってしても、ルイス司教を更迭することはできなかった。彼がやったことはメキシコ・カトリック教会のなかでルイス司教を孤立させようという包囲作戦だったが、民衆とともに歩んできたルイス司教にはさしたる苦痛にはならない。いつも土の香りを匂いたてる農民たちに愛されている司教の辞書に〈孤立〉の文字はない。ルイス司教をチアパスから追放することは、メキシコの政治に波風を立てることでもあった。先住民民衆の精神的支柱となっていた司教を、任期満了といった遵法手段ではなく、教会権力の強権で更迭すれば、どういうことになるか？　おそらく、政権党の制度的革命党（PRI）とカトリック右派「オプス・ディ」とのあいだで鳩首凝議《きゅうしゅぎょうぎ》がメキシコ・シティで幾度かもたれたはずだ。いつ火の手が上がるかもしれないチアパスに、かりそめの平穏を維持するためには、ルイス司教の活動を見て見ぬふりにしておくのが現状では仕方がない。そんなところであっただろう。

しかし、ポーランドのクラクフ大司教として独裁政権の前でいささかもたじろぐことがなかったカロル・ユゼフ・ヴォイティワ、すなわち、後にレフ・ワレサ議長に率いられた自主管理労組「連帯」の精神的な支えとなったヨハネ・パブロ二世にとって、メキシコの世俗的な政権党の思惑など、尊重すれど従う必要は認めなかった。

一九九三年八月、法王がメキシコを訪問した際、ルイス司教は政府与党の不正選挙、先住民などに対する人権侵害の実態を記述した「報告書」を提出した。それは、聖職者の権限を超える逸脱行為とみなされた。ルイス司教の「報告書」は、聖職者が距離をおくべき〈政治〉に深く関わっていることをみずから宣言することになった。教会法に照らせば、破門にすることも可能であったはずだ。しかし、ルイス司教には、そんな制裁を自分に対して加えることはできない、という自信もあったはずだ。その一方、「報告書」が法王の前に〈公式〉に提出されることはない、と覚悟していた。「報告書」は握りつぶされるだろう。しかしながら、そうした「報告書」が書かれ、法王に提出されたが門前払いを受けた、という事実がマスメディアを通じて流される。あるいは口コミで民衆に届くことによって、それはルイス司教の成果になるものだった。

そして、この一連の行為において注意深く観察しなければならないのは、法王は、その「報告書」を非公式に入手し、かつ「存在を知らず、したがって読むことはありえない」こととしてメキシコ大統領と接見し、メキシコの現状を質疑した、と思われることである。ルイス司教もそこまで読んでいた。司教も政治的駆け引きに精通しているなら、法王はそれ以上のしたたかさを持っている。それが冷戦下のポーランドにあって、秘密警察から日常的な監視を受けるなかでカトリック司教として生き抜き、枢機卿にのぼりヴァチカン入りし、冷戦終了後の新しい世界秩序のなかで法王権を強化した人である。

ヨハネ・パブロ二世こそ、「政治的に過ぎる」聖職者であることは自覚されていたはずだし、カトリック国において司祭たちがなしうるべき政治的仕事の有効性は祖国ポーランドでさんざん確認してきた人であることを忘れることはできない。

ヨハネ・パブロ二世は、ルイス司教のことをメキシコ大統領以上に知り、しかし、けっして接見する機会もなく、生涯、〝敵対〟関係にあったと教会史に記述され、公的文書となっても、二人の精神的な紐帯《ちゅうたい》は強かったものと私は思う。二人は、ヘスス・クリストの声を通じて対話していたのである。正史としての歴史のスタティックは、詩的文学の世界でアクティヴになる。

ルイス司教は二〇〇〇年、任期満了までチアパスの司教座にあった。「私は思索している余裕はなかった。なぜなら、私の仕事がその機会を与えてくれなかった」と語っていた。理論は実践のなかでこそ育まれ、その結果として体系化される。ラス・カサス司教の生き方とおなじである。

一六世紀のラス・カサスは、身体が熱帯雨林の焦熱、寒冷な高山の希薄な空気のなかに耐えて活動できるあいだは〈新世界〉にありつづけた。いや、本国に帰還してからも、幾度か〈新世界〉での活動を模索した。東アジアでの布教も考えたことがあるらしい、と伝記作家は書いている。しかし、いったん本国に戻ってからは、先住民のおかれた現状をよく知る人材として請われる仕事が山積していた。動きようがなかった。ラス・カサスの膨大な著作活動は、高齢を迎えてからの充実をうながした。

一九二四年生まれのルイス司教はすでに八〇歳を超え、八一歳で逝去したラス・カサスよりも年長になった。ルイス司教がマスコミに登場するときは、たいてい「元サン・クリストバル・デ・ラス・カサス司教」という冠詞つきで紹介される。複数の人権団体の代表としての顔ももつルイス司教は、メキシコ全土の各地はもとより、ときに国外にも出かける。日本にも来た。頑健な身体ということではラス・カサス以上であるかもしれない。ちなみに、公式上、意見を異にしていたとされるヨハネ・パブロ二世が逝去したのは二〇〇五年、八四歳のときである。それにくらべてもルイス司教は健康だ。活動はまだまだつづく。

「アメリカ大陸の社会的状況の悪化に対して現実の政治はどのように進むべきか？　その問いの答えのひとつが、サムエル・ルイス司教の言動である」

これはアルゼンチンの軍事独裁政権によって「行方不明」とされた人たちの捜索、貧困者救済の活動をつづけているあいだに逮捕され、獄中生活を強いられたノーベル平和賞受賞者のアドルフォ・ペレス・エスキベルが、ルイス司教を一九九五年の同賞の候補者に推薦した際の言葉である。クリストバル・コロンの〈発見〉以来、この大陸から生まれる独創的な発想は、おびただしい汗と血を肥やしとして出てくる。現実は待ったなしでルイス司教の出番を要請しつづけている。ラス・カサスの時代とは情報収集、拡散の手段がまったくちがう。一六世紀のラス・カサスは書きつづけた。歩きながら書きつづけた。同胞スペイン人たちの先住民に対する非人道的な所業の告発、そして抑止のため、さらには加害者の魂の救済すら求めて書きつづけた。足腰が弱くなると、マドリッドのアトチャ修道院の居室で書きつづけた。

ルイス司教は動く、移動する。丈夫な身体は資産だ。現代の速度にふさわしい活動を展開する。インターネットも有力な手段だ。ルイス司教が一九八九年に創設した人権組織のホームページは日々更新され、新しい情報が掲載されている。その組織の名を、「バルトロメ・デ・ラス・カサス司教人権センター(Centro de Derechos Humanos "Fray Bartolomé de Las Casas")」という。

(1) 染田秀藤『ラス・カサス伝』(岩波書店、一九九〇年)。

(2) モトリニーア「皇帝カルロス一世への書簡」小林一宏訳(「大航海時代叢書」第Ⅱ期一四『ヌエバ・エスパーニャ布教史』岩波書店、一九七九年、所収)。一五五五年一月に記されたこの書簡が一八七三年に公表されて以来、多くの議論を巻き起こした。

(3) 染田、前掲書。

＊ サムエル・ルイス司教自身の言葉、あるいは関係する発言や資料は、一九九四年以来、チアパスおよびメキシコから発せられた海外の通信社発信記事を中心に、現地で収集した記事を参照した。また、ニカラグアで編集発行され、スペイン語圏諸国に読者をもつ「Tierra Nuestra」誌の一九九四年二月号、一九九五年四月号、同五月号の記事もあわせて参考にした。

エピローグ

最後の航海へ

——ベラクルス◉メキシコ

メキシコ湾岸の港町ベラクルスは、アステカ帝国の征服者エルナン・コルテスが一五一九年に上陸した地としてアメリカ史の序章で語られて以来、幾度となく年表で浮沈をくり返すことになる。

現在も、植民地時代の巨大な港湾要塞が堅牢さをいささかも減じることなく潮風を受けて建っている。「ヌエバ・エスパーニャ」と呼ばれた植民地時代のメキシコは、このベラクルスを海の窓口としてスペインとつながっていた。一八二一年に独立してからは、フランスと米国による海からの侵攻を受け、占領された地でもある。また、スターリンにソ連邦を追放されたロシア革命の〝元勲〟レオン・トロツキーが、一九三七年に亡命の第一歩をしるした港でもある。〝闘う司教〟ラス・カサスが〈新大陸〉に永久《とわ》の別れを告げる舞台に、なんとなくふさわしい気がする。

ハリケーンに遭わず、帆に風を受けて滑走すれば、最初の停泊地はハバナとなる。

その海は、メキシコとキューバのあいだに歴史的な親密さをつくっていく。一衣帯水《いちいたいすい》という言葉が浮かんでくる。そう、クリストバル・コロンのたった三隻の船団がカリブ海に入ってくる前、アンティール諸島は狭い海峡を手漕ぎの船で行き渡す親密の海であった。

ベラクルスはハバナを経由して、旧世界の科学、新思潮を受けとめる地となった。アメリカ各地の独立の闘士がまぎれ込む海でもあった。スペインの文化と西アフリカのアニミズムが混雑して流れ着く浜でもあった。音楽がその前衛となっていた。

ベラクルスの民俗音楽とキューバ音楽の関わりは象徴的だ。キューバの国民的音楽はダンソンだが、ベラクルスはその最初の波及地であって、この地で独特なエレガントさを加えてメキシコ・シティに流れていった。カストロ兄弟やチェ・ゲバラを乗せた老朽船グランマ号がキューバ革命をめざして出航した地も、ベラクルスに連なる北の浜からだった。独立後も政変の絶えなかったラテンアメリカ諸国の反政府活動家たちも、ベラクルスに出入りした。

一五四七年三月、六二歳のラス・カサスはベラクルスから船上の人となった。むろん、望郷の念などラス・カサスには無縁であったろう。むしろ、インディアスの大地から離れることのほうが心残りであったはずだ。ハバナへ、そして当時の大西洋上の航海基地アゾレス諸島のテルセイラ島へ向かい、五月にはポルトガルのリスボンに着いた。以後、ラス・カサスは大西洋に出ることはなかった。

しかし、「インディオ保護官」ラス・カサスに隠遁生活はなかった。自己をして、それを許さなかったということだ。一五六六年七月一八日、マドリッドのアトチャ修道院で息を引き取るまでの一九年間、言論の人となって活動し、倦《う》まずペンを執りつづけた。その一九年間の日々を詳《つまび》らかに書く任は私のものではない。ラス・カサスをベラクルスの浜で見送ったとき、私の義務は果たし終えたと思う。ただ、母国への船旅が安全であることを祈願すればよいだけだ。

晩年のラス・カサスの足跡を追うのは容易だし、書誌学的なほこりっぽいアカデミズムの気配のなかに身をひたすのは私は苦手だ。それに、スペイン時代のラス・カサスを詳述した類書はある。

スペインには、スコールもなければ熱帯病の脅威もない。密林のまといつく湿気もなければ、膝《ひざ》まで浸す沼のぬめりもない。戦闘的な先住民の毒矢も飛んでこなければ、足もとに忍び寄る毒蛇《どくじゃ》も隠れていない。けれど、ラス・カサスのかけがえのない「〈新世界〉体験」を、生命を賭した布教活動を、貶めようという神学者たちが網を張って待っていた。その油断ならない網に囚われることなく、体験を政治的言語と神の言葉で補塡しつつ、ときにスコラ的煩雑さを厭わず、ラス・カサスは言論の人として闘いをはじめる。

スペインには「学識」を鎧兜《よろいかぶと》とした、剣を持たない護国主義の戦士がたくさんいた。「インディオは生まれつきの奴隷である」とみなす神学者たちであり、彼らは高位を食《は》んでいた。彼らは大きな勢力となってラス・カサスの前に立ちはだかったのだ。

伝統的な習俗に満ち足りて生活していた〈新世界〉の人間への侵略、支配を正当化するための根拠として、アリストテレスの先天的奴隷説ないしは自然奴隷説という、今日的な視点からすれば非科学的としか言いようのない「学説」がアカデミズムの王道を闊歩していた。ゆえに、ラス・カサスは前傾姿勢を崩すことはできなかった。

アリストテレスの権威を借用し、それを流布させることで、征服事業に加担する者たちに安寧を与えることができるだろう。ローマン・カトリックの守護教会として自負をもっていたスペイン教会は、巨大な国家あってこそ繁栄できると疑わなかった。その繁栄を支える富が〈新世界〉からもたらされるようになった。この権益を手放すことなどできようか。

この時代、国権を優先する「神学」を普及させようと腐心した有力な先導者のひとりにファン・ヒネス・デ・セプールベダがいた。日本の神道が、明治以降どのように政治化され、国家主義者たちによって「神権」が拡張されていったかを知れば、セプールベダの姿勢もおのずと理解できると思う。

セプールベダは古代ギリシア哲学、なかでもアリストテレス学者として当時のスペインにおける権威であった。一六世紀のスペインは古代ギリシア哲学研究の先進地であった。イスラーム勢力に支配を受けてきたスペインは、そのイスラームの学術文化を摂取することではキリスト教世界随一の存在であったのだ。当時のギリシアはオスマン帝国の属領でしかなく、古代の栄光はイスラームの傘の下で光を失っていた。

人類の知の遺産は、東方アジアからの知も吸収してイスラームが独占していたと言ってよい。スペイン人学者たちは支配者の言語を学ぶことによって、イスラーム学術センターの蔵書となっていた古代ギリシア哲学へのアクセスが容易になった。今日でも、スペイン文化の基層を知るためにはイスラームも知らなければならない、と言われるほどだ。セプールベダはイスラーム文献の翻訳を通じてアリストテレス哲学への理解を深めるとともに、その学説を権力の学問として活かすことをためらわなかった。本人がどれほど自覚的であったか知らないが、歴史の眼でみれば御用学者と言えるだろう。

「当代随一」のアリストテレス学者であったセプールベダの主張を簡単に紹介しておくと、次のようなものだ。

キリスト教徒がその野蛮人たち〔インディオ〕を服従させ、支配するのはきわめて正当である。……インディオたちが例外なく、現在、いや、少なくともキリスト教徒の支配下に入る以前、野蛮な慣習に耽《ふけ》り、大部分が生まれながらにして文字を欠き、思慮分別を弁《わきま》えず、また、数多くの残忍な悪習に染まっていたからである。……自然法に従えば、理性を欠いた人々は彼らよりも人間的で思慮分別を備えた立派な人たちに服従しなければならない。(1)

生まれながらにして他人に服従しなければならないような人々は、もし他人の支配を拒否すれば、ほかに方法がない場合、武力で支配されるというものです。博識この上ない哲学者たちの見解によれば、その種の戦争も正当なのです。……人間の中には、自然本性からして主人である者と奴隷である者がいるのです。……あの野蛮人〔インディオ〕は、死に追いやられることがあるとしても、征服されることによって、きわめて大きな進歩を遂げることができるのです。……〔野蛮人(すなわちインディオ)との〕戦争は正義と信仰心に基づいて正当に実行することができ、そして……スペイン人にいくばくかの利益をもたらすでしょうが、それをはるかに上回る、また、よりいっそう有益な恵みを〔敗者である〕野蛮人に与えることになるのです。(2)

スペインに帰国してからのラス・カサスの重要な仕事として、評伝者たちはもとより、多くの歴史家が、バリャドリッドで行なわれたセプールベダとの論戦を取り上げる。

マドリッドの北西二〇〇キロにある古都バリャドリッドを紹介するとき、スペインの観光ガイドブックは、カスティーリャ女王イサベル一世と、アラゴン王フェルナンド二世の婚礼の地であったこと、『ドン・キホーテ』の作者セルバンテスが住んでいた館があること、コロンの終焉の地であることは書いても、ラス・カサスたちの「論戦」は無視する。観光にふさわしくない話題ということもあろうが、スペイン黄金時代の香り高き古都に、ラス・カサスの言動はそぐわないということだろう。

セプールベダが主張する先天的奴隷説は、〈新世界〉で剣持つスペイン人たちの殺戮行為に正当性を与えるばかりか、先住民を人間の姿を写し取った〈禽獣《きんじゅう》〉とみなすことによって、神の視線から逃れられると信じた、信じたかった、ということだ。だから、ラス・カサスはなんとしてもセプールベダとの論戦に勝たなければならないと心血を注いだ。

「インディオもまぎれもない神の子である」と論証することでしか、カトリック社会の遵法にならなないとラス・カサスは知っていた。〈新世界〉から送り出す報告書のなかでくり返し、インディオの人間性を説き、文脈上必要とあれば「スペイン人より優れている」と主張したのは、そのためだ（そのことをとらえて、後世の歴史家の一部には、ラス・カサスの先住民理解は一面的、表面的で、「嘘をつかず純朴、温厚で従順」といった自己の理想の反映としての〈虚構のインディオ像〉を流布したと批判する者もいるが）。

さらば、アリストテレスよ。永遠の真理であるキリストは、つぎのような教えをわれらに残されたではないか。〈汝自身のごとく隣人を愛せ〉と。……アリストテレスは底知れぬ哲学者であったが、神の信仰を知ることによって救済され、神のもとにいたるというにはふさわしくなかった。(3)

結論を言えば、バリャドリッド論戦に直接関わった者たちは、それぞれ自説が容認されたと信じた。つまり平行線に終わったということだが、その後の歴史をみればラス・カサスの負けである。無残至極の大負けである。国益が優先する世界において、ラス・カサスの正論は鄭重に扱われても、施行されるべき地で無視された。〈新世界〉の状況は根本的に変わらなかった。五〇〇年を経た今日も、いかほど変わったと言えようか……。

ラス・カサスが「平和的布教」に取り組んだ中米グアテマラでは、東西冷戦時代を通して内戦下にあった。その最大の犠牲者はマヤ系先住民であった。ニカラグアでサンディニスタたちの革命政権が樹立した後、最初に反旗を翻したのはカリブ沿岸地帯に住む先住民ミスキート族であった。中央集権を強めるサンディニスタに対して、自治権の擁護を訴え武器を取った。サンディニスタの主力武器がＡＫ47カラシニコフなら、ミスキートのゲリラたちもおなじくカラシニコフを手に取った。

その戦いが終結したとき、カラシニコフの多くは国境を越えて北上し、メキシコのチアパスの密林に入っていった。そのカラシニコフを手にしたサパティスタの武装蜂起も、チアパス先住民の生存権を守る戦いであった。「地球の肺」といわれる南米アマゾンの密林は、「開発」によって日々縮小している。その緑が失われるとき、アマゾン先住民の生活圏は縮小し、生存が脅かされる。

メキシコ湾に面したベラクルスは、メキシコが大西洋へひらいた海の玄関である。そして常夏の観光都市。金が集まるところには、貧しい人たちも吸い寄せられる。物を乞う路上の人たちの多くは先住民である。太平洋の海の玄関アカプルコもまたおなじだ。ラス・カサスがベラクルスから発ったときも、節《ふし》くれ立った手を差し出す先住民の姿があったことだろう。

私がみずからに課した〈ラス・カサスへの道〉は、カリブ諸島、アメリカ大陸での足跡を訪ねるものであった。ここまでラス・カサスに伴われて歩いてきた道には累々と屍が転がっていた。そういう歴史の旅であった。その道は、ベラクルスの浜で終わった。

その港の近く、東屋《あずまや》風のステージを中心に配した公園で、夜毎ベラクルス地方の民衆音楽ソン・ハローチョの定番「ラ・バンバ」の歌と踊りが披露され、内外の観光客を楽しませている。歌い手も踊り手たちも、ハローチョという涼しげな白い衣装を着るのだが、女性の衣装はスペインのアンダルシア地方のそれに似てたいへんカラフルなものだ。

グアテマラのアンティグアで生まれた私の長女は、メキシコで小学生になったが、最初の学芸会でその衣装を着て舞った。その冬、クリスマスのデコレーションが町中を覆っていた華やぎの季節に私たち家族はメキシコを引き上げ、帰国した。

ラス・カサスを意識して暮らしたわけではなかったが、気がつけばいつもどこかに司教の慈愛に満ちた視線を背に受けていたように思う。

（1）セプールベダ『アポロギア』染田秀藤訳（「アンソロジー新世界の挑戦」七『征服戦争は是か非か』岩波書店、一九九二年、所収）。
（2）セプールベダ『第二のデモクラテス』染田訳（同前書、所収）。
（3）ラス・カサス『新世界の住民を弁ずる書』（ツヴェタン・トドロフ『他者の記号学――アメリカ大陸の征服』及川馥他訳、法政大学出版局、一九八六年、所収）。

あとがき

書くべきことは本編ですべて書いたつもりだ。

冒頭のアトチャ修道院訪問記は「まえがき」であり、グアテマラの章は書く「動機」と思ってもらってよい。本の厚みにためらう人があれば、グアテマラの章を我慢して読んでほしい。それで興味を持っていただければ、冒頭に立ち返ってもらいたい。

ラス・カサスは同時代のクリストバル・コロン（コロンブス）より知名度が全然低い。それゆえ、本書はそれなりの仕掛けを施し、知的好奇心を喚起しつつ現代の状況へ架橋できるように工夫して書いたつもりだ。それだけの自信と自負はある。

＊

思えば、私がはじめてラテンアメリカの地に立ったのは一九九〇年五月下旬のことだった。内戦下の中米グアテマラである。そして、エル・サルバドル、ホンジュラスをまわり、その数ヵ月後にはグアテマラでの生活を開始した。それから一八年間、ラテンアメリカとの関わりは断ちがたいものとなった。

正確に言えば、グアテマラ約七年、メキシコ約七年の滞在で、通算して一四年という歳月であり、帰国しての四年を加えて一八年間となる。そのあいだ、ラテンアメリカ諸国だけでなくいくつもの国を訪れたが、その出発地はたいていグアテマラであり、メキシコであった。スペインやイタリア、米国やカナダ、韓国でさえ、往復航空券の発券はアンティグアであり、メキシコ・シティだった。

この本の原稿枚数は、総計すれば四〇〇字詰め原稿用紙換算で六〇〇枚を超えるものだろう。執筆半ばで数えるのを止めた。この書き下ろし原稿に取り組みながら、今までにない感覚を味わっていた。具体的に言うと、脱稿が指呼《しこ》のあいだに見えはじめたとき、故知らず停滞した。それは意識的に浮遊するような感覚で、端的に言えば手放したくなくなったのだ。いつもなら、早く解放されたいという思いが強くなって、腰が浮くような離脱感を覚えるのだが、今回はちがった。なぜだか理由はよくわからないまま妙な脱力感に取りつかれた。強いて言葉にすれば、「あぁ、これでラテンアメリカ生活は名実ともに過去のものになる」という感傷であるかもしれない。

＊

一八年——、人ひとりの時間においても長い。ラテンアメリカなら赤子が成長し、みずから数人の子を持つ親となる歳月だ。アンティグアに生まれた長男は高校三年生となり、私の背丈を越し、長女は小学六年生となってランドセルも小さくなった。メキシコ・シティ生まれの次男は五年生で、骨格は足柄山の金太郎という感じで、純日本人化した。

一八年前、妻・英子と私、それぞれの背に大振りのバックパック各一個……、それがグアテマラ入りしたときの持ち物だった。たったそれだけだった。用意した旅費も、貧乏旅行で移動しつづけていれば三カ月、節約しても半年分といった予算で生活をはじめたのだ。けれど、幸運だったのか、不運だったのか、いまとなっては判然としないが、日本の雑誌、新聞への寄稿が案外容易に決まって、それが生活を支える糧となった。二〇〇三年の暮れに帰国したとき、三人の学資を工面する蓄えも貯金できた。いまもギリギリの生活がつづくが、子どもたちは親の思惑など知らず成長する。

帰国し、しばらくは子どもたちの会話のなかに聞こえていたスペイン語はいつしか消えていった。

長男だけが現在も週末になると、メキシコの友人と時差一五時間の壁を超えてチャットをしているようだ。母語スペイン語がインターネットで守護されているという今日的な光景が家のなかにある。

＊

妻はメキシコで日本人学校の講師をしていた。慣れたとはいえ、生活習慣のまるでちがう異国で、産院の施設も日本とくらべれば貧相な、言葉も不自由ななかで三人の子を出産し、健やかに育てた。地場の食材を工夫し、日本の四季折々の催事に沿って伝統食を子どもたちに提供していた。その努力に感心し、頭が下がった。けれど、素直でなかった私は、それを賞賛する言葉は少なかった。私は取材で家を留守にした。いま思えば、よく家庭を支えてくれたと思う。

今まで何冊も本を出しながら、私は妻への謝辞を「まえがき」でも「あとがき」でも書き込んだことはなかった。なんだかこそばゆい思いがあったし、これからだっていろいろ苦労をかけることがあるだろうから、安直な謝辞は避けたいという思いもあった。それに、そういう謝辞というものは、自分が納得できるもの、少なくともそれなりの及第点を与えられると思う著書において書くべきだと思っていた。だから、まだまだ先に代表作はあるはずだ、そこで謝辞を記したい、と思っていたし、自分の可能性を信じたかった。

本書の準備に取りかかった頃、妻は地元の知的障害者施設で働きはじめた。大学で社会福祉関係の勉強をしていた妻にとって、だいぶまわり道をした末にたどり着いた年来の仕事ということになろうか。私は迂闊にもそれを知らず、いや、あえて目をつぶってラテンアメリカ暮らしを強いてきたのかもしれない。『ラス・カサスへの道』に、なんとなく及第点を与えたいような思いを強く持ったいまほど、妻に感謝するのにふさわしい場はないと思う。

率直に、ありがとう。とぼしい収入をやりくり算段し、グアテマラでメキシコで健やかに子どもたちを育ててくれたことに感謝したい。わがままでけっして良い夫とは言えなかった私に耐えた労苦に報いたいと思う。このささやかな本は、ともに過ごしたきみとの一八年間に捧げたいと思う。

＊

前著『フリーダ・カーロ〜歌い聴いた音楽〜』の資料検索で水際立った探索能力を発揮してくれた新泉社の安喜健人氏が、ふたたび編集を担当してくれた。彼に対する信頼はいま私には絶大なものがある。今回も、前著を超える熱心さで資料の徹底的な照合を行ない、幾度となく私の思いちがい、記憶ちがいを指摘してくれた。その作業で彼に徹夜を強いた。連夜ということもあったらしい。もし、この本がそれなりの価値を持つというなら、彼の働きによるところが大きいことを銘記しておきたい。多謝！

二〇〇八年六月二〇日

上野清士

主要参考文献

アドリアン・レシーノス原訳『マヤ神話　ポポル・ヴフ』林屋永吉訳、ディエゴ・リベラ挿画（中公文庫、一九七七年）
ウーゴ・チャベス&アレイダ・ゲバラ『チャベス――ラテンアメリカは世界を変える！』伊高浩昭訳（作品社、二〇〇六年）
エドウィー・プレネル『五百年後のコロンブス』飛幡祐規訳（晶文社、一九九二年）
エリザベス・ブルゴス＝ドブレ『私の名はリゴベルタ・メンチュウ――マヤ＝キチェ族インディオ女性の記録』高橋早代訳（新潮社、一九八七年）
エリック・ウィリアムズ『コロンブスからカストロまで』川北稔訳（岩波書店、一九七八年）
エルネスト・カルデナル『愛とパンと自由を――ソレンチナーメの農民による福音書』伊藤紀久代訳（新教出版社、一九八二年）
ギオマル・ロビラ『メキシコ先住民女性の夜明け』柴田修子訳（日本経済評論社、二〇〇五年）
グスタボ・グティエレス『神か黄金か――甦るラス・カサス』染田秀藤訳（岩波書店、一九九一年）
ジャン＝フランソワ・マルモンテル『インカ帝国の滅亡』湟野ゆり子訳（岩波文庫、一九九二年）
セプールベダ『アポロギア』『第二のデモクラテス』染田秀藤訳（「アンソロジー新世界の挑戦」七『征服戦争は是か非か』岩波書店、一九九二年）
ダニエル・エルナンデス＝サラサール『グアテマラ　ある天使の記憶』飯島みどり訳（影書房、二〇〇四年）
ツヴェタン・トドロフ『他者の記号学――アメリカ大陸の征服』及川馥他訳（法政大学出版局、一九八六年）
デイヴィッド・ハワース『パナマ地峡秘史――夢と残虐の四百年』塩野崎宏訳（リブロポート、一九九四年）
フィリップ・ベリマン『解放の神学とラテンアメリカ』後藤政子訳（同文舘、一九八九年）
マリアノ・ピコーン＝サラス『イスパノアメリカ文化史』グスタボ・アンドラーデ、村江四郎訳（河出書房新社、一九七三年）
マリー・デニス他『オスカル・ロメロ――エルサルバドルの殉教者』多ヶ谷有子訳（聖公会出版、二〇〇五年）

モトリニーア『ヌエバ・エスパーニャ布教史』小林一宏訳（「大航海時代叢書」第Ⅱ期一四、岩波書店、一九七九年）
ラス・カサス『インディアス史』長南実訳（「大航海時代叢書」第Ⅱ期二一―二五、岩波書店、一九八一―一九九二年）
ラス・カサス『インディアスの破壊についての簡潔な報告』染田秀藤訳（岩波文庫、一九七六年）
ラス・カサス『インディアス破壊を弾劾する簡略なる陳述』石原保徳訳（現代企画室、一九八七年）
ラス・カサス『インディアス文明誌（抄）』染田秀藤訳（「アンソロジー新世界の挑戦」八『インディオは人間か』岩波書店、一九九五年）
ラス・カサス要録『コロンブス航海誌』林屋永吉訳（岩波文庫、一九七七年）
ルイス・ハンケ『アリストテレスとアメリカ・インディアン』佐々木昭夫訳（岩波新書、一九七四年）
歴史的記憶の回復プロジェクト編『グアテマラ　虐殺の記憶――真実と和解を求めて』飯島みどり、狐崎知己、新川志保子訳（岩波書店、二〇〇〇年）

Ernesto J. Castillero R., *História de Panamá*, Republica de Panamá, 1989.
José Chez Checo, *Temas Históricos*, Ediciones de la Universidad Central del Este, Santo Domingo, 1979.
Pedro Ceinos, *ABYA-YALA. Escenas de una Historia India de América*, Miraguano Ediciones, Madrid, 1992.

天野芳太郎『わが囚われの記――第二次大戦と中南米移民』（中公文庫、一九八三年）
石島晴夫『カリブの海賊　ヘンリー・モーガン』（原書房、一九九二年）
石原保徳『インディアスの発見――ラス・カサスを読む』（田畑書店、一九八〇年）
太田昌国『「ペルー人質事件」解読のための21章』（現代企画室、一九九七年）
小倉英敬『封殺された対話――ペルー日本大使公邸占拠事件再考』（平凡社、二〇〇〇年）
神戸海洋博物館編『船首をジパングへ！――コロンブスとその時代』（神戸港振興協会、一九九二年）
財団法人サンタ・マリア号協会編『サンタ・マリア号の復元と航海』（角川書店、一九九三年）
崎山政毅『サパルタンと歴史』（青土社、二〇〇一年）
染田秀藤『ラス・カサス伝――新世界征服の審問者』（岩波書店、一九九〇年）
染田秀藤『人と思想　ラス＝カサス』（清水書院、一九九七年）
徳永暢三『ウォルコットとヒーニー――ノーベル賞詩人を読む』（彩流社、一九九八年）
西川長夫、原毅彦編『ラテンアメリカからの問いかけ――ラス・カサス、植民地支配からグローバリゼーションまで』

（人文書院、二〇〇〇年）
浜忠雄『カリブからの問い――ハイチ革命と近代世界』（岩波書店、二〇〇三年）
原広司他『インディアスを〈読む〉』（現代企画室、一九八四年）
松田智雄責任編集『世界の歴史7　近代への序曲』（中央公論社、一九六一年）

著者紹介

上野清士（うえの・きよし）

1949年，埼玉県川口市生まれ．ジャーナリスト．

1990年に中米入りし，数カ月後，グアテマラでの生活を開始．

1996年，メキシコに転居．2003年末，帰国．

ラテンアメリカ関係の著作に，『コロンブス』（共著，現代書館，1991年），『ポコ・ア・ポコ ——グアテマラ／エル・サルバドルの旅』（現代書館，1992年），『リゴベルタ・メンチュウ——先住民族の誇りと希望』（社会新報ブックレット，1993年），『熱帯アメリカ地峡通信』（現代書館，1995年），『カリブ・ラテンアメリカ音の地図』（共著，音楽之友社，2002年），『南のポリティカ——誇りと抵抗』（ラティーナ，2004年），『フリーダ・カーロ～歌い聴いた音楽～』（新泉社，2007年）など．『地球の歩き方・中米編』は立ち上がりから参画している．

ラス・カサスへの道——500年後の〈新世界〉を歩く

2008年8月15日　初版第1刷発行

著　者＝上野清士
発行所＝株式会社 新 泉 社
東京都文京区本郷2−5−12
振替・00170−4−160936番　TEL 03（3815）1662　FAX 03（3815）1422
印刷・萩原印刷　製本・榎本製本

ISBN978-4-7877-0805-2　C0036